技术化生存与私人生活空间

——高技术应用对隐私影响的研究

王治东 著

上海人民出版社

教育部人文社会科学研究青年基金项目成果
（项目号：11YJCZH179）

序

南京大学荣誉资深教授　林德宏

我们的房间需要窗户，也需要窗帘。我们的心灵也是如此。

人类从一开始就有羞耻心、自尊心，就知道用树叶遮羞。这是人的本能，是人的独立人格的最初表现。

每一个人，无论是名人还是凡人，都需要一定的私人生活空间，包括物质生活空间和精神生活空间。人不应当也不可能完全占据别人的私人生存空间，因此每一个人都是独立的、平等的主体。

隐私是人们私有的、隐秘的生活空间，是被心灵的窗帘遮挡的部分。完全透明的人，就失去了独立性。尊重别人的隐私，就是尊重别人的人格，也是尊重自己的人格。窥私欲是不正常的心态，是人格的缺陷。

在不同的生存方式中，隐私的形式、内容及其意义都有不同的时代特征。本书作者王治东指出："技术化生存带来隐私侵权的加剧。"的确，信息技术越发达，人们的信息交往越广泛，隐私的种类也越多，信息隐私已占突出的地位。在自然生存状态中，主要是日常生活中的隐私，偷窥、打听别人的隐私，是为了满足自己的窥私欲，往往给别人造成心理伤害；在技术生存状态中，主要是信息隐私，窃取和利用别人的隐私，则主要是为了攫取经济利益，给别人带来经济损失。

窃取和利用信息隐私，必然采取高技术手段。

技术追求的是利。高技术是人类谋取利益最大化的高效手段，高利润是高技术的本质特征。技术迎合甚至创造人的欲望，以此谋求高回报。哪里有利可图，哪里就有相应的技术。

当前，各种可能被用来攫取和利用别人隐私的高技术，形式不断翻新，使人眼花缭乱，防不胜防。高技术无孔不入，人的心灵窗帘被戳得千疮百孔。美国现代著名网络文化人凯文·凯利说："不管你现在做什么行业，你做的生意都是数据生意。"①"我

① ［美］凯文·凯利：《在美国斯坦福大学的演讲》，《新华日报》2014年11月12日，第16版。

曾跟一个人打赌说,任何一个人只要是人类用工具可以测量的数据,都一定在被测量。”①“我和斯皮尔伯格一起做了部电影叫《少数派的报告》,男主角想从一直被跟踪的环境里逃出去。但他发现,他每到一个地方,屏幕上的广告都变成针对他的广告。”②“个性化与透明度是正相关的。如果你完全把自己藏起来,不对别人分享任何数据,你的个性化也为零。如果你想成为一个有个性的人,就必须向外面展现你自己的数据,把你的信息传出去。”③“注意力经济是一个颠覆性的领域,注意力在哪儿,钱就在哪儿。”④有学者指出:“在科学技术革命的强大声势下,在产品不断改变着社会和人们生活的情况下,设计者应毫不犹豫地借助现代文明巨澜所发出能量,将设计触角伸向人们心灵的最深处。”⑤有的媒体甚至高喊“网络无隐私,人类皆裸奔”。这样搞下去,真是人人自危,无处藏身。

窃取和利用别人隐私的人,都取之有术,但无道。技术进步日新月异,道德建设步履维艰。我们一边振臂高呼“攀登科技高峰”,一边无奈地低声提醒“坚持道德底线”,对二者的期望,真是天壤之别。人类社会已患上一种严重的精神分裂症——技术与伦理的分裂。低品质的人滥用高技术,后果不堪设想。爱因斯坦说:“我们所有那些被人吹捧的技术进步——我们的唯一的文明——好像是一个病态心理的罪犯手中的一把利斧。”⑥他的话已讲到这种程度,难道还不觉醒吗?

正是在这种背景下,治东教授坚持关于隐私问题的研究达十年之久。这本书是她研究成果的系统总结。她从技术化生存的角度,以高技术与隐私侵权的关系为重点,深刻论述了高技术条件下生活日益透明化、隐私商品化以及自媒体、微信、二维码、大数据、物联网等对隐私问题的影响,内容翔实、富有新意、给人启迪、发人深省。从更加广泛的意义上说,这本书是对技术至上论、技术应用天然合理论的有力冲击。

---

①②③④ [美]凯文·凯利:《在美国斯坦福大学的演讲》,《新华日报》2014 年 11 月 12 日,第 16 版。

⑤ 田广、邵欢:《产品设计与企业人类学》,《杭州师范大学学报》2014 年第 4 期。

⑥ [美]海伦·杜卡斯、巴纳希·霍夫曼:《爱因斯坦谈人生》,世界知识出版社 1984 年版,第 78 页。

目录

第一章　导　言

我国目前还没有专门的隐私法，关于隐私问题的规定分布在不同的法律条文中，没有形成体系，这为学理上探讨隐私问题提供了机遇。加强隐私问题的理论研究，可以为隐私问题提供一种哲学认识途径。希望通过本研究也能为保护隐私和防止隐私侵权提供有益的思考。

一、一个不能逾越的时代命题：宏大叙事的消解与对生命诉求的关注

隐私问题研究从学术角度而言，不属于宏大叙事，而是立足于具体微观事物的研究。但对隐私问题的研究却见微知著，蕴含着哲学发展的转向，也与人类发展的大命题相联系。

在哲学的转向中有多种表现，但总体而言体现两个向度：一是哲学对本质主义的消解，哲学不断走向反本质主义与非本质主义；二是哲学从对自然的关注也转向对人的关注。在现代性思维下，人们在哲学研究上是以宏大叙事的方式展开时代命题的。宏大叙事是现代性的总体特征，作为一种描述和揭示世间真理的理论体系和思维模型而呈现，为此，西方理性的一贯表现是强大。理性首先是人的自我规定，然后通过人的理性活动而规定世界，而由人的理性所规定的世界是一个标准化、齐一化、同质化、程式化的世界，这个世界打造了现代工业社会的“铁笼”。这个工业社会使人的生存丧失了内在性、完整性和丰富性，使人的生命世界变成了按工业规律支配的世界。现代性成就了人也异化了人，宏大叙事可以正确地指出某种趋势，但是无法落实很多细节。后现代哲学的兴起是以对宏大叙事消解为显著特征的。后现代的使命和显著特征是解构和消解宏观和总体，排斥“整体”的观念，强调异质性、特殊性和唯一性，以具体而微的和可以经验到的方式体现对人的关注。后现代是对现代性的一种反叛、是对本质的一种消解、是对西方坚如磐石般理性的挑战。后现代在力图挽救人的丰富性和内在性过程中付出了积极努力。

在这样的一个时代背景下，任何学术研究都不能游离于时代，都要着眼于时代特质。对隐私问题的关注恰恰体现了哲学的转向。如果说哲学是一种理性的事业，表达了对世界的理解和把握，但这种理解和把握离不开现实世界的现实状态。

理性必须基于对现实的反思才是具有意义和价值的,隐私问题成为哲学反思对象正是这个时代哲学之于生命意义的诠释。

因此,对隐私问题的研究负载着积极的意义,是哲学关注的新领域。

二、一个必须面对的现实:技术化生存带来隐私侵权的加剧

技术化生存是人们借助技术生存和发展而形成的现实生活图景。随着科学技术的发展,人类拓展了公共活动空间,包括强大的网络空间。但是,拓展的公共空间领域越大而私人生活空间却越狭窄,这一悖论发生的原因在于:高技术条件下人有了更多偷窥别人隐私的现实可能性。从早前的璩美凤事件到不断上演的国内外各类名人"艳照"事件,名人隐私的曝光频率越来越高。不仅名人深受其害,在日常生活中,普通百姓的隐私安全也受到威胁。用摄像手机、针孔摄像机偷拍、偷录,以及网上侵犯隐私事件已成为身边经常发生的事件。人肉搜索机制已经使人时时受到被"人肉"的危险;现代信息方式也成了人的生存方式,正在崛起的大数据时代,越发让人无处遁逃,每个人都成为大数据之中的符号和数据,因此有人戏言:从基因研究到网络工程,人类最伟大的技术成就无不是为"挖掘与泄露"人的生物密码与生活秘密提供更多的可能性。"高技术时代无隐私"成为许多人的共识。在高技术条件下隐私何以成为重要问题?隐私问题的实质又是什么?这是必须面对和回答的问题。

1. 高技术条件下隐私何以成为重要的问题?

隐私是人的一种生存特性,隐私也是人的一项重要的权利。随着社会的进步,人类改造世界的能力不断增长,私人生活空间不断扩大,人的主体意识和权利意识不断增强,个人隐私及私人生活空间也日益受到人们的重视。那么在今天,隐私又何以成为重要问题?

一是主体发展的需要。人的发展越来越重视生存质量,在基本需要满足之后,人有了自我发展的需要。这种需要是个性化的,而培育个性需要相对独立的私人生活空间,在私人生活空间里,人可以有自己的喜好,而不担心被人窥视甚至要挟,因而私人生活空间受到人们的高度重视。隐私涉及人格尊严、心理状态和生活质量,只要人有羞耻心、自尊心,只要人有一定的独立性、个性,人就应当维护自己的隐私,这是人与动物的又一区别。每个人都应当有属于自己生活一部分的、不应当被别人剥夺的东西。维护隐私也是对人的深层关注,是人类社会文明与进步的表现。人的个性、人权和尊严是人主体价值体现的重要方面,而隐私恰恰包含了这些方面。从人的需要层次上看,隐私不是人最初的生存需要,而是人深层次的需要,属于精神方面的需求。在衣不蔽体、食不果腹的情况下,人首要的是解决生存问题,几乎没有隐私的需求。随着社会的发展和进步,人的主体观念、主体意识得到了强化,人对私人生活空间的需求和渴望越来越强烈,人需要生活的自由与安宁,因此隐私的需求成为人实现个性和主体价值的必然需要。1890年隐私权作为重要的人权被提出并得到西方各国的重视，隐私和隐私权的保护纳入了各国立法的程序。在我国一直没有独立的隐私法，隐私保护的需求和立法上的空白造成许多事实上的冲突，也必然引起学术界对隐私问题的关注。

二是高技术的应用带来的困境。高技术如水银泻地般渗透到人生活的每个角落，高技术及其应用改变了人类的生产与生活方式，使人处于技术化生存状态。科技带动社会发展是不可阻挡的大趋势，技术已成为推动社会进步的核心力量。技术本身不可能解决一切社会问题，相反会带来新的社会问题，尤其是高科技对人的渗透和影响，人类的隐私外衣被无情地剥落。高技术条件下出现了新的隐私内容，隐私的表现形式与传统隐私相比发生了很大改变，在技术化条件下隐私具有了新的特点。借助网络、手机、摄像监控设备、物联网、云计算等高技术手段，隐私侵权方式更加多样化，侵权后果和危害更加严重。高技术条件下，窥视隐私的手段越来越多，隐私侵权的几率越来越大。一言以蔽之，高技术发展引出隐私问题。人的隐私不断地受到侵犯，如同使人都穿上了“皇帝的新衣”，私人生活空间受到前所未有的挑战。技术化生存作为一种社会现实，人类无法躲避，是必须面对的。但是，“社会物质文明越发达，运输和旅行工具愈加高速化，大众传媒、通讯和交际手段愈加现代化，人们就愈加没有隐私可言了。私人生活空间更有可能被他人严重、深入、广泛和快速地予以侵犯。因此极力想保留只属于自己内心世界的安宁，保留与外界相对隔离的环境。”①在这种情况下，隐私作为人在私人生活空间中的核心问题，人类面临心理和现实的困境。

2. 高技术条件下隐私问题的实质是什么？

人的需要和高技术的应用导致隐私问题日益显现，事实上，隐私问题也蕴涵了科技进步与人的尊严之间的矛盾。二者的矛盾是社会发展过程中的深层次的矛盾，体现为：随着科学技术的进步，人对自然的控制能力大大加强了，但在某种程度上是以人的尊严丧失作为代价的。

科技发展与人的关系问题是20世纪哲学反思的一个重大课题。赫伯特·马尔库塞(Herbert Marcuse)曾在《单向度的人》中专门讨论这个问题，他认为，“社会控制的现行形式在新的意义上是技术的形式。”②在发达工业社会，技术进步扩展到控制与调节系统，并创造出一些生活和权力形式，这些形式调和与这个系统对立的力量，击败或驳倒为摆脱奴役和控制而提出的所有抗议。马尔库塞因此断言，在

① 曲直：《留给隐私多大空间》，中华工商联出版社2004年版，第1页。

② [美]赫伯特·马尔库塞：《单向度的人——发达工业社会意识形态研究》，刘继译，上海译文出版社1989年版，第10页。

发达工业社会,这种新的控制形式的显著特征是:使用科学技术手段,对人的心理进行系统的操纵或控制,形成对人的本能的一种“补充的心理压抑”。也就是说,它从生产、消费、政治、人际关系、文化艺术领域乃至人们的私生活、休闲等方面进行全面的操纵或控制。在马尔库塞看来,技术成为控制的新形式也就意味着技术的异化。技术过程本应使人超越必然王国进入自由王国,使人类生存的结构向合理的方面发展,使人从外界强加给他的各种古怪的需要或可能性中解放出来,使个人发挥自主性和创造性;这本来是发达工业社会的目标,技术理性的终点。然而,实际上却是相反的趋势占上风,呈现出这样一个现实,即全面的奴役和人的尊严丧失。

马尔库塞针对的只是工业文明状态,随着新技术革命的发展,目前,以计算机、互联网、信息为代表的高技术,无论是自身的发展还是对人们现实生活的切入,都呈现迅猛扩展势头,高技术应用于人们生活的全景,使人处于技术化生存状态,必然导致新一轮科技对人性的压抑。高技术的应用侵犯人的隐私,挤压私人生活空间,带来了技术的异化和对人的尊严的挑战,是技术控制形式的具体化表现,是一个深刻的社会问题。林德宏教授在谈到技术研究涉及人是否异化的问题时,提出了许多问题,其中一个是:“是否应该研究能窥测所有人所有思想的机器?”[①]他认为是不应当的。因为这是不人道的,缺乏人文关怀的。归根到底,现代文明的发展方向决定了一个社会在实现技术进步的同时,必须建立与现代化制度相适应的现代精神文明和现代文化,也就是必须对人的价值和尊严予以确认和加强人文关怀。

高技术条件下,人的生活“透明化”不是主体应然状态,而是技术发展过程中带来的可能状态。高技术条件下隐私问题得以凸显,其实质在于:一是高技术无孔不入,向私人生活空间全面渗透;二是高技术无所不能,使个人隐私被窥视的可能性大为增加。隐私问题在高技术条件下有两种表现:一是表现为人的尊严与技术发展的博弈;二是表现为公共生活领域与私人生活领域的博弈。隐私问题蕴涵着高技术的应用与人的深层次的矛盾——即工具理性与人文关怀之间的矛盾和冲突。现代文明的发展决定了一个社会在实现技术进步的同时,必须建立与现代化制度相适应的现代精神文明和现代文化,必须对人的价值和尊严予以确认和加强。这也意味着,一个文明的社会是以私人生活空间的健全和安全为前提的。因此,对隐私问题的研究和思考,具有积极而长远的理论意义和现实意义。

三、一个需要深究的领域:隐私问题研究还有很大学理探讨空间

“隐私”作为学术术语出现是比较晚的事情,直至 1890 年“隐私”才以法学上的

① 林德宏:《关于社会对技术的必要约束——评技术价值中立论与价值自主论》,《东南大学学报》(哲学社会科学版)2000 年第 3 期。

一个学术概念出现。目前，隐私权（也称为公民的私生活权利），作为一种国际人权已经得到《世界人权宣言》、《公民权利和政治权利国际公约》等国际人权文件的承认和确认，很多研究者基于此从法学角度来探求隐私问题。

隐私问题之所以复杂，也在于隐私作为隐私权维护的对象也是一种文化现象。隐私意识和隐私观念是伴随着人类的成长而逐步发展的，最早隐私始于人的知耻心。随着人类文明进步，人的社会关系日益复杂，个人的生活空间在不断扩大，人的主体意识增强，隐私意识逐渐增长，隐私的范围不断扩大。在不同国家，由于文化传统和立法基础的不同，隐私权的保护范围不尽相同。随着机械大工业代替工场手工业，资产阶级登上历史舞台，宣扬民主、自由、尊严，倡导“私域”，不断凸显人的个性，使隐私涵盖了人的私生活的一切领域。在我国，漫长的封建社会是以整体文化压制个人欲望的社会，国家伦理上升为公民行为准则，是以整体主义的方式所体现的。因此，在中国传统社会，现代意义上的隐私观念是缺失的。以至于今天公众对隐私价值的评判，主要依据社会规范，着眼于个人与社会的冲突，而不是看重其对个体的意义。中西之间在私人生活空间的概念、隐私观念、隐私内容、隐私限度、隐私权保护方面有很大差异性，因此对隐私的研究也存在多个维度。

1. 法学领域的研究

1890 年，美国哈佛大学法学教授萨莫尔·D.华伦（Samuei D.Warren）和路易斯·白兰德斯（Justice Brandies）在《哈佛法学评论》第 4 期上发表《关于私生活的权利》（*The Right to Privacy*）一文，把隐私列为人的一项自然权利，提出了隐私权的概念。从此，隐私问题纳入法学研究的视野。随后隐私权被当作重要的人权而提出并得到西方各国的重视，隐私权的保护纳入了各国立法的程序。

在我国隐私问题的传统研究上，多数学者是从法学角度切入研究，主要着眼于隐私权立法和隐私权保护。在较早研究中，学者主要从民法保护角度对隐私、隐私权概念进行界定，对隐私权性质、隐私权主体等问题以及隐私权保护的途径等进行探讨。张新宝认为隐私权是公民享有的私生活安宁与私人信息依法受到保护，不被非法侵扰、知悉、搜集、利用和公开等的一种人格权。[①]刘德良认为隐私权是指个人对其隐私（所体现的）利益的自由支配权。[②]也有学者从宪法保护角度探讨隐私权问题，阐述隐私权作为普遍人权的意义、宪政价值和隐私权宪法保护的机制。[③]当然也有人从刑法角度研究隐私权。从理论维度探讨刑事诉讼与隐私权保护的

① 张新宝：《隐私权的法律保护》，群众出版社 2004 年版。

② 刘德良：《论隐私权》，《新疆大学学报》2003 年第 2 期。

③ 参见王秀哲：《隐私权的宪法保护》，社会科学文献出版社 2007 年版；屠振宇：《宪法隐私权的研究》，法律出版社 2008 年版。

关系。[①]

2. 社会学领域的研究

隐私问题是重要的社会现象，任何权利都体现为一定的社会关系，隐私权就是在社会关系中彰显的。从社会学角度研究隐私问题具有必然性，有学者从社会监控的角度探讨隐私，探讨社会监控作为社会行为对个体隐私的影响[②]；也有人从社会传播角度研究隐私，探讨媒介层面对隐私的影响[③]。

3. 伦理学领域的研究

随着互联网的发展，人们对网络的依赖日益强烈，日常工作、生活和交友等都可以在网上进行，网络空间成为私人生活空间的一部分。网络以其隐蔽性和传播迅速性，对隐私的侵权造成了一系列严重后果，引起很多人对网络隐私问题的关注。有人从技术哲学的角度、科技伦理的角度探究。李伦在《鼠标下的德行》一书中，专门用一章的篇幅探讨了网络时代的隐私权问题。赵水忠认为，在互联网上，网民的隐私正受到肆无忌惮的窥探和掠夺——那些频频见诸报端的网友侵害、网上诈骗、网上敲诈等令人触目惊心的罪行，无一不是从看似无所谓的窥探受害者的隐私开始的。[④]

随着生命科学的发展，基因隐私、人工生殖隐私等新的隐私问题不断出现。对隐私问题的研究提出了新的挑战。高技术条件下的隐私权实际上是一种重要但又十分脆弱的权利，更需要也更应该受到保护。

基于以上分析可以看到，隐私问题有历史发生学、伦理学、文化学、哲学思维方式、法理学等多维度、多视角可切入，所以隐私问题研究，不是法学单学科所能涵盖的，需要多学科的努力，才能够将“隐私”界定得更加细致与精确，因此有很大的学理探讨空间。

4. 本研究的立足点

本研究立足于哲学的视角，结合社会学和法学研究范式对隐私问题展开理论探讨。希望笔者的努力可为高技术条件下隐私侵权机制的形成、特点和保护等问题的探讨提供有价值的借鉴。

科技与社会之间有很多宏观问题，在本研究中，立足于探讨技术化生存和隐私之间的关系问题，出发点在于：一是高技术的使用导致人的异化和伦理冲突，工具理性消解了人文关怀，人的主体性日益丧失。而隐私作为人的自由和自主状态的重要方面，充分承载了人的主体价值与尊严，因此隐私与技术化生存的关系蕴涵了

---

① 杨开湘：《刑事诉讼与隐私权保护关系的研究》，中国法制出版社 2006 年版。

② 王俊秀：《监控社会——关于监控边界的研究》，天津人民出版社 2006 年版。

③ 赵维：《隐私，这道甜点——媒介形象与媒介策略札记》，湖南教育出版社 2006 年版。

④ 赵水忠：《谁偷窥了你的网络隐私》，电子工业出版社 2004 年版。

人的尊严和技术应用的关系。二是立足于微观层面，拓展宏观视角，关注社会发展过程中技术的价值取向问题，包括技术发展的必然性与合理性问题，强调技术发展应体现人文关怀。

本研究认为隐私是人的一项权利，同时也是人的一种生存特性，隐私蕴涵并体现了人的个性、人格、尊严和价值。关注隐私问题、重视隐私权的保护体现了社会文明进步的要求。隐私受到窥视和侵害，私人生活空间受到骚扰和挤压，人的尊严和权利就得不到保障。前面探讨过，由于主体意识增强，人们对于私人生活空间范围内个人自由的追求越来越强烈，高技术的应用使人处于技术化生存状态下，借助高科技的手段，隐私被窥视和侵害的几率越来越大，社会后果也越来越严重，人与技术之间的张力加大。但直接、有效的隐私权保护制度在我国还未建立。要解决这些问题，技术发展要遵循正确的价值取向，要以人为目的，要符合人的全面发展要求。在具体矛盾的解决上，要尊重私人生活空间并通过技术、文化、道德和法律等手段积极重构被技术挤压的私人生活空间。

第二章　人类生存图景：技术与技术化生存

隐私作为人的一种生存特性必然伴随着人类历史的发展而不断发生变化。隐私问题既涉及人的物质生存特性又涉及精神生存特性。探讨人类生存图景，是在追寻和探讨隐私变化发展背后的物质动因。

纵观人类的发展历史，可以说，人类的进化与技术的发展密不可分。“在社会科学、历史和人文科学中，最持久的研究课题之一，就是关于技术和技术变革对社会生活各方面的影响问题。”①从古希腊时代开始，技术就已经进入先哲们的视野。近代关于技术的理论，无论是工具论、实体论还是技术批判理论，虽然其观点不同，但都探讨了技术的本质及其社会价值。

著名的传媒学家马歇尔·麦克卢汉(Marshall McLuhan)曾断言，任何技术都倾向于创造一个新的人类环境。的确，从“刀耕火种”到“机器隆隆”，再到“比特”与“克隆”，技术每提升一步，人类的生活就会转换新的图景。尼古拉斯·尼葛洛庞帝(Nicholas Negroponte)在《数字化生存》一书中有句名言：“计算不再只和计算有关，它决定我们的生存。”②目前，技术已经成为人类的行为方式、创造方式、生存方式，技术已成为人类社会生活的一种决定性力量，或者如马丁·海德格尔(Martin Heidegger)所说，已成为现代人的历史命运。

第一节　技术化生存与“人—技”关系

探讨技术问题，离不开人与技术之间关系的分析。技术是人生存、发展的历史情境。技术经历了手技、物技、脑技阶段，“人—技”关系相应从技术的人身依赖、技术物的依赖再到技术的智力依赖阶段。人与技术之间关系体现从简单到复杂的过

① 邹珊主编：《技术与技术哲学》，知识出版社1987年版，第197页。

② [美]尼葛洛庞帝：《数字化生存》，胡泳译，海南出版社1996年版，第15页。

程，二者从内化性关系走向外化性关系，并产生张力。

一、早期技术特征

人类是从类人猿转变过来的，“这种猿类，大概首先由于他们在攀援时手干着和脚不同的活这样一种生活方式的影响，在平地上行走时也开始摆脱用手来帮忙的习惯，越来越以直立姿势行走。由此就迈出了从猿转变到人的具有决定意义的一步”①。直立行走使手脚开始分工，人类完成了具有决定意义的肌体分工，在这样的状态下“手变得自由了，并能不断获得新的技能，而由此获得的较大灵活性便遗传下来，一代一代地增加着”②。人和猿之间有了巨大的鸿沟，“而手的专业化意味着工具的出现，而工具意味着人所特有的活动，意味着人对自然界的具有改造作用的反作用，意味着生产”③。

人的手在人类成长过程中具有特殊意义。“手”除了生物学器官意义之外还具有强大的文化意义：“握手”代表了和平与友好；“手拉手”代表了互助与友好；“高手”表明了技艺的精湛；“升旗手”与“火炬手”等却是人本身的代称。重要的是，手在技术发生与发展过程中占有重要位置。“在过去的100万年左右的时间里，人类自己使用的工具在数量上产生了很大的变化，这也可能是造成人手在这个时期发生巨大的生物学完善的原因，尤其是控制手的大脑中枢发生了很大的变化。”④

古希腊哲学家亚里士多德曾经在《动物志》中对人的手做过独到的分析：“手似乎不是一种工具，而是多种工具，是作为工具之工具。”⑤他具体阐述了这种工具之工具的作用：“以手为例，它既是爪，是螯，是角，又是矛是剑或是其他什么武器或工具。手可以是所有这些东西，因为手能把握它们，持有它们。自然界成功地设计了手的这种本然形式以适宜多种功能。”⑥技术哲学奠基人恩斯特·卡普（Ernst Kapp）把人体器官看成是一切人造物的模式和一切工具的原型，在此基础上提出了“器官投影”学说。他也认为所有工具的起源和基础，即技术的本原就是人的身体特别是人的手。因为手是生就的工具，然后就成为机械工具的模本，并且在进行这些物质性模仿时，手起着非常关键的作用，只有在第一个工具的直接参与下，才有可能制造出其他的工具以及所有的所谓的产品。即使在工业机器、艺术和科学仪器设备中，仍有人手的参与。为此，卡普对许多器物和工具作出了详尽的解释：“这样，大量的精神创造物突然从手，臂和牙齿中涌现出来。弯曲的手指变成了一

---

① ［德］恩格斯：《自然辩证法》，载《马克思恩格斯选集》第4卷，人民出版社1995年版，第374页。

② 同上书，第375页。

③ 同上书，第273页。

④ ［美］雅·布伦诺斯基：《科学进化史》，李斯译，海南出版社2002年版，第26页。

⑤⑥ ［古希腊］亚里士多德：《亚里士多德全集》第4卷，苗力田等译，中国人民大学出版社1994年版，第131—132页。

只钩子，手的凹陷成为一只碗；人们从刀、矛、桨、铲、耙、犁和锹等，看到了臂、手和手指的各种各样的姿势，很显然，它们适合于打猎、捕鱼、从事园艺以及耕作。”①

可以发现，亚里士多德和卡普关于手的论述以及“器官投影说”都是具有农耕文明色彩的指向。农耕文明是一个与“手”具有密切关系的时代。在人类攀升过程中，跨得最大的一步就是从游牧生活转向村居农业，因为文明是不可能在移动中积累和发展的。原始农业的出现促使工具需求的产生，农耕文明的技术对象是农作物、猎物和水产品，技术产品是易被消耗掉的生活必需品。因此，在技术这个过程中，凸显了“手”的功能而淡化了技术产品的器物指向。“在手工劳动中，原始技术同劳动者不可分离。采集、狩猎、农业和手工业劳动都是手工劳动。劳动器官是手，工具是手的补充。手工劳动的技术，是最原始的技术，表现为劳动者的技能，即手控制手工工具的能力。这种原始技术本质上是人的体能。人的体能有两种功能：一是改变物体状态的能力，即体力。二是控制物体的能力，在手工劳动中就表现为控制手工工具的能力，这就是最早的技术——体技或手技。”②手技时期表现了技术对人身的依赖。

手技时代技术传承的方式是以意会知识形式表达的。在荷兰学者 E.舒尔曼(E.Suhuurman)看来，“早期技术仍受到人类的自然潜能，即直接由人的肉体给予的力量和能力限制。它不能超越人的双手和感官的范围。这就叫前现代技术的自然性。不过由于其局限性，当时技术几乎没有发展。日常性经验由父传至子，由母传至女，由师傅传给徒弟。”③这与迈克尔·波兰尼(Michael Polanyi)提出的“默会的知识”相一致。“默会的知识”(又称“缄默的知识”，或“内隐的知识”)，主要是相对于显性知识、编码知识而言，它是一种只可意会不可言传的知识，是一种经常使用却又不能通过语言文字符号予以清晰表达或直接传递的知识。这种知识是通过人与人之间的默契而领会的，人与之间的依赖性较强。因此，技术在“手技”阶段，就是默会知识形式。“这种手工技能是劳动者的身体所具有的，存在于劳动者体内，或者说被‘封闭’在劳动者体内。离开了劳动者的双手，这种技能就不再存在。这种技能与其说是‘社会的’，不如说是个人的，它不可能在空间上大规模传播，也不可能在时间上世代相传。因为它不可能以信息、知识的形式存在。”④手技的技艺水平取决于操作者的熟练程度，因此手技时代的技术是具有个体差异性的技术，技术体现出对人的依赖性，离开了具体的人，技术就是缺失的。

① [美]卡尔·米切姆：《技术哲学概论》，殷登祥等译，天津科学技术出版社 1999 年版，第 5—7 页。

②④ 林德宏：《科技哲学十五讲》，北京大学出版社 2004 年版，第 235 页。

③ [荷兰]E.舒尔曼：《科技时代与人类未来——在哲学深层次的挑战》，东方出版社 1995 年版，第 13 页。

二、近代技术特征

技术的器物指向是最为广泛接受的技术解释形式,近代技术是凸显人造物的技术。"近代技术的特点,是机器取代了手工工具。手工技能的作用是通过人实现的,近代技术的作用则是通过物(机器)实现的。近代机器一般由三部分组成:动力机、传动机和工作机。"①技术的工具说、机器说,都是近代物技的影子。"技术和技术发明的中心要素不是科学知识,也不是技术开发群体或社会经济因素,而是人造物本身。虽然科学与技术都包含认知过程,但他们的终端产品是不同的。有创建的科学活动的最终产品多半是一个书面报告或一篇科学论文;宣布一种实验的新发现;陈述一种新的理论立场。与此相反,创造性技术活动的最终产品一般都要给人造世界加点东西——一个石锤、一只钟或一台电动机等。"②这也是有很多人认为技术是技术物的原因所在,苏联的奥赛戈夫说:"技术是劳动手段、生产工具和一切用以提高劳动生产率的实物。"③乔治·巴萨拉(George Basalla)认为:"人造物对如何理解技术起关键作用,也是阐发进化理论的关键因素……人造物对技术进化的重要性不亚于动植物对生物进化的意义。"④技术是一种创造性活动,是人的创造,尽管某些动物也会借助于工具生存,但对于动物来说只是一种本能,而真正的工具的创造和使用需要的是智慧。"技术哲学追问的是技术的本质,也就是'存在'层面的技术,可我们已知的是'存在者'层面的技术,即作为人造物表现出来的技术。"⑤但是对于"人造物"的看法分出不同层面:"从实体范畴看,人造物是具有一定结构的物理学(或化学与生物学)实体,它的结构和性质是它内在固有的,它的运行服从于一定的物理学、化学或生物学规律;从关系范畴即人造物的功能或意向看,人造物的形成离不开人的意向性,离不开产生这一意向性的具体情景及其所属生活世界,它是生活世界诸要素和它们相互关系物化的结果。"⑥

马克思深入探讨了资本主义应用机器的前提和后果,指出机器的发展是使生产方式和生产关系革命化的因素之一,认为机器是简单工具的组合。在《机器。自然力和科学的应用》一文中马克思将机器列为资本主义生产方式下生产力提高的三个阶段之一,三阶段分别为协作、分工和机器。马克思在概括英国 19 世纪工业生产的状况时说:"在机器中从一开始就出现这些工具的组合,这些工具同时由同一个机械来推动,而一个人同时只能推动一个工具,只有技艺特别高超时才能推动两个工具,因为他总共只有两只手两只脚。一台机器同时带动许多工具。例如,一

---

① 林德宏:《科技哲学十五讲》,北京大学出版社 2004 年版,第 235 页。

②④ [美]乔治·巴萨拉:《技术发展简史》,周光发译,复旦大学出版社 2000 年版,第 32 页。

③ 关锦镗:《技术史》上册,中南工业大学出版社 1987 年版,第 18 页。

⑤ 舒红跃:《技术与生活世界》,中国社会科学出版社 2006 年版,第 37 页。

⑥ 同上书,第 42 页。

台纺纱机同时带动几百个纱锭；一台粗梳机——几百个梳子；一台织袜机——一千多只针；一台锯木机——很多锯条；一台切碎机——几百把刀子等。同样，一台机械织机同时带动许多梭子。这是机器上工具组合的第一种形式。"①国内自然辩证法界在人工自然方面的研究就是以人工自然物为基础的。"机器是一种工具，是一种机械(机械是利用力学原理组成的各种装置)，以机器为代表的近代技术的诞生，表明人类的技术从人体性技术发展为工具性技术，从生理性技术发展为机械性技术，从与人不可分离的技术转化为可以同人分离的技术。技术有了物化形态和知识形态。技术成了真正的技术。技术开始成为社会财富。"②

物化形态的技术突出的是技术产品，指向器物本身。技术传承方式以编码知识呈现，这个阶段技术脱离了人身依赖，开始成为人的对象化指向，形成技术对物的依赖阶段。

三、现代技术特征

现代技术是一种与现代科学相遇的技术。20世纪随着自然科学分支学科大量涌现，人们对客观世界的认识也不断深化，因而就愈加发现自然界是一个统一的整体。在这种情况下，产生了综合研究的必要，同时也推动了边缘科学和综合科学的诞生。科学技术化与技术科学化，使当代科学技术在物质生产中的地位和作用大大加强，已成为现代社会生产力发展的第一要素。当代自然科学从获得基础科学知识开始，经过在技术上实现，然后在生产上得到应用，并收到经济效益这一全过程的周期也大大缩短。因此，在现代生产发展中，科学生产的科学技术化的发展趋势，逐步形成科学、技术、生产的统一体系。

E.舒尔曼认为："原始技术与现代技术在环境、材料、能源、技巧、工具、技术实施的步骤、技术中的合作、工作程序、人们在构造过程中的作用以及技术发展的本性等方面都有差异。"③按唐·伊德(Don Ihde)的人与技术之间体现关系的分析，计算机是与人最具有体现关系的技术品。以信息传递为例分析这种差异：技术发展的复杂化使人类信息传递方式发生了重要的变化，这种路径首先是语言——作为短距离的声音传播，信息在有限范围传播；文字——记录语言和思想的载体，可以超越时空传播；造纸术——有利于信息大量保存和大范围传播；印刷术——文字书写的手工化转为机械化，提高文字书写效率和传播范围；电通讯——电话、电影、电报、电视、卫星通讯，使文字、语言、声音和图像立体性长距离快速传播；计算机——对文字、语言、声音和图像的储存与处理，导致信息革命时代的到来。而信息技术

① [德]马克思：《机器。自然力和科学的应用》，人民出版社1975年版，第90页。

② 林德宏：《科技哲学十五讲》，北京大学出版社2004年版，第236页。

③ [荷兰]E.舒尔曼：《科技文明与人类未来——在哲学深层的挑战》，李小兵、谢京生、张峰等译，东方出版社1995年版，第10—11页。

本身的发展也有自己从简单到复杂的历程。1946 年发明的计算机可以装满整间房子,把它缩小到放在桌子上只用了 35 年,而台式计算机一跃发展到笔记本电脑,只用了 10 年时间,从笔记本电脑再到手持式电脑,仅仅 5 年时间。1997 年手持式电脑成了美国的热门货。在 20 世纪大部分时间里邮政和电话是人类主要的通信手段,不到 10 年,传真机、语音邮递、电子邮件已广泛使用。按照摩尔定律,集成电路上可容纳的晶体管数目,约每隔 18 个月便会增加一倍,性能也将提升一倍。

林德宏教授认为,"现代技术具有人体性技术因素,现代技术在逐渐取代和优化人的体能,而这种取代和优化以人的智能为主。"①人工智能从 1956 年提出以来取得了很大的进展和成功。人工智能主要研究用人工的方法和技术,模仿、延伸和扩展人的智能,实现机器智能。物联网技术的兴起让智能化得以普及,智慧地球已经不是一个遥不可及的梦想。物联网是人的创造物,是人的客体。但物联网网络使人成为网中的某个节点。按照技术现在的发展逻辑,人的生命、精神、意志、思想越来越成为技术的对象,因此必将成为技术客体。这种主客体之间的转化呈现了物联网技术问题的核心。这种转化就是一种技术异化。在海德格尔看来,现代技术的揭示已不仅仅是让存在者自动显现出来,完全支配近现代技术的这种揭示乃是促逼,是对自然的掠夺、压迫。在技术的促逼活动中,自然界被迫显示、展现为不断地被开发、转化、贮存、分配等一系列环节,纳入一个密不透风、喘息不止的技术系统里。然而,这种促逼性的摆置活动,绝不是纯粹由人们自由控制的行为,相反,它设置、摆弄人,亦即促逼人去以构设活动的方式把现实事物当作持存物即现成状态去蔽。现代技术对人的促逼,把人推向"集置"的过程,是现代技术资本利润取向的必然。资本本身就是最大的同一性,它必然要实现资本生产方式的全球化,以扑向任何一个可以赚取高额利润的角落。"一旦资本生成为社会关系的本质,包括技术在内的一切,都必然转化为资本。技术转化为资本,就是技术被'抛入'到资本的社会关系里去,在资本关系的总体性'蒸馏'中,生成为资本'结晶',从而表现为资本的属性。"②

将人的生命技术化、人的意识、情感、道德技术化,技术可以制造感情、控制心态,这是以智慧为依赖的现代技术的发展趋势。智力的技术逾越人成为人的功能的创造者,人成为技术的对象,也将人与技术的共在对象化关系推向反对象化关系,技术甚至走向异化。

技术的使用和发展使人类生存图景不断发生改变。从近代开始,技术逐步应用并渗透于人类的生产和生活,技术化生存作为技术发展的必然已成为人类的现

---

① 林德宏:《科学技术哲学十五讲》,北京大学出版社 2004 年版,第 237 页。

② 转引自尚东涛:《技术的资本依赖》,《科学技术与辩证法》2007 年第 2 期。

实生存选择。技术化生存提升和优化了人类的生活，但也带来困境。

第二节 高技术与人类生存图景的演变

一、何为高技术？

“技术是人类制造人造物的知识与工艺。技术的根本价值，是它能转化为各种物——劳动工具和生活用具。”①技术是人类为满足自己的需要，利用自然界的物质，创造、控制、应用和改进人工自然系统的手段和方法。“技术的本质是制造和应用人工自然。”②以上这些都是技术的本质，而从技术的价值层面看，技术是人类的行为方式、创造方式、生存方式，技术决定着人类的命运。邓小平同志在1988年提出了“科学技术是第一生产力”的科学论断，很精辟地阐述了技术在人类生产和社会生活中所处的地位。在分析人类生存状态的演变中也可以看出，没有技术的发展，也就没有人类的今天，技术进步推动了社会的发展。高技术是蕴含了技术的一般特性，但又区别于一般技术。

高技术（High Technology，简称Hi-tech）的概念是一个历史的发展的概念，学术界开始使用“高技术”概念始于20世纪80年代。“高”蕴含着创新含量，是相对于传统技术、一般技术而言。“高技术不是近代技术的延续，而是技术发展的新阶段，使技术出现了新的本质。”③因此“高技术”并不是指单一的技术形式，高技术是一个技术群，是一个产业化概念，是对产业和产品中技术的含量及水平的评价。各国技术发展水平不同，对高技术的界定存在差异。但从世界范围看，获得认同度较高的高技术主要包括“信息技术”、“空间技术”、“新能源”、“新材料技术”、“生物技术”和“海洋技术”等。对于某些产业或产品，其中技术所占的比例超过一定标准时，就称为高技术产业或高技术产品，它存在于新兴和传统的所有产业和产品领域。高技术的渗透性，带来了一个强大的技术时代。

高技术一般指产业化了的现代新技术。“高技术不仅是一个学科群，同时也是产业群；既是新兴的学科，又是新兴的产业。”④正因为高技术可以把学科前沿的技术转化为成果并产业化，它的高度辐射性，必然渗透到传统产业中去，大规模地作用于人类的生产生活，对社会生活的方方面面都会产生越来越深远的影响，将从根

① 林德宏：《“技术化生存”与人的非人化》，《江苏社会科学》2000年第4期。

② 林德宏：《关于社会对技术的必要约束——评技术价值中立论与价值自主论》，《东南大学学报》（哲学社会科学版）2000年第3期。

③ 林德宏：《物质精神二象性》，南京大学出版社2008年版，第530页。

④ 林德宏：《科学技术哲学十五讲》，北京大学出版社2004年版，第240页。

本上改变我们的生存方式和发展模式。高技术不仅构筑了我们生存的环境、决定了我们的生存方式，甚至将使包括人在内的生物的繁殖、发育、遗传、演变的自然过程逐渐转化为技术过程。高技术使我们的社会成为不折不扣的技术化社会。

二、高技术与技术化生存

技术时代有两个最显著的特征："一是人工自然和技术圈的兴起；二是技术化社会结构的形成。"①技术化社会的形成在于高技术的发展，从20世纪中叶开始，社会已逐渐进入高技术时代，也就意味着技术化社会已初具规模。技术进步是不断变化和发展的过程，技术进步尤其是高技术的发展促使技术化社会的形成。技术化社会作为技术化生存的外在环境，带给人的是人的生存状态和生存特性的改变，必然带来隐私内涵的丰富和完善。

生存问题是人与生俱来的重要问题。"与其他'被造物'相比，人得在生存之中创造他的存在……我们的生存是项艰巨的任务，是严肃的，有待完成的东西。它不是给予我们的现成之物；我得去'做成'它。"②生存是人自身存在与发展的最终依据和尺度，人的本质是在生存中形成的。人的本质与生存方式是密切相关的，二者的关系如果运用比喻的话，用"物质"和"运动"之间的关系比喻最为形象，正如不了解运动就无法把握物质一样，不认识生存方式就不可能认识人的本质。因此，人是未确定的"可能性"存在，人从不满足当下的生存状况，不断追求更高的生活方式，生存向未来展开，人之生存展现为一个动态的历史过程。"人是一种'在自然中受迫而生'的存在(前提是他'想活')；他是一种动物。在动物学意义上的'生成'就是由'生存在自然中所必需的活动'构成的。而人对事情做了安排，使这种'生存迫求'降到最低。在这'空出来的地方'(源自对'动物性生存'的超越)，他致力于一系列'非生物性'的事，它们不是自然强加的，而是他自己发明—创造出来的。这种创造出来的生存——像创作出来的小说或戏剧——被称作'人的生存'、'活得好——幸福'。人的生存超越自然现实。"③

生存观念、生存环境与生存方式构成了人在世的物质生存和精神生存的全部内容。生存环境是生存的环境基础，生存观念决定生存方式的选择，而生存方式是生存观念的展现。其中，自然观与生产方式相适应，而人生观与价值观生活方式相适应。当然，价值观、人生观也受生产方式的影响。从根本上说，生产方式决定生活方式，生产力水平越低越是如此，生产方式是生活方式的基础。有什么样的自然观就会有什么样的生产方式，而有什么样的人生观和价值观就会有什么样的生活

① 高中华：《生态危机的技术内涵：对技术负面效应的评价》，《科学技术与辩证法》2001年第5期。

② 吴国盛：《技术哲学经典读本》，上海交通大学出版社2008年版，第274页。

③ 同上书，第271页。

方式。“人是世间唯一感性的、对象性的存在物，人的存在就在于人的生存与生活，人是感性地和实践性地确证和阐释自身的存在过程，人的生存就是人的一切活动的真正基础和前提。所以根本不需要外在于人，但凌驾于人之上的某种抽象实体，来拟定人的生存过程。”①人的本质在生存中形成，也在生存中展现。或者说，人的本质就是人的生存方式，即生存的本质。人不以超验的终极的尺度外在地决定自身的生存，而是从人创造性的实践活动出发理解人与自然、人与社会、人与自身的关系。马克思说，人的本质是一切社会关系的总和。马克思探讨的社会关系是在生存中形成的关系，社会关系说到底就是生存关系。人的本质既包括社会本质又包括自然本质，自然本质是社会本质的基础，社会本质是对自然本质的超越。自然本质决定人最初的生存方式，即像动物一样生存，而随着生存方式的拓展又决定了人的社会本质。人的自然本性决定人的生存方式，生存方式又决定人的社会本质，二者统一于人性之中。因此，人的本质是在生存中形成又在生存中得到完善。因此，对生存的认识是认识人的本质的钥匙。

因此，人类的生存包括物质生存和精神生存两类。②围绕技术在社会生活作用大小划分人类的物质生存方式，主要有自然生存和技术化生存。丹尼尔·贝尔(Daniel Beu)在 1973 年的《后工业社会的来临》一书中，把人类社会发展分为前工业社会、工业社会和后工业社会。在前工业社会，人的生存是自然生存，在工业社会和后工业社会人的生存方式是技术化生存。

1. 前工业社会——自然生存状态

按照丹尼尔·贝尔对人类历史的划分标准，前工业社会是人类历史发展的一个阶段，从时间上大约是蒸汽机出现之前的人类社会。前工业社会以传统主义为轴心，意图是同自然界竞争，土地是资源，地主和军人拥有统治权。自然生存是人类历史上最先出现的生存方式，是人类主要依赖自然界所提供的自然物质资源和自身自然能力的生存方式。林德宏教授又将自然生存划分为“原始自然生存和农业自然生存”③。前工业化生存也就是自然生存，在社会形态上主要包括原始社会和封建社会。

原始社会的生存是纯粹的自然生存方式。原始自然生存，是人类生活的初始状态。人类是自然的一部分，人的主体意识的确立前提是：人首先将自身从自然中分化出来，没有这种分化就没有人的主体状态。但是人的生存和发展始终不能脱离自然。在原始社会，人类走过完全依靠自然提供天然食物的茹毛饮血的生存阶

① [德]马克思：《1844 年经济学哲学手稿》，人民出版社 1983 年版，第 84 页。
② 林德宏：《科学技术哲学十五讲》，北京大学出版社 2004 年版，第 285 页。
③ 同上书，第 286 页。

段,开始钻木取火和利用简单工具狩猎。那时存在技术,但技术是人活动的自发行为。中西方都经历了漫长的原始社会,在这个社会形态过程中,人的生存方式就是原始生存。

在原始自然生存阶段,人类的隐私意识处于萌发阶段。随着原始技术的发展,当时人们用树叶和兽皮缝制成衣物,一方面是用于御寒,重要的原因在于遮羞。知耻心是隐私意识的始初阶段,这也是为什么直到今天有人还把隐私仅仅与丑事相联系的原因。身体与性是核心隐私内容,这也起源于人类最初的自我意识。

农业自然生存阶段。在农业自然生存阶段,人类依靠主体自觉劳动获得生存资料,但人类仍然完全依赖于自然,受制于自然,靠天吃饭。在农业自然生存中,为适应自然、改造自然的现实需要,技术产生和发展起来。当时人类生存和发展所面对的环境基本上是未被人化的自然界,技术主要是使用传统工匠技术为基础的简单技术,对自然过程的干预还保持在一个有限的范围内,技术过程对人类生活乃至社会进步影响不大。①

在农业自然生存阶段,人类的隐私意识和隐私观念得到了发展。在我国,这个生存阶段主要是大一统的封建王朝,王权至高无上,朕即国家,皇族的隐私上升为国家机密。但普通百姓对统治阶级存在较强的人身依附关系。隐私是主体性和个性化凸显才不断呈现的话语模式,而主体性和个性在当时封建礼教下是被抹杀和遮盖的。"古代中国以家族为核心、为起点。国家、社会都不过是家的扩大,而在这种同构关系当中,家是一切的出发点。所以,家族伦常的身份规则不但是国家生活的规范,同时还是一般人际关系的模式。中国的儒家伦理道德则将更多的注意力放在了对秩序和谐的追求上,追求人与人、人与自然的和谐关系,呈现出一种'集体本位'的特征。在古代中国,一个人最基本的身份首先表现为某个家庭的成员,在家庭这样一个伦理实体中,个人主义意义上的个人是根本不存在的。它强调他人的存在和人群整体的价值,主张相互谦让,互相合作与谅解,使个人伴随人群的发展而发展,个人为群体献身是最高尚的行为。"②因此,在农业自然生存情况下隐私呈现出两个特征:一是隐私意识和隐私观念在整体文化的宰制下是淡的,隐私权利是羸弱的;二是体现整体的统治与被统治关系,因此统治阶级与被统治阶级之间的隐私权是不对称的。

2. 工业社会——技术化生存状态

"技术化生存"也就是人依赖技术而生存发展的过程和状态。在对"技术化生存"的理解中,"化"具有重要作用也具有较深的哲学意蕴。理解技术化生存首先要

① 高中华:《生态危机的技术内涵:对技术负面效应的评价》,《科学技术与辩证法》2001年第5期。

② 周海:《中国传统法律文化对隐私权的影响》,《社会科学论坛》(学术研究卷)2008年第7期。

理解“化”的涵义。

首先,“化”具有渗透性,“化”是一种转移。技术化生存的前提是技术物的存在,技术创造了一个人工自然界,使人类离开天然自然界。人工自然也是自然界的特殊部分,是技术渗透其中而形成的第二自然。其次,“化”具有持续性,指一个过程。技术化不是一蹴而就的,是一个过程。实际上从机械式生存开始,人类就在为技术化生存做准备,只不过那时的自觉意识并不强烈而已。“化”还具有稳定性,指状态和结果。技术化生存就是一种生存状态,这是基于技术物化的产业成果的一种生存状态。高技术也是可以产业化的技术,具有相对的稳定性。这种稳定性为技术化生存的实现提供了可能。

技术化生存的特征包括两个方面:一是技术渗透于人的生产、生活全过程;二是人的生活越来越依赖于技术。这两个方面鲜活地体现了技术化是主动与被动的统一。

真正意义上的技术是从近代开始的,近代技术诞生的标志是机器大规模的应用,人类进入工业社会。工业社会的主要特征是大机器工业生产取代以往的农业、手工业生产,生产力水平大幅度提高。随着资本主义制度的建立,18 世纪下半叶到 19 世纪初,发生了第一次技术革命,它以纺织机械的革新为起点,以蒸汽机的发明应用为标志。机械的大规模应用,提高了劳动生产率,也改变了人类的生活,人类依赖机器生产、生活,人类生活进入机械式生存阶段。在此阶段是隐私内涵发展的重要时期。伴随着资产阶级革命的胜利,资产阶级对私人生活空间中的自由和权利的需求不断地增长,隐私作为人的一项重要的人权被提出并不断地丰富和发展,近代的隐私观念也日益受到人们的重视。

但技术化是个进行时的概念,在技术化的社会里,人类依托社会而生存,人也依赖于技术而生存。这种技术化生存实际上也是人被物化的过程。高技术导致人的高度物化。①技术化生存也使人越来越依赖技术。正因为生活形式的日益技术化,甚至有人把技术看作是生活形式的根本方式,是一切人的存在都可以在其中展现的具体形态的框架。②人们对科技有时不仅仅是依赖,甚至于对科技产生崇拜。

高技术应用于人类生活,一方面丰富和拓展了人类生活,另一方面也挤压了私人生活空间。技术化生存带来丰富的社会生活表现形式,而人依赖技术生存必然形成新的生存特性。人的隐私随着人类生活的改变也会形成新的特征。在技术的作用下,隐私在与政治、经济、文化和日常生活事件的关系上体现出不同的状态。这将在下一章中作深入探讨。

---

① 林德宏:《“技术化生存”与人的非人化》,《江苏社会科学》2000 年第 4 期。

② [德]F.拉普:《技术哲学导论》,刘武等译,辽宁人民出版社 1986 年版,第 145 页。

3. 后工业社会——“智慧”生存状态

后工业社会是工业社会进一步发展的产物,后工业社会的关键变量是信息和知识,产生信息论、控制论、决策论、博弈论、功效学、随机过程等新兴学科,由此还发展出许多专门技术,如线性规划、统计决策方法等“智能技术”。“智能技术”的应用可以使人们的决策活动规范化,从而实现大众社会的有序化。

20 世纪 60 年代以来高新技术的发展,尤其以信息技术为代表的高新技术,改变了人类的生存环境。信息化、数字化和网络化浪潮带来一场人类生存方式的重大革命,高科技对社会的支配性、扩张性已渗透到人类生活的各个领域。技术构成了人的基本处境,技术为我们的生存设置了框架。人类生活、通讯与联系方式的跃迁,人们精神文化生活、文化和价值观念的更替,都处于一个完整的技术时代框架之中,人类通过自身活动所建构的一幅由技术活动、技术系统及其本质特征所构成的图景,占据了当代人类社会政治、经济和文化生活的核心位置,人类进入依靠技术不断发展进步的新时代。从互联网到物联网,人类生存模式和图景有很大的变化。

例如,物联网(The Internet of Things)技术目前已经成为信息技术革命中的重要环节。物联网技术是系列技术的组合,但以传感技术为基础。随着通信技术、嵌入式技术和微电子技术的快速发展,微型智能传感器得到了现实应用,这种传感器同时拥有感知、计算和通信能力。传感器节点的网络化就是传感网技术,物联网就是传感网技术在物与物、物与人之间的应用。目前物联网技术已经由理论层面移植到现实经济建设中来。2009 年 9 月 1 日无锡市政府与北京邮电大学签订战略合作协议,双方联合建设传感网技术研究院。合作范围涉及光通讯、无线通信、计算机控制、自动化等广泛技术领域,尤其注重开展传感网方面的应用技术研究、科研成果转化和产业化推广以及人才培养等工作。2010 年 3 月 5 日,《政府工作报告》提出,要积极培育信息等消费热点,积极推进三网融合取得实际性进展,加快物联网研发应用,这标志着物联网技术发展上升到国家战略高度。物联网技术革命将网络虚拟空间拓展到现实的物理空间,这在后面将有专门一章予以论述。

技术越渗透于人类生活,人对技术的依赖就越强烈,引发的社会问题就会越严重。在隐私问题上表现为,技术对私人生活空间的挤压和破坏明显加大。而技术越进步,文明越发达,人们的自主意识越强烈,人们对隐私的认识和看法就会不断深入,隐私就越会成为人较高层次需要的一部分。问题在于,高技术的应用使新的隐私不断地出现,传统隐私保护的方式满足不了人们的需求,致使隐私问题频发,隐私带来的社会矛盾不断激化,社会张力也不断加大。每个人每天都离不了手机、电脑等。甚至移动终端以微信交往平台、购物平台等支撑起了人整个交往、娱乐、生活、工作等全部,真正意义上的网上生存已经实现。面对快捷、便利和丰富的生活谁愿意放弃呢？所以技术化生存的方向是永远向前的，技术只能越来越深入人们的生产和生活。

第三节 技术化生存与现实

现代技术为人类构筑了一幅奇异的生活图景，技术已深入人类生产和生活，大到政治、经济和文化，小到日常生活的衣食住行，特别是私人生活空间，无不有技术的渗透。

一、技术对社会生活领域的渗透

1. 政治领域

"技术在某种意义上是一种政治现象，技术本身是负荷政治的。"[①]技术是现代社会的统治术，现代社会是建立在技术手段基础上的"合理化"官僚社会，科学和技术的合理性本身包含着一种支配的合理性，即统治的合理性。技术具有意识形态要素和看不见的控制力量。"技术与政治的关系是在社会大系统中技术与政治二元的联系，二者的相互作用构成了它们之间的互动发展：一方面，在技术政治化的过程中，政治通过对技术的控制和干预而影响技术的发展；另一方面，在政治技术化的过程中，技术影响政治的存在及其运作。"[②]19 世纪马克思指出："火药、指南针、印刷术——这是预告资产阶级社会到来的三大发明。火药把骑士阶层炸得粉碎，指南针打开了世界市场并建立了殖民地，而印刷术则变成新教的工具，总的来说变成科学复兴的手段，变成对精神发展创造必要的最强大的杠杆。"[③]这一切也促进了西方民主政治的发展，导致社会阶级关系的变化。随着科学技术的发展，技术与政治的关系日益密切，甚至技术牵制政治的发展，尤其是信息网络平台推进的电子民主，让更多数人参与政治，推进了政治的民主化进程。

当然，政治因素也会影响技术的发展。"从历史角度看，中国封建社会的政治结构是大一统的官僚政治，大一统的政治形态和相对发达的地主经济共同决定了它的技术结构是封闭的，它没有能力把工匠们的技术水准与学者们发现的数理逻辑和演绎推理方法结合在一起，它不鼓励技术上的革命与创新。因此，在技术发展过程中，中国古代社会的政治因素严重制约了科学技术的发展，使得中国近代没有成功实现现代化的过渡，故而落伍了。"[④]

---

① 刘文海：《技术负荷政治吗？》，《自然辩证法通讯》1996 年第 1 期。

② 刘同舫：《技术与政治的双向互动》，《学术论坛》2000 年第 8 期。

③ 《马克思恩格斯全集》第 47 卷，人民出版社 1979 年版，第 427 页。

④ 吴夺：《对技术与政治之间关系的认识》，《沈阳建筑大学学报》2007 年第 3 期。

而在法兰克福学派看来,技术与政治之间是通过异化实现合谋,科学技术成为政治统治的工具。“社会控制的现行形式在新的意义上是技术的形式。”①当然,这是在资本主义社会特有的现象,这个逻辑是因为“资本主义进步的法则寓于这样一个等式:技术进步=社会财富的增加(国民生产总值的增长)=奴役的扩展”②,科学技术成为资本主义社会有力的统治手段和全面物化的工具。技术作为一种新的统治形式,这一思想是从二战后资本主义的社会历史现实出发来对发达工业社会中科学技术的异化现象进行批判与反思的结果,反映那个时代的历史现实。当今时代技术在政治、经济与社会中所起的作用越来越重要,同时技术所带来的各种风险也越来越大。

2. 经济领域

技术作为生产力的要素,对社会经济一直起着首要的推动作用。在马克思看来,“人们之所以有历史,是因为他们必须生产自己的生活,而且必须用一定的方式来进行。”③马克思认为社会历史的真正基础是由一定的个人,以一定的方式构成的生产活动。“生产方式更表现为人们创造社会历史的主体性活动的新的有序性,这是人类生存的历史创造性。”④这个一定的生产方式及其结构在实际运作中发挥出来的程度、能力和水平就是生产力。这个生产力意味了人对自然界控制的能力和程度。人类历史从“一开始就表明了人们之间是有物质联系的。这种联系是由需要和生产方式决定的,它和人本身有同样长久的历史;这种联系不断采取新的形式,因而就表现为‘历史’,它不需要有专门把人们联合起来的任何政治的或宗教的呓语”⑤。

技术发展是通过创新完成的,恰恰是技术创新着眼于经济因素。20 世纪初美籍奥地利经济学家约瑟夫·熊彼特(Joseph Schumpeter)首次将创新视为经济增长的内生变量,他在 1912 年《经济发展理论》一书中提出了“创新理论”以后又在其他著作里加以应用和发展。熊彼特认为创新就是把生产要素和生产条件重新组合引入生产体系,建立一种新的生产函数,其目的是为了获得更多的经济收益和潜在的利润。在此观点下,甚至有人认为,某项技术或工艺发明,不能看作技术创新,只有当其应用于经济活动中并实现商品化的时候,才能被称为技术创新。既是哲学角度研究技术创新,也为经济学留有很大的空间。“‘技术创新’是一个专有名词,是一个经济学特色的概念,它与‘技术的创新’有本质不同:前者特指技术的组合与

---

① [美]赫伯特·马尔库塞:《单向度的人》,刘继译,上海译文出版社 1989 年版,第 10 页。

② 欧力同、张伟:《法兰克福学派研究》,重庆出版社 1991 年版,第 270 页。

③ 《马克思恩格斯选集》第 1 卷,人民出版社 1995 年版,第 81 页,注 1。

④ 张一兵:《回到马克思——经济学语境中的哲学话语》,江苏人民出版社 1999 年版,第 470 页。

⑤ 《马克思恩格斯选集》第 1 卷,人民出版社 1995 年版,第 81 页。

应用价值的实现过程，后者是指技术本身的发展与进步，是一种知识形态。”①

现代管理之父彼得·德鲁克(Peter Drucker)认为创新是赋予资源以新的创造财富能力的行为。而美国经济学家迈克尔·波特(Michael Porter)，把创新纳入国家发展的驱动要素，使用了“创新驱动”这一概念。因此，当前衡量区域科技竞争实力和科技转化为现实生产力的综合指标一般用科技进步贡献率衡量，主要就是指科技进步对经济增长的贡献份额。我国科技进步贡献率为39%，而美国、日本等发达国家科技进步贡献率已经达到80%左右。

3. 文化领域

科学技术属于文化范畴，技术本身就是一种文化现象。技术与文化不是两个外在事物之间的关系，而是一种内在关系。例如，印刷术发展就是文化发展的重要事件。技术文化是科技文化中偏重物性的一部分文化。F.拉普(F.Rapp)说过：“技术是复杂的现象，它既是自然力的利用，同时又是一种社会文化过程，对它既可以以技术为中心也可以以社会文化为中心来探讨。”②技术的发展本身就是文化的发展；技术发展也推动了文化的发展，这种推动表现为影响人们的精神状态和文化生活，如电视技术和网络技术带来的电视文化传播和网络文化。技术文化有强烈的历史情境性，具有深刻的社会发展痕迹和社会生活背景。不同民族、不同时代，一方面是由于思维方式和风土人情的差异，更重要的是物用的差别。技术建构不同的文化形式，也区别不同的文化形式。自然景观的差别带来人文景观的不同，而人文景观的不同也会对自然景观产生重大影响。人文景观就是人通过各种具体技术所建构的人工的生存世界。“特有的机械和无机的功能的联系，就构成了技术中实际上是人工和非自然的成分。”③过度技术化的地方，对自然景观的破坏要远远大于技术影响程度小的地方。城市就是人文景观密集的地带，而城市化带来的环境和生态问题无论是在发达国家还是发展中国家都是比较突出的社会现实问题。

技术是一种与特定生产关系相互制约和相互作用的关系结构中存在的，体现了特定历史情境，即人类文明程度、生活方式等历史状况。技术是具有人性本质的，人性中社会性的重要的方面就是文化。技术文化如同一般文化形式一样也包括三个层面：一是物的层面，就是技术物化为器物的层面；二是知识层面，表现为技术知识；三是制度层面，表现为技术政策、技术规则、技术制度等。

从器物文化、知识文化和制度文化三者内在关系看技术文化整体结构，器物文化是精神文化、知识文化和制度文化的深层和直观的表现，知识文化与器物文化是

---

① 彭福扬、胡元清、刘红玉：《科学技术创新观——生态化与技术创新》，《自然辩证法研究》2006年第6期。

② [德]F.拉普：《技术哲学导论》，辽宁科学技术出版社1986年版，第57页。

③ 同上书，第107页。

与技术文化结合最紧密的。而制度文化、政策文化具有相对独立性、可以与技术紧密相关,也可以外在游离。从这个角度看以看出,技术文化本身可以达到对技术的规约,好的技术文化形式可以决定技术的发展方向、规避技术负面效应。而不好的技术文化内部结构就无法达到对技术自身发展的规约,甚至会导致技术发展的偏离,带来严重的社会问题。

4. 日常生活领域

人的衣食住行也越来越依赖技术。穿衣是遮蔽隐私的最基本途径,目前保暖已不是问题,人们还要穿得健康,耐磨、耐蚀和耐热的纳米材料制成的衣物应运而生。在饮食方面,现代生物技术发挥越来越大的作用,食品的营养程度和品质日益符合人体需要。人的居住条件在高科技的渗透下日益人性化,住宅智能化已不是梦想。火车的速度越来越快,飞机的容量越来越大,再远的路程也能让你朝发夕至或夕发朝至。技术对人的影响最主要的是多方位的存在方式、思考方式以及交往方式,这通过网络平台和移动终端技术的发展体现得愈发明显。

移动通讯技术是最积极的范例。移动通讯技术已经走过三个阶段,开始进入4G阶段。第一阶段起源于20世纪80年代,主要采用模拟和频分多址(FDMA)技术。第二代(2G)起源于20世纪90年代初,主要采用时分多址(TDMA)和码分多址(CDMA)技术。第三代(3G)可以提供更宽的频带,提供更快捷和便利的通讯服务。在3G通讯技术支持下,智能手机等终端平台更广泛应用于人们的日常生活,博客、qq空间、微博、微信等都是在这一技术支持下实现的。人们的日常交往即时性与交互性更强。但这不是终结,第四代移动通讯技术已经走出实验室进入市场。尽管当前对4G技术定义有些困难,但可以肯定的是,4G通讯是一个比3G通讯更完美的新的无线世界,4G手机可以提供高性能的流媒体内容,并通过ID应用程序成为个人身份鉴定设备,可以接受高分辨率的电影和电视节目。自媒体时代,人类的存在方式就是技术的方式。

与此相呼应,还有物联网技术,使智慧生存成为可能。时下,各大公司都对数据统计与数据分析给予充分的尊重和足够的重视,认识到信息价值和数据资源在当今社会发展过程中的重要性,通过数据了解客观现实的基本状况,即时动态,甚至预测参与者的意图、目的。数据体系的物理平台结合信息化、智能化的运算分析,已经具备了一定的类似脑神经运转机制的对应结构,进而可以更好地理解、认识、把握人类的思想、意图。目前我国在物联网建设中已开启了一些重要的实践应用。物联网技术相关的应用领域可以概括为四大行业(互联网、金融、流通、能源),对应为三大物理领域(信息、物质、能量),所涉及的公司或业务包括搜索、电商、通讯、银行、保险、物流、石化煤炭、电网、水利等。大数据在物联时代具有特殊价值,其发展势头正在引领着未来。数据可以更具体、精确地把握特定时间段的动态信息，为决策提供良好的分析依据，更好地作出准确的预测和判断，以提早布局准备控制成本和风险，趋利避害。为分析处理问题提供解决方案，有利于上层决策、分析和执行，具体体现在：一方面，可以高效、准确、快速地达到预期目的；另一方面，可以有效地避免相关问题的发生，有助于及时启动预警机制和应急预案，达到快速响应的要求。

二、技术化生存带来的现实问题

荷兰学者E.舒尔曼认为："一旦技术被置入自然之中，技术就生产出一个'人为'的世界。'他毁灭、破坏或压制自然世界'。"①技术化生存也会产生很多社会问题，主要表现为两个方面：一是技术应用中的问题；二是人的异化和伦理冲突问题。

科技已成为人类共同的命运，重要原因在于科技具有强大的社会功能。技术的双刃剑问题，是人对技术的应用效果的评价问题，即技术的应用既会出现正的价值，又会出现负的价值；既会出现善，也会出现恶。②也就意味着技术对社会的影响是双向度的。应当看到，现代技术，尤其是信息技术和网络技术等高技术的开发和利用，对社会的双面影响。它一方面对社会政治、经济和文化产生巨大的促进作用，同时对人类社会生活也会产生负面影响，把社会及其成员带到一个全新的技术与人文环境中，使人们时刻面临技术上的可能与伦理上应该的冲突。科技的社会积极作用不言而喻，但科技负面影响也是不可低估的。确实值得警觉和反思的是，过分滥用技术已经导致社会的不协调乃至严重冲突，威胁着人类进化的健康有序发展。

技术应用的负面作用在多数情况下是同应用者分离的，应用者达到了自己的目的，但承担不良后果的却是别人。例如，利用针孔摄像机偷拍窥视隐私行为，使用者只有偷拍成功才达到自身目的，而被偷拍者就要承担隐私侵犯的不良后果。技术越先进，应用越广泛，负面作用的破坏性也就越大。技术化生存状态下人们衣食住行都渗透技术性因素，人们时时面临技术双刃剑的威胁。正如约翰·奈斯比特(John Naisbitt)所言："科技为我们的身心带来愉悦，但是迷上它，却像灵魂被榨干，使人更想追寻人生的意义。"③

技术化生存可以导致人的异化和伦理冲突。科技与人的关系问题是工业革命以来哲学界一直关注和探讨的问题。技术的自然作用力的增长，进一步解放了人的体力，提高了劳动生产率，丰富和完善了人类生存的物质需求基础；技术的力量日益显示出它对人的思想解放的先锋作用，人类可以通过技术化的手段，把自己合

① [荷兰]E.舒尔曼：《科技的时代与人类的未来》，李小兵等译，东方出版社1995年版，第119页。

② 林德宏：《科学技术哲学十五讲》，北京大学出版社2004年版，第263页。

③ [美]约翰·奈斯比特、娜娜·奈斯比特、道格拉斯·菲利普：《高科技高思维——科技与人性意义的追寻》，尹萍译，新华出版社2000年版，第1页。

乎规律的意愿表达出来，这是对人的本质力量的某种确证，因此可以把技术发展看作是人本质部分的实现。但完全的物化会带来诸多技术危机。技术危机不是技术本身的危机，而是技术发展带来环境、生态、能源等诸多危机，更重要的是带给人自身的危机，包括人的异化。马克思对资本主义条件下科学技术异化现象作了很好的描述："技术的胜利，似乎是以道德的败坏为代价换来的。随着人类愈益控制自然，个人却似乎愈益成为别人的奴隶或自身的卑劣行为的奴隶。甚至科学的纯洁光辉仿佛也只能在愚昧无知的黑暗背景上闪耀。我们的一切发现和进步，似乎结果是使物质力量成为有智慧的生命，而人的生命则化为愚钝的物质力量。"①马尔库塞认为，现代科学技术使人丧失了批判性的否定能力，抹杀了人的内心自由和精神上的批判能力，人成了"单向度的人"。技术化生存中的异化，体现了技术理性作用于人的过程。黑格尔曾指出："理性何等强大，就何等狡猾，理性的狡猾总是在于它的间接活动，这种间接活动让对象按照他们本身的性质相互影响，互相作用，它自己并不直接参与这个过程，而只是实现自己的目的。"有学者在探讨基因技术时，谈到基因技术的逻辑发展是意识控制技术，认为："所能预见的是，人的一切社会关系将成为各种技术设备之间的关系——人性的技术化就此彻底完成。"②人性是人之存在的根本，如果人性的实现都可以通过技术手段完成，人也就彻底地沦为科技的奴隶，人会完全地异化。科学技术在人类发展进程中占据着越来越重要的地位，相应地，科学技术的伦理问题也越来越引起科技界和社会各界的关注。现代科学技术的迅猛发展及其对社会所产生的现实的和潜在的影响，使这个问题成为一个不容回避和不容忽视的问题。科技伦理包括环境伦理、生物、生命伦理等。

隐私问题的显性化，也是人的技术化生存过程中一个重要问题之一。在市场中运用的技术，在一定意义上可以说是唯利是图、无孔不入的。只要有人有某种需要，甚至是极少数人的、非理性的、不道德的需要，都会有人通过技术手段使其得以满足，以便从中获利。似乎所有人的所有欲望都可以通过技术来满足。高技术作为商品化的技术，渗透个人的深层的空间时，隐私必然为技术活动的对象。

尤其是计算机、网络伦理，对隐私带来极大的影响。计算机伦理和网络伦理是两种伦理问题，但二者具有绝对的相关性。网络伦理是计算机发展到网络时代出现的新的伦理关系。计算机伦理的提出可以追溯到20世纪50年代，到80年代计算机社会伦理问题大量暴露，90年代开始成为无法回避的问题，进入21世纪，信息安全事件给整个社会造成的损失相当惊人。网络成为道德相对主义和极端个人

---

① 《马克思恩格斯选集》第1卷，人民出版社1995年版，第775页。

② 吴文新：《基因科技与身心二元论的消解——对人性技术化的沉思》，《自然辩证法研究》2001年第10期。

主义生长的良好土壤。现代信息技术是数字化技术的集中体现,最突出的就是互联网的普及。自1969年阿帕网实验成功到20世纪90年代因特网席卷全球,网络在世界上日益深入人们的生产、生活。以我国为例,1990年10月我国在国际互联网信息中心的前身DDN-NIC注册登记了我国的顶级域名CN,开通了国际电子邮件服务;1994年我国被国际社会正式承认有因特网的国家。据CNNIC调查,截至2014年年底,我国网民规模达6.48亿,其中手机网民达5.27亿,较2013年底增加2 699万人,手机网民比重提升至83.4%,首次超越传统PC网民规模(80.9%),手机作为第一大上网终端设备的地位更加巩固。中国网民的数量从100万发展到1亿用了7年半时间,从1亿到3亿用了将近4年时间,从3亿到超5亿则不到两年,现已经攀升至6亿,令中国稳居世界第一网民大国的位置。

当然,随着生命科学和生命技术的不断发展生命伦理问题被推到台前。生命伦理包括人工生育问题、克隆问题以及基因伦理问题,问题的核心点都涉及隐私问题。

生命、生物伦理、从事生命科学和生物技术的科学工作者应尊重人的尊严和权利,保护生物多样性,加强对人、社会和生态环境的责任感,遵循国际和国内科学技术界认可的知情同意、保护隐私、保密、尽可能避免伤害、努力为人类造福、公正等伦理要求。基因组学及其应用将会给个人、家庭和整个人类的健康和幸福带来十分巨大的利益,然而,当我们深入这一矛盾重重的领域时,人们可能会只见基因而不见人,即看不见人的存在。

科技进步和社会发展之间并不必然构成正向关系,这已经得到有识之士的共识,也就是说,科技进步是社会发展的必须,但科技进步仅仅是生产力提高和物质文化的进步,对于精神文明可以是促进,但也可能是威胁,科技进步不一定能创造一个完善的社会。科技进步往往会把主体置于工业文明的高压下,致使社会的发展遭到某些贬损。现象学宗师埃德蒙德·胡塞尔(Edmund Husserl)就把欧洲人性的危机和文化的危机归缘于欧洲科学的发展。他认为,正是科学技术的表面繁荣,导致了科学精神随之泛化到人类生活的各个方面,覆盖了社会生活中的人文情怀。人们采用研究自然的物理、化学方法去研究人及其社会,把人及其社会当成一个纯粹的物来考察与管理。于是,社会发展的价值主题和情感意义丧失,人所具有的社会性和社会所具有的人性都被抹杀,人丧失了意义和价值以及精神性,而社会发展忽视了对主体的真切关心,形成了一幅没有人生意义和价值的科学图景。

第三章　私人生活空间的营造与彰显：隐私与隐私权

“棱镜门”事件将隐私问题提上了前所未有的关注度，但目前绝大多数隐私问题的研究都聚焦在法律、社会和伦理这三个层面，尽管以上领域的研究的确取得了丰硕的成果，但隐私问题的研究仅局限于这三个层面是不够的，还没有深挖到底，因为隐私问题是一个具有很深哲学意蕴的问题。隐私既具有复杂的认知结构，也有着深厚的哲学基础。本章重点探讨隐私意识的产生机制、隐私内涵以及分类，并对隐私进行学理分析，同时关注和探讨隐私与其他范畴之间的关系。

第一节　隐私意识与隐私内涵

一、自我意识与隐私意识

人是具有意识(consciousness)的高等生物，通过意识感知和反思自我的特殊形式而存在。在此意义上，意识是人所特有的。意识中最重要的是自我意识，是个人对外界刺激总体性的、独特的反应。“自我意识是人对自身状况、特点、属性以及自身在客观世界中的地位的认识，是人对‘内在尺度’的认识。人的任何认识都是一种‘关系’，是对象意识和自我意识的统一。”[①]自我意识并不是生来就有的，而是一种社会产物，是人在成长过程中从具体的反应事件中综合出来的，用于调控自我内部以及与外界关系的一种反应。任何一个自我都源于一个对他人的认识，意识包含了两种，一是自我意识，二是对象意识，二者互为前提，具有二重化关系。“人的意识具有对象性，它总是有其具体内容，即对什么对象的意识。意识的对象和内容，不外是指向于两个方面：其一是外在的世界，而这外在的世界是由客观的对象组成的。因此可以概括为客体意识；意识的对象的另一部分则是对主体的人的自身的意识，其中包括主体人的一切方面，从物质到精神的，以及从社会的到自然的

---

① 杨耕、陈志良：《对象意识与自我意识及其客观性：一个再思考》，《学习与探索》2002年第1期。

属性和特点。这就是人的自我意识。意识从对象和内容看永远是由这两方面构成的。”①

人类的意识、心理活动、情感等现象要基于一定的物理基础。物质决定意识，只有在对应的生理系统、物理机制的共同作用下才能表现出相应感受和印象，心灵感受的营造与感知将依赖两方面的人脑机能：一是记忆特质，通过人体五种感知器官接触感受来自外部环境所传达、显示的信息，通过大脑和神经系统的联合作用对信息进行存储、反映并将该过程不断重复、强化，因此在脑海中形成固定式的条件反射。经过长期的训练，只要人脑中出现意识到相关的信息、概念、词汇，甚至无需看到或听到，在强化训练后，可以脱离现实中真实的存在物而仅凭借概念、印象就可充分模拟、还原出特定的场景和物体。二是分析特质，在记忆存储的海量信息和涵义的基础上，通过脑神经生理机制的分析运算，产生出对应的概念、场景等视听嗅味触五感所代表的综合涵义及指向的感受。例如，从母亲抱婴儿的动作和母亲脸上所呈现的微笑中可以利用大脑在长期训练后存储的信息，调出这样一幅虚拟、想象的画面，再通过大脑分析联想到微笑的声音信号、肢体碰触的感觉信号对应出这就是“关爱、温暖”，通过这些信息传递给人对应的整体印象和感受。

将外部世界信息化后引入到人脑的内环境中，感受、情绪等心理活动，是外部环境或场景的内化，并与感受性概念结合的发生过程，所谓的“触景生情”也即人类感受(基于体内化学激素等分泌作用)与特定的词汇、概念等信息或信号的融合，建立起等同指向关系，是外界环境刺激产生的情绪、感受与内在信息、理念关联的结果。即所谓的人类的意识、心理活动、情感感受都是在受到外部世界中的各种物理属性信息在人类五种感觉器官的感知下传入人脑神经系统，或基于这些外界的刺激反应而产生的生物化学式的神经信号，将这两种信息与特定的物体概念或感受性词句相关联，至此建立起相应的认知、感知模式，形成人类意识和心灵。全过程以信息为核心要素，依靠人脑的记忆和分析功能，通过神经网络产生、传递信号，完成认识和心物交互过程。

在马克思和恩格斯系统确立唯物史观基本原则过程中，意识问题是其关注的重要问题，对黑格尔以后哲学历史观考察方法的批判就是从意识问题开始的。马克思和恩格斯认为：“一种符合现实生活的考察方法则从现实的、有生命的个人出发，把意识仅仅看做是他们的意识。”②黑格尔以后德国历史哲学的考察方法“从意识出发，把意识看做是有生命的个人”，这是与现实生活相背离的错误方法。而“不是意识决定生活，而是生活决定意识。前一种观察方法是从意识出发，把意识看做

① 王启康：《论自我意识及其与自我之关系》，《华中师范大学学报》2007年第1期。

② 《马克思恩格斯选集》第1卷，人民出版社1995年版，第73页。

是有生命的个人。符合实际生活的第二种观察方法则是从现实的、有生命的个人本身出发，把意识仅仅看做他们的意识"①，并指出，"这种观察方法并不是没有前提的。它从现实的前提出发，而且一刻也不离开这种前提。它的前提是人，但不是处在某种虚幻的离群索居和固定不变状态中的人，而是处在现实的、可以通过经验观察到的、一定条件下进行的发展过程中的人。"②这里鲜明地指出了马克思社会发展理论是从现实的前提出发的，而且自始至终也离不开这个前提，马克思在《德意志意识形态》中把现实的个人作为历史前提，这是因为人类社会是由无数个人及其现实的活动构成的，因此"任何人类历史的第一个前提无疑是有生命的个人的存在"③。

自我意识的确立是人成长的关键一环，两岁之前的儿童是没有"我"这一概念的，当一个小孩学会说"我要做什么"的时候，他（她）的自主意识出现了，能够区分我与他者以及我与环境的关系，这是理性强大起来的标志。人作为一个类的成长也经历了这样的时间段，人在自然演化过程中，能够用人类的意识去反观自然、理解自然之时，作为自然演化的伟大成就——人类的智慧、人类的理性就开始展现其如此强大和如此之神妙，因此理性在西方哲学中取代了上帝的地位。理性借助人类的欲望首先自我规定而后规定整个世界。自然赋予人的强大理性成为讨伐自然和以疯狂掠夺"回馈"自然的精神力量，所以现代性问题，就是强大理性的无往而不利，通过理性可以统一世界，也可以控制自然。而个体的、成熟的人，借助理性也是自我发展和强大的重量级武器。

隐私意识的产生是人的自我意识觉醒的标志之一，人类意识发展是个历史过程，隐私意识产生是这个过程中的重要部分。我与别人的区别是隐私的核心所在，在某种程度上是人的主体性建构的一部分；也是人关于自我与他人，自我与社会概念从模糊到清晰的过程。隐私意识觉醒于人类羞耻心的萌发，"知耻心"可谓隐私的心理之源。当原始人类拾起第一片树叶遮挡自己裸露的身体，隐私保护意识就诞生了。这一时期是在原始社会中后期，但受社会发展所限，人类的隐私意识当时仅仅限于自己的身体和两性秘密，此时"隐私"等同于"阴私"。

隐私意识和隐私观念是伴随着人类的成长而逐步发展的。随着技术的发展，生产力不断进步，人类进入文明社会，人的社会关系日益复杂，个人的生活空间在不断扩大，人的主体意识增强，隐私的范围进一步扩大。也就是说，生产力的发展创造了私人生活空间，人类才有了真正意义上的隐私。

私人生活空间的状况取决于人的物质生活条件，一直以来私人生活空间的发展是不对等的，不同阶级的状况是有巨大差异的。在前工业社会，奴隶主和封建地

---

①②③　《马克思恩格斯选集》第1卷，人民出版社1995年版，第67页。

主阶级在社会生活中处主宰地位，统治者隐私权不断拓展；而被统治阶级存在人身依附关系，自由受到束缚，私人生活空间极其有限，隐私范围也是狭窄的，此时隐私的范围体现了阶级的不对等。近现代意义上的隐私意识是在西方人本主义革命中发生的，随着机械大工业代替工场手工业，资产阶级登上历史舞台，隐私开始涵盖一切人的私生活的一切内容，但私人生活空间也是因阶级不同而不同的。在今天技术化生存条件下，这种差异性虽然不存在阶级性的是否对等问题，但由于社会角色、社会地位和经济、文化等多方面因素的影响，也表现出巨大的差异。

二、隐私意识与自我建构

现代性是与西方近现代哲学相伴相生的概念，现代性在哲学层面上体现为以本质主义、基础主义、普遍主义和总体性为核心的现代叙事，并为现代社会的确立尤其是现代科学技术的发展提供了合法性的依据。现代性的核心也是主体性，现代性开始于启蒙运动，显现于笛卡尔的主客二分，强化于康德哲学关于"本体"与"现象"、"理论理性"与"实践理性"的划分，并以之为支撑牢固地建构了现代社会中人的主体性原则。

自从启蒙运动以来，笛卡尔主客二分思想颠覆了中古世纪上帝存在是我们存在的前提和基础的思维范式，提供了新的思维范式，从英国的经验论到德国的唯理论，再到康德的主体意识进一步发展。在近代哲学史上，康德是一位发挥了巨大转折作用的伟大哲学家，他第一个发现并清醒地提出了人的"自我意识"。一反以往哲学家把人置于接受和被赋予的地位，极力高扬人在自然界和社会领域里的主体性地位，反对把人看作是工具，把人放到了宇宙的中心，把人看作是目的，因而宣称"人为自然立法"。人为自然立法，是康德在他的三大批判之一的《纯粹理性批判》里提出的著名观点。在《纯粹理性批判》这本书里，康德对人的认识能力进行了审查，就像哥白尼把"地心说"扭转成为"日心说"一样，在关于人的认识方式的问题上，康德是要让"人为自然立法"，而不是让"自然之法反映到人的头脑中来"。人为自然立法，说明知识并不是外在于人客观存在的，如果没有人的参与，就不可能产生知识。康德把认识的来源归于了作为人的主体，完成了他在认识和知识方面的上"哥白尼革命"。"理性一手拿着原理，另一手拿着它依据这些原理而设计的实验，它为了向自然界请教，而必须接近自然。可是理性在这样做时，不是以学生的身份，只静听老师所说的东西，而是以受任法官的身份，迫使让人答复自己所构成的问题。"①康德"人为自然立法"是建立在人是一种理性存在基础上的，理性是人与动物的根本区别。康德认为自然界杂乱无章，是人用时间、空间和知性范畴来梳理自然界，使之变为有序。人是秩序的赋予者，人主宰着万物。康德把客体看作是

① [德]康德：《纯粹理性批判》，韦卓民译，华中师范大学出版社2000年版，第15页。

主体的派生物，高扬人的主体性，强调人的主体能动性。但是康德是在唯心主义的基础上强调意识的能动作用的，康德根本否定了客观世界上的规律性，认为秩序是人赋予自然界的，规律也是人强加于自然的。这样的思想，在认识上虽然具有“哥白尼革命”的震撼，但具有不彻底性。

隐私意识的觉醒就是在资产阶级登上历史舞台之后对自我主体建构的重要事件，是自我意识在社会文化领域的投射。

三、隐私内容界定的复杂性

隐私是一种文化现象，文化传统决定隐私的意识和隐私观念，不同的民族、不同文化背景，隐私观念和隐私意识表现是不同的。西方社会民主进程较早，个体价值的追求制度化相对完善，基于个体价值追求的隐私意识很强烈。

最初在1890年萨莫尔·D.华伦(Samuei D.Warren)和路易斯·白兰德斯教授(Justice Brandies)提出隐私概念时，主要蕴含了思想、观点与情感等因素。近年来，“欧盟对隐私执行有相对严格的标准，隐私范围较广，一般诸如个人年龄、工资、信用情况、财产状况、身体状况、就业状况、家庭状况、爱好习惯、网络言论、网购记录等都包括在内，并有相关的法律保护”①。

在我国，公众对隐私价值的评判主要依据社会规范，着眼于个人与社会的冲突，而不是看重其对个体的意义。因此，对隐私问题的界定与理解的核心点也有很大的不同。张新宝从客观现实和主观感受两个方面界定隐私：“公民依法享有的住居、财产状况、社会关系、性生活以及不愿对外公开的信息等都属于隐私。”②王利明是从侵权主体对隐私侵犯的角度界定隐私的，他认为：“非法获取个人信息、干涉个人私事决定等都属于侵犯个人隐私行为。”③

国内学者王忠通过设计调查问卷方式研究隐私内容，排除普遍认同的姓名、肖像、住址等项目之外，列举了12种个人数据项目，调查结果如下：“根据是否属于个人隐私的概率从高到低依次为：电话号码(76.23%)，QQ及飞信等社交软件账号密码(70.33%)，家庭成员(66.99%)，指纹、声纹、DNA等个人生物数据(63.46%)，IP地址及手机位置信息(58.81%)，工作单位(55.6%)，上网记录(55.01%)，婚姻与生育情况(53.83%)，公共场所被拍摄的视频、音频资料(43.22%)，社交网站的朋友及动态(35.36%)，遵纪守法情况(24.75%)。”④其研究方法值得借鉴，因为隐私是具

① 姚朝兵：《个人信用信息隐私保护的制度构建——欧盟及美国立法对我国的启示》，《情报理论与实践》2013年第3期。

② 张新宝：《隐私权研究》，《法学研究》1990年第3期。

③ 王利明、杨立新：《人格权与新闻侵权》，中国方正出版社1995年版。

④ 王忠：《大数据时代个人数据隐私规制》，社会科学文献出版社2014年版，第62页。

有主体性和主观性的一种存在。“女性认为个人信息属于隐私的比例高于男性”①;基于年龄段的交叉分析发现“18 岁以下的未成年人和 40 岁以上的中老年人对隐私的认识程度明显低于 18—40 岁的年轻人”②。从以上分析中可以看出,隐私的内容界定是一件非常复杂的,不同的文化背景、不同的性别群体、不同的年龄阶段都会有不同的认识和界定。

四、隐私分类的多元性

鉴于隐私内容的复杂性,隐私从不同的角度有不同的分类。国外学者 A.韦斯丁(A.Wostrn)提出四种类型隐私:独处隐私、隐名隐私、心理超脱隐私和群体亲密隐私。③国外还有学者将隐私分为个体隐私和团体隐私。实际上韦斯丁的隐私分类隐含了个体隐私、群体隐私的倾向。国内学者大多不赞成团体隐私的提法,将隐私的主体确定为自然人。从隐私外在表现方面,将隐私分为抽象隐私和具体隐私;根据隐私的性质,将隐私分为合法隐私和非法隐私。④也有学者从隐私的形态上将之分为三种形态:一是个人信息,为无形隐私;二是个人私事,为动态的隐私;三为个人领域,为有形的隐私。⑤

事实上,隐私的外延不是一成不变的,它随文化载体的变化和社会的进步而不断发生变化。隐私的价值取向也是随社会经济条件尤其是文化意识的发展而不断发展和变化的。这种变化的过程,体现了不同的分类。

人们可以从不同角度来对隐私加以分类:

按照隐私对人的重要程度可以分为:核心隐私、重要隐私和一般隐私。核心隐私主要指涉及“阴私”,即个体生理特征和两性关系最隐秘的活动及相关信息;重要隐私是指关系到生命、财产安全以及对个人发展有重大决定作用的事务、活动和相关信息;一般隐私是涉及尊重和脸面层次上的一般事件、活动和信息。

按照不同的社会群体可以分为:公众人物的隐私和普通百姓的隐私。公众人物包括政府官员和社会名流,普通百姓也就是一般公民。

按照人际交往范围可以分为:普通隐私和特殊隐私。普通隐私是一般交往的隐私,特殊隐私是包括夫妻关系或性伙伴关系的隐私。

按照其内容符合公共利益与否分为:正常隐私与非正常隐私。正常隐私是指符合公共利益的隐私;非正常隐私是指有悖公共道德和公共利益的隐私。

按照对技术的依赖性来分:一是传统隐私,二是技术化生存隐私。传统隐私的

---

① 王忠:《大数据时代个人数据隐私规制》,社会科学文献出版社 2014 年版,第 65 页。
② 同上书,第 67 页。
③ [美]韦斯丁:《隐私与自由》,纽约阿瑟书局 1970 年版,第 23 页。
④ 梁慧星等:《隐私的本质和隐私权的概念》,《人民司法》2003 年第 4 期。
⑤ 王利明:《人格权法新论》,吉林人民出版社 1994 年版,第 480—482 页。

核心部分是“阴私”包括人的生理结构、特征和性生活等信息,同时也包括社会化过程中产生的隐私。是随着交往对象扩大,生活环境和状态的改变而拓展的隐私,如财产、收入、社会交往情况等主体需要保密的信息。技术化生存隐私是指技术化生存产生了新的隐私,如网络隐私、人工生育隐私、基因隐私等。

隐私分类的多样性体现了隐私问题本身的复杂性,在技术化生存状态下,高技术手段的介入和影响必然使隐私问题日益复杂。本书是以技术发展状态来划分隐私类型的,因此传统隐私与技术化生存状态下的隐私是有所区别的,随着技术的不断发展,隐私的分化会越来越明显,技术对隐私的影响会越来越突出。

五、隐私的基本特性

如同自我意识是一个历史建构,隐私意识也是一个与经济文化社会发展相关的现象。总体上看,人的隐私有如下特性:

1. 客观性与主观性共存

隐私既是客观性存在又是主观性创造。客观性是指隐私是客观真实的社会存在,其存在是不以人的意志为转移的。隐私的主体是自然人,是社会生活当中存在于一定社会关系中的人。隐私是客观存在的,无论其内容是否符合法律和道德,也无论社会舆论或国家法律对隐私内容作出怎样的评价,隐私的内容确是客观存在的。人人都有隐私,区别在于程度的大小和范围的宽窄。

主观性是指隐私因人而异,也是指人们对自身隐私的态度。隐私的内容和范围具有较强的主观性。隐私的价值实现是由个人单独完成的,隐私的价值大小是由个人与某种事物的关系决定的,不受其他人的影响。只要主体愿意隐瞒自身有关信息,即可成为隐私事实。每个人对于个人信息是否属于隐私的判断存在差异,个体的主观态度影响着隐私的确定。

隐私的主观性具体体现在:一是隐私与人的生活经历和生存状态有关。名人的隐私和普通百姓的隐私不能同日而语,农民的隐私与外企白领的隐私有很大差别。二是隐私与人的性格和人的心理承受能力也有关。性格开朗、心理承受能力强的人对于有些事情的态度是积极的,不把有些事情神秘化;性格内向、心理承受能力弱的人对自身的一切总希望打包密封,不被人知晓。三是即使同一层次的人也会因个体的不同,隐私的差异很大。四是同一个人不同时期隐私内容相差也会很大。

2. 绝对性与相对性共生

隐私具有绝对性,这是隐私绝对价值的体现。不同的民族和种族虽然文化大相径庭,但文化之中对于善恶与美丑总有相通的共识,这也是人性之中蕴含着的基本维度。隐私观念之中有些适用于任何人,人之为人都不能逾越的方面。

相对性是隐私相对价值的体现,隐私具有程度的区别,针对不同的人密级是不同的。虽然隐私意识是人人都有的，但对于同一事情有的人可以认为是隐私，有的人可以认为不是隐私，这取决于主体的选择。主体对一个群体和对象可以敞开心扉，而对另一个群体和对象却可能缄口不谈，极力避之。

隐私强调了人权和主体存在意义和价值，但任何问题都具有利弊两面性，人除了隐私需求之外还有沟通的需求，过分强调个人的空间和个人价值会给人际交往和人际沟通造成壁垒。这是一个问题的两个方面，正如屋子安装窗子需要阳光，而又要装上窗帘遮挡住刺眼的阳光一样，是一个矛盾。这种矛盾不是激烈的对抗和冲突，而是需要在协调中平衡。只有在隐私需求和沟通需求之间保持适度的平衡，人与人之间的关系才是适度的。宣泄的途径可以是信任的亲友，特定的情况下向心理医生、咨询人员甚至是陌生人，在西方教徒可以向牧师倾吐。

3. 私人性与社会性兼具

隐私是个人的事，是私人性很强的私人生活秘密，但隐私也是个社会性问题。私人性体现了个性，社会性反映了共性。正如普遍性不能取消特殊性一样，隐私的社会性寓于私人性之中，而私人性中蕴涵着一定的社会性。在一定的历史时期，一群人普遍把一类事情当成隐私就是一个社会问题，具有了社会性，也就是公共性。社会性是私人性的基础，没有社会性就没有私人性，私人性是隐私的本质特征也是社会性的个体体现。实际上，高技术所涉及的隐私问题，既有共性的方面也有个性的方面。

公与私是相比较而存在的，公共性与私人性也是如此。只是公共性与私人性并无截然分开，二者有交叉之处。正是公共性与私人性及二者交叉的部分构成了广义的社会性。按照马克思主义的观点，物质实践创造了社会，社会本质上是一种人与人之间的关系，“生产关系总和起来就构成所谓社会关系，构成所谓社会，并且是构成一个处于一定历史发展阶段上的社会，具有独特的特征的社会”①。与此同时，公共性作为共性是对社会群体中的个性的一种提炼和升华，是建立在一定条件基础上的群体一致的意志或者意识表达，因此，公共性脱离了社会个体的杂乱无章和无序，成为一定团体的集中意志。

今天网络不仅是公共领域媒介，还为人们的公共生活创造出虚拟的个人空间。网络中最能体现为个人性的空间就是博客。博客看作是继电子邮件、BBS、ICQ之后出现的第四种网络交流方式。它是一种新兴的个人网页，以在网上发布个人日志的形式与受众形成新的交流平台。博客应用正在获得越来越多网民的青睐，博客文化以其“开放源代码”的独特机制，“自由、开放、共享”的传播理念，孕育了一个新的人际交往空间，但这个空间也是隐私的泄露场。如齐格蒙特·鲍曼(Zygmunt

---

① 孙晓莉：《中国现代化进程中的国家与社会》，中国社会科学出版社2001年版，第9页。

Bauman)所说:“对于个体来说,公众空间不过是一块巨大的屏幕,个人的忧虑被从外部投射到屏幕之上,并在投射放大的过程中也不再是个人的忧虑:在公众的空间中,个人的秘密和隐私得以向公众坦白。”①

私人性的空间却在网络媒介中成为公众目光可以窥探隐私和散播隐私之地,这是网络的一个现实悖论——网络创造多少私人空间就会丧失多少私人生活空间。汉娜·阿伦特(Hannah Arendt)认为,“自从社会兴起,家政和家政管理方面的活动被纳入到公共领域中,一种不可抗拒的倾向生长起来了,那就是吞没比较古老的政治领域和私人领域,同样也吞没了新近才建立起来的亲密关系的领域,这种倾向已经成了新的领域最明显的特征之一。”②

第二节　隐私的学理探究

隐私问题是复杂的问题,任何一个复杂的问题都难以给出一个共识性的概念。王利明先生对隐私的定义为:“隐私乃是一种与公共利益、群众利益无关的、当事人不愿他人知道或他人不便知道的信息,当事人不愿他人干涉或他人不便干涉的私事和当事人不愿他人侵入或他人不便侵入的个人领域。”③张新宝认为,“隐私又称为私人生活秘密或私生活秘密,是指私人生活安宁不受他人非法干扰,私人信息不受他人非法刺探和公开。”④也有学者认为,隐私就是私生活,它相对于公共生活而言,是指与公众无关的纯属个人的私人事物,包括私人活动、私人活动空间以及有关私人的一切信息。⑤

本研究不是传统从法学和社会学视角进行隐私问题研究,而是立足于哲学研究进路,结合多学科的研究成果,重点从哲学视角对隐私进行探讨与分析,在隐私概念的界定上寻求新的理解。本研究着眼于私人生活空间之于个体成长的意义,认为隐私除了是人的一项基本权利之外,还是人的一种生存特性,隐私蕴涵并体现了人的个性、人格、尊严和价值等基本维度。探讨隐私天然的合法与合理依据:人是一个独特性的主体存在,主体性架构了人类心灵的不可通约性。因为人是具有自我意识的高等生物形式,通过意识感知和反思自我的存在。主体性是意识的本

① [英]齐格蒙特·鲍曼:《个体化社会》,范祥涛译,上海三联出版社2002年版,第130—131页。

② 转引俞吾金:《理性在现代性现象中的四个向度——从马尔库塞的〈单向度的人〉说起》,《求是学刊》2004年第4期。

③ 王利明:《人格权法新论》,吉林人民出版社1994年版,第480—482页。

④ 张新宝:《隐私权的法律保护》,群众出版社1988年版,第17页。

⑤ 王传丽:《私生活的权利与法律保护》,载《民商法纵论》,中国法制出版社2000年版,第197页。

质特性。而恰恰是这种主体性是架构隐私得以合理存在的基石,隐私体现人的个性、权利、人格、尊严和价值都是主体性的呈现。

综合以上分析,隐私内涵是:隐,即隐秘的,不愿或不便公开的事情;私,即私人的事务,是存在于私人生活空间的事务。这种存在于私人生活空间的隐秘的事务、活动及相关的信息就是隐私。它与公共生活空间、公共生活领域中的公共事务、活动及相关信息是相对应的。人不能没有隐私如同人不能没有尊严,隐私是人独有的生存特性。

隐私是个人的私生活,而且是重要独享的私生活,但这种私人生活只是相对而言而不是绝对的。私人生活空间与公共生活空间是一种博弈关系,私人生活在与公众利益不发生冲突的情况下,是受保护的。一旦发生冲突,社会法律和相关规范就要发挥相应的调节作用。例如,生病是个人私事,也是隐私,但"非典"期间,非典型肺炎患者的隐私就与公共利益、群众利益有关。何况任何一个人都是社会的一分子,其行为都带有社会性。隐私也是社会生活的一部分,只是隐私主体不想事实为人所知,与公共生活和公共利益也是有关的。

隐私的维度就是私人生活空间。私人生活空间就是以个体独立人格为基础的私人活动与私人交往的空间。私人生活空间在西方传统中就是"私域",并与"公域"的概念相对应。公域与私域可以被理解为一种抽象的空间概念。一个社会主体在不同的空间中可以扮演不同的角色,当然也要遵循不同的行为准则。[①]私人生活空间的"空间"所表示的空间并不是同时间对应的空间范围,而是一种生活样式的范畴,表明个人所拥有的一种自由自在、不受干扰的生活状态和存在形式,隐私是私人生活空间的重要内容也是其核心部分。在这一空间里,私人可以按自己的兴趣、爱好、承诺或者生活习惯进行自由、自主的活动和交往。人作为精神活动的组合,在物质得到满足之后,还有尊重的需要、个人权利的需要和自由思维的需求。在这个私人生活空间中,无论对于民主与自由的价值追求还是对于法制的构建都是必要的。随着社会的发展进步,人对于私人生活空间范围内的个人自由的追求越来越强烈。

私人生活空间是隐私存在的条件和领域,隐私是存在于私人生活空间隐秘的私人事务、私人活动和私人信息。隐私权是人们对各自私人生活空间的事务、活动和信息的处置所拥有的自由自主的权利与权力。这三者三位一体,彼此依存,构成了私人生活领域的后花园。

隐私是一个伴随人类成长的内隐性问题,有其内在的价值、纳入人的认知结构,本身也具有哲学内蕴。从哲学角度研究隐私,这也是一个不能逾越的时代命

---

① 李晓辉:《公域与私域的划分及其内涵》,《哈尔滨商业大学学报》(社会科学版)2003 年第 4 期。

题，体现了哲学宏大叙事的消解与哲学对个体生命诉求的关注。从哲学领域关注和研究隐私，其立足点是“主体性”概念。例如法学、社会学和伦理学层面探讨隐私权问题，背后一定蕴含主体性概念，因为人的存在首先是具有特殊反思能力的个体，才能有相互认可的权利、关系和价值存在。隐私的核心价值在于人的主体性所体现的个性价值以及心灵的不可通约性。这将在下面的论证中得以体现。通过对隐私的价值问题、认知结构问题和哲学内蕴问题进行探讨，试图通过分析论证，为隐私的合理性进行辩护，也为各个层面的研究提供具有解释力的哲学依据。

一、价值层面的论争：隐私的绝对价值与相对价值

“隐私”作为学术术语出现相对较晚，1890 年美国哈佛大学法学教授萨莫尔·D.华伦（Samuel D.Warren）和路易斯·D.白兰德斯教授（Louis D.Brandeis）在《哈佛法学评论》第 4 期上发表《关于私生活的权利》（*The Right to Privacy*）一文，提出了隐私权的概念，从此，隐私问题纳入理论研究的视野。

很多人关注隐私、重视隐私是从保护隐私权开始的。隐私权是人权的一种。人权本来意义上讲是“应有权利”，即人按其本性所应当享有的权利。[①]人权是指人作为人所应有的权利，是人之为人不可或缺的权利，保障人权是人类共同的最高价值。华伦和白兰德斯将隐私权界定为“不受干涉”（免于侵害）的“独处”权利[②]。

在人权的理论上，西方存在着两种价值形态：一种认为人权是绝对的，是天赋的；一种认为人权是相对的，是社会和法律所赋予的。

绝对权利是一种自然权力说。自然权利思想可以溯源到古希腊，源于自然法理论。文艺复兴以后，作为西方法律与政治思想的重要内容，自然权利思想在 17、18 世纪得到重要发展。斯宾诺莎、洛克、卢梭等诸多思想家都对其作出重要贡献。洛克在《政府论》中对“自然权利”作了界定：是指“生来就享有自然的一切同样的有利条件，能够运用相同的身心能力，就应该人人平等，不存在从属或受制的关系”，继而他详细阐明了这个权利的限度和利益所在：“人们既然都是平等和独立的，任何人就不得侵害他人的生命、健康、自由或财产。”[③]但是在阿拉斯代尔·麦金泰尔（Alasdair Maclntyre）看来：“试图为相信存在这种权利而提供充分理由的所有努力都失败了。18 世纪自然权利的哲学捍卫者们有时提出，认为人们拥有这种权利的断言是自明的真理，但是我们清楚地知道，根本不存在什么自明的真理……自从联合国 1949 年发表《人权宣言》以来，联合国不为任何断言提供充分理由这一规定做法一直得到极严格的遵循。这种权利的最新辩护者罗纳德·德沃金（Ronald

① 李步云：《论人权》，社会科学文献出版社 2009 年版，第 3 页。

② Samuel D.Warren & Louis D.Brandeis, “The Right to Privacy”, *Harvard Law Review*, Vol.4, No.5, 1890.

③ ［英］洛克：《政府论》下，商务印书馆 1997 年版，第 5—6 页。

Dworkin)承认,这种权利的存在是无法证实的。在这一问题上,他仅只议论道,从一个陈述无法被证实这一事实中得不出它不真实的结论。这种议论自然不假,但它同样可以用来为有独角兽和魔力的声称辩护。”①

认为人权是一种相对权利说,是以实证主义、功利主义作为理论基础,强调人权不是生而有之,而是社会发展的产物,是法律所赋予的。代表人物是边沁和密尔等人。

他们按照功利主义的原则来衡量权利,认为人权产生与存在的基础是可探寻的,其合理性是可以衡量的。功利主义有两个原则:一是功利原理或最大幸福原理,二是自利选择原理。关于功利原理,边沁认为,人们一切行为的准则取决于是增进幸福抑或减少幸福的倾向。不仅私人行为受这一原理支配,政府的一切措施也要据此行事。按照边沁的看法,社会全体的幸福是由组成此社会的个人的幸福的总和。社会的幸福是以最大多数人的最大幸福来衡量的。对于自利选择原理,按边沁的说法是:各个人在原则上是他自身幸福的最好判断者。各个人追求一己的最大幸福,是具有理性的一切人的目的。在人类社会生活中,自利的选择占着支配地位。

隐私权作为一种重要的人权同样面临这样的拷问:隐私权具有绝对价值还是相对价值?也就是说隐私是内在的、自足的还是外在的、他涉的?这还是一个争议的话题。“西方学者为隐私提供伦理辩护的个体取向和社会取向,各有所长,但又都只看到问题的一个方面。”②的确,人权理论的偏差导致非此即彼的选择。在价值选择上恰恰是不能用非此即彼的,而应亦此亦彼。

在此逻辑上,隐私权首先是一种绝对的权利,是一种自然权利,也就是一种天赋人权,是个人在私人生活领域自主自决不可或缺的条件。卢梭、洛克、潘恩等都主张将人的天赋人权如自由、平等用法律加以巩固,建立起一个资本主义时代的私域。托马斯·潘恩(Thomas Paine)曾指出:“天赋权利就是人在生存方面所具有的权利。其中包括所有智能上的权利,或是思想上的权利,还包括那些所有不妨害别人的天赋权利而为个人自己谋求安乐的权利。”③联合国的“人权宣言”把隐私权看作是基本的人权,是人类尊严的基础,也是其他人权,包括结社自由、言论自由等的基础。

但是对于隐私权的限度而言其价值又是相对的。人权本身是个社会历史概念,人权的建立是一个历史建构过程,在人类历史发展的不同阶段,人权的主体和

---

① [美]A.麦金太尔:《德性之后》,龚群、戴扬毅译,中国社会科学出版社 1995 年版,第 89 页。

② 吕耀怀:《隐私的伦理辩护:西方的视角与中国伦理学可能的选择》,《哲学动态》2007 年第 1 期。

③ 王岩、曹广冉:《西方近代政治思潮》,南京大学出版社 1993 年版,第 124 页。

内容都有很大的不同,即使同一历史时期不同国家在人权制度的具体模式和人权实现的具体过程中也存在诸多差异。因为人权的实现受经济文化水平等诸多因素制约,更重要的是人的主体意识的制约。人权基于一种文化认同的,对人主体性的选择和对权力的理解与诉求都影响人权的实现。隐私权更体现了这种建构性。

从上文的分析中可以看到,隐私意识和隐私观念是伴随着人类的成长而逐步发展的,是不断建构的过程。这种建构与人的主体意识正相关,也与文化和社会环境关系密切,具有主体性和社会性。这也是中西之间在私人生活空间的概念、隐私观念、隐私内容、隐私限度、隐私权保护方面有很大差异性的根源所在。随着机械大工业代替工场手工业,资产阶级登上历史舞台,宣扬民主、自由、尊严,倡导"私域",不断凸显人的个性,使隐私涵盖了人的私生活的一切领域。在我国,漫长的封建社会是以整体文化压制个人欲望的社会,国家伦理上升为公民行为准则,以整体主义的方式压制了个体的价值。因此,在中国传统社会,现代意义上的隐私观念是缺失的。以至于今天公众对隐私价值的评判,主要依据社会规范,着眼于个人与社会的冲突,而不是看重其对个体的意义。

公众人物的隐私权和普通百姓的隐私权也是不同的。在很大程度上公众人物尤其是政治人物的隐私权要让渡给知情权,因此隐私权一定是相对的,其价值也是相对的。

以上分析可以看出隐私既有绝对价值,这是人之为人必然的一种生存特性,隐私也就有相对价值,其范围和隐私观念是一种社会建构的结果。因此隐私的价值基础是建立在自然属性和社会属性双重基础之上的。

任何一个价值问题都蕴含着一个事实上的判断。隐私是什么？不同领域研究有不同的回答。下面通过知识论进路探讨隐私认知结构,我们会发现,隐私不仅是人的生存特性,还是人的一种思考方式和知识获取方式。进一步从隐私的认知层面会找到其存在的合理性依据,也会为价值层面的争论提供事实上的论据,对以上论述起到证据的支撑作用。

二、事实层面的分析:隐私的认知结构

认知结构问题最早始于心理学的研究,是主体认知活动的组织形式及其知识获取和加工的方式。近些年来认知结构问题纳入认知科学和意识研究方面。两者都从知识论的进路来推进研究,强调人对知识的获取过程。但对于知识而言,不是笼统的概念,而是具有层次和类别的。知识主要有两种分类:一种是显性知识;一种是默会知识。

"默会知识"(tacik knowledge)理论是英国物理化学家、哲学家迈克尔·波兰尼提出的。波兰尼在格式塔心理学基础上加以改进,剔除了格式塔心理学把知觉理解为一种被动经验,强调认知主体在追求知识过程中主动建构其经验,发挥主体潜在的能力。从知识论层面看,前者对应于一种客观的(objective)或描述的(descriptive)知识,如:我们常说的自然科学知识、数学知识等。后者对应于一种主观的(subjective)或亲知的(acquaintance)知识。由于前者是一种客观的知识,可以编码。"编码知识是关于事实和原理的知识,可以通过逻辑工具表达,可以交流、共享。"①编码知识体现为可预测性、可测量性、可量化性和可控制性等特点,主体因素对编码知识的影响很小。而后者是一种主观的知识,不可以编码,是隐性知识。"隐性知识得自于主体的经历和体验,他们带有强烈的主体依附性和背景依赖性,因而难以表达、转移和共享,同时隐性知识也必须不断地被激活才能保持有效,否则容易遗失。"②这两种知识之间具有不可通约性。即,二者之间不存在桥接规律(bridge law),因此,不能互相还原。

知识的不同也意味着认知模式的不同,当代认知科学的一个重要研究成果就是揭示以上两种不同的认知模式:一种是可编码的认知模式,另一种是非编码的认知模式。近年来,有众多的认知心理学和认知神经科学实验数据显示,上述区分具有理论和现实的依据。

澳大利亚哲学家弗兰克·杰克逊(Frank Jackson)著名的反驳物理主义心灵观的"知识论证"中,关于黑白玛丽的思想实验就是两种不同的知识类型生动的解读。在其思想实验中:玛丽是一位才华横溢的科学家,她被迫在一间黑白屋子里,通过一个黑白电视来研究世界。她的专长是神经生理学。我们假设,玛丽获取一切能得到关于一些事情的物理信息。我们在看到成熟西红柿、天空,使用"红色"、"蓝色"等时,她能正确地发现来自天空的哪些波长组合刺激了视网膜,精确地发现这如何通过中枢神经系统产生声腱的收缩和肺中空气的释放,而后者使得"天空是蓝色的"这句话从嘴里说出来。但是,当玛丽从黑白屋子里放出来时,或者给她一台彩电时,会发生什么事情呢?她会在她原有的认知结构中增加某些关于世界和关于我们对世界的视觉经验的东西吗?她以往关于物理世界的知识涵盖了看到一个红色西红柿时会产生某种内在的感受了吗?显然,在走出屋子之前玛丽是不具备的,也就意味着她以往的知识是不完备的,关于这种感受的知识,只有亲知才能被获取,这是一种主观的知识,被感知的知识。

显性知识和默会知识之间的区分,是人类两种不同认知模式在知识论层面的体现,因此,关于隐私的知识显然也有别于其他公共的(public)知识。可以明确的是,从知识论的角度看,隐私是一种默会知识。主体依赖性、主观性、个体化是其主要特点。"默会知识相对于明确知识具有理论上的优先性,默会能力在人类认识的

① 吕乃基:《论意会知识、编码知识与中国现代化》,《学海》1999年第6期。

② 吕卫文:《国外知识编码研究评介》,《科技进步与对策》2007年第4期。

各个层次上都起着主导性、决定性的作用。”[①]隐私是一种客观性存在，但这种客观性的存在是通过主体性的感受的获取而建立的，隐私作为一种认知形式，是一个具有主观本质特征的客观存在。隐私的主体是自然人，是社会生活当中存在于一定社会关系中的人，无论隐私内容是否符合法律和道德，也无论社会舆论或国家法律对隐私内容作出怎样的评价，隐私一定是主体性架构的结果。这种架构是通过“内隐社会认知”完成的。

“内隐社会认知”概念是美国心理学家A.G.格林沃德（A.G.Greenwald）和M.R.巴纳吉（M.R.Banaji）提出的。其关注的焦点在于：个体的无意识成分参与了其有意识的社会认知加工过程。“内隐社会认知研究表明：（1）隐性知识是对具有社会、历史和文化意义的人及人际关系等社会对象认知活动的社会性内隐。（2）它是已有的社会历史事件与个体生活经验长期累积的结果。（3）它的发生、发展及其效应均是一种自动的，无意识操作过程，是很难用语言来表达的。（4）个体过去的经验和已有的认知结果潜移默化会对新的社会对象的认知加工产生影响。”[②]认知科学的发展，通过一系列实验数据越来越证实了这一认知过程的重要性。

既然隐私是一种隐性知识，必然通过内隐社会认知实现认知过程，体现主体参与认知的建构过程，发挥主体潜在的作用。隐私特性也体现了这一点。隐私因人而异，隐私的内容和范围具有较强的主观性。每个人对于个人信息是否属于隐私的判断存在差异，个体的主观态度影响着隐私的确定。就如同郭美美之类在网上炫富，以之为荣耀，而很多人相反，把经济状况却作为隐私加以保护。

隐私的认知结构是一种对个性认知的建构，是主体性的行为。由此，借助认知科学关于人类两种认知模式的研究成果，为隐私存在的合理性提供一种认知层面上的辩护，从而为进一步揭示出隐私的认知结构提供积极的证据支持。

基于以上事实，隐私是一种自然权利就有了科学依据，因此一定体现为内在价值、具有自足性。只不过认知结构是一个过程，认知结果会体现出差异性，这也是社会建构过程。就体现了隐私的相对价值性，这也是法律和道德和隐私密切相关的原因之所在。与隐私价值基础的论述形成互为印证。

三、理论层面的探究：隐私的哲学渊源

探讨隐私天然的合法与合理依据在于：人首先是一个独特性的主体存在，主体性架构了人类心灵的不可通约性。因此隐私蕴涵个性、自由、人权和价值等基本哲学维度。

---

① 王芳：《道德认知的默会维度——基于认知结构的分析》，《学术月刊》2011年第7期。

② 李祚、张开荆：《隐性知识的认知结构》，《湖南师范大学社会科学学报》2007年第4期。

1. 基于"个性"维度的主体哲学诉求

"个性"是极具哲学意蕴的概念。可以说哲学的历程中人的发现与人的存在的追寻都是围绕个性而展开的。西方哲学起始于对宇宙万物本原的探求,这种哲学形式寻求万物生成变化的始源、起点,从多样性中寻求统一性。由本原论又逐步发展出关于"存在"与"是"的理论,也就是我们经常提及的"本体论"。亚里士多德说过:"既然探究本原、原因或元素的一切方式都须通过对他们的认识才能得到知识和理解——因为只有在我们认识了根本原因、最初本原而且直到构成元素时,我们才认为是认识了每一事物——,那么显然,在关于自然的研究中,首要的工作就是确定有关本原问题。"①西方哲学从柏拉图到黑格尔,其本体论是用逻辑的方法建构起的概念范畴体系。由柏拉图开创的西方哲学本体论从一开始就是循着求知的途径展开的,即将本体论的目标看作是通过认知活动所达到的最普遍知识。从苏格拉底之后,经由柏拉图的"理念论"通过亚里士多德的"四因说"不断证实知识存在的可能性与合理性;中世纪的经院哲学通过对上帝存在的辩护与证明仍然离不开知识论;近现代哲学第一人笛卡尔将思维和存在紧密地结合在一起,提出了"我思故我在"的口号。可以说,对理性的推崇是启蒙以来知识论哲学路向的共性。②黑格尔是西方近代哲学的集大成者,将知识论哲学推到极致。他评价康德时说:"自此以后,理性独立的原则,理性绝对自主性,便成为哲学上的普遍原则,也成为当时共信的见解。"③知识论路向导致对理性的顶礼膜拜,也是现代性问题之根源。

改变哲学这个进路的是康德。康德通过对理性的批判,把传统本体论所要解决的问题从认识领域转向实践领域。哲学的重大使命就是对自己不断追问,而追问和反思的起点和终点不是宇宙而是人。虽然人的凸显是康德哲学的重要特色,但在《实践理性批判》,康德将理性与存在分开,结果人不再是一个完整的实体。"康德在其著作里多次提到人的思想和人性,却从未把思想和人性的概念说得很透彻。在他的第一部《批判》中,康德对概念的产生和理解及推理的原则的微观分析,实际上是对思想和人性的功能分析,然而对于思想和人性本身,他几乎只字未提。"④康德的理性统一的危机,其实是理性与存在统一的危机。

康德对人的关注也引发了康德之后哲学的转向。当代哲学家改变了对终极存在的探求,转向了对关系和意义的追问。关系与意义是围绕着人来展开的,世界总

---

① [古希腊]亚里士多德:《物理学》,徐开来译,中国人民大学出版社2003年版,第1页。

② [荷兰]E.舒尔曼:《科技时代与人类未来——在哲学深层的挑战》,李小兵等译,东方出版社1995年版,第119页。

③ [德]黑格尔:《小逻辑》,贺麟译,商务印书馆1997年版,第150页。

④ 李翔海、邓克武编:《成中英文集》卷一《论中西哲学精神》,湖北人民出版社2006年版,第75页。

是与人相关的世界,离开人来谈存在是毫无意义的。意义世界来自于人,宇宙万物的存在意义与人、与人的生存实践联系在一起。隐私问题上升到主体性哲学层面来理解,就是基于人的理解,很重要的层面在于个性层面。

个性是隐私存在的主体哲学基础。隐私权也就是对人类个体性的确认。个性即人的独立性,是人的"灵魂",是人与人之间的差异性,即不可取代性。"纵观宇宙万物,越是高级、复杂的事物,其个性就越鲜明。人是一种最高级、最复杂的存在,所以也最富有个性。"①宇宙万物中越简单的物体的差别越是微不足道的,但即便如此,世上也找不到两片相同的树叶。人类的历史就是人的个性凸显的过程,个性越鲜明,人的发展越充分。人的进步就是个性发展的结果。"人的本质具有多方面性、多层次性,人的需要也是如此。低层次的需要是共性的需要,高层次的需要是个性的需要。"②原始社会没有系统的知识,人与人之间所知差别不大。在封建社会也没有私域和公域之分,也就意味着私人生活空间的狭窄,个人的生活纳入大一统的王朝生活之中。真正的人与人之间个性的实现是在 16 世纪文艺复兴时期,这一时期要求人个性的发展,是一次人性的觉醒。知识可以共享,情绪可以相互感染,但隐私却不可以共享和交流,更无以替代,这都基于人的个性的不同。

"哲学研究的个体,是泛指构成类并体现着类本质、类特征的一般个体。因此,它所理解的个性是泛指存在于一切历史时代的与类特征相对而言的人的个性。"③密尔在论个性作为幸福要素之一的论述中,认为"凡是不以个人自己的性格而以他人的传统或习俗作为行为准则的地方,那里就缺少人类幸福的一个主要因素,而那个因素正是个人和社会进步中的首要因素"④;并强调个性的发展使人自身变得更有价值,也更具生命力:"我已经说明个性与发展是同一回事,并且指出只有培养个性才会产生或者才能产生和发展的人类"⑤。人是以自己的活动创造自身本性的存在,因此个性生成具有社会历史性。恰恰是基于个性的追寻,人对自我需要的满足具有强烈的需求。

"哲学对人的个性的研究有两个立足点:一是把哲学理解的个性局限于一切历史时代的与类特征相对而言的人的个性,而不是说明某个个体的个性心理特征的具体形成过程;二是哲学从研究人类发展规律性的视角来考察人的个性。"⑥与个性相关的概念是"人性",哲学对个性的考察是基于人性的寻求而展开的,因为无论如何界定人性,在人性之中都蕴含着最大可能满足人的生理、心理还是精神上的感

---

① 林德宏:《高科技与新的教育革命》,《南京师大学报》2000 年第 1 期。

② 林德宏:《人与机器——高技术的本质与人文精神的复兴》,江苏教育出版社 1999 年版,第 505 页。

③⑥ 梁林:《哲学视野中的个性》,《理论界》2009 年第 1 期。

④ [英]约翰·斯图亚特·密尔:《论自由》,陕西人民出版社 2009 年版,第 47 页。

⑤ 同上书,第 52 页。

受和需求,能带给人以自由和价值、理想的实现。

自从启蒙运动以来,笛卡尔通过主客二分思想和方法颠覆了上帝存在是人存在的前提和基础的思维范式,人作为主体出现了。从英国的经验论到德国的唯理论,到康德哲学,主体意识进一步发展。但是,"人从神圣形象(上帝)的自我异化中解放出来,但随即又陷入了人在非神圣形象(理性)中的自我异化,这不能不说是近代主体性哲学所始料未及的理论缺憾"①。

马克思主义通过历史唯物主义的创立,破解了这一难题。马克思主义以实践为基础,克服了以往哲学在人性、人的本质问题上的种种片面认识,揭示了现实的人的社会本质。马克思将落脚点放在"现实的个人"上,主要从自然属性、社会属性以及精神属性三个方面揭示了人性的内涵。根据马克思主义的辩证唯物主义的方法,所讨论的不再是单个人的抽象的共性,而是人类在社会实践条件下的类本质。在此基础上,人的个性才有了现实的实现前提。

隐私是自己不想告诉别人的也没有必要告诉别人的完全属于自己生活的一部分,是最体现个性特征的重要方面。人的进步一定是属于个性化的东西越来越多,社会给予个人的空间越来越大,人的社会存在价值才越来越高。隐私恰恰体现了这种主体性是诉求。

2. 基于"自由"维度的政治哲学追问

"自由"是政治哲学的核心概念。自由主义之圣约翰·密尔(John Stuart Miu)早在一百多年前,就以《论自由》为题清晰地阐明了自由主义的核心思想:个人只要在不伤害他人的范围内,就应该拥有完全的思想自由、言论自由和个性自由(行动自由),不仅深化了启蒙运动以来关于个人自由和政治自由的论述,还对自由形成体系性论述。其中,密尔认为,作为自由的适当领域其中"要求拥有情趣和追求的自由,要求拥有制订适合我们自己性格特征的人生计划的自由,要求拥有按照我们自己喜好去做事的自由,当然也要承受随之而来的后果"②。这些思想,恰恰就是隐私自由的题中应有之意。

罗尔斯认为,政治哲学就是为一套适当的制度寻求一个共同的基础以保卫民主的自由权和平等,而这样一种基础首先是观念性的东西。③哈耶克对自由有独到的认识,他继承了18世纪启蒙思想家的思想,以个人主义出发,强调维护人的自主。这种自由包括政治自由、思想自由和经济自由。其中,经济自由是自由的基础。实现经济自由的途径是实行市场经济,让市场机制充分发挥调节作用,让人们

① 杨金刚:《抽象的尊严——近代哲学视野中人的主体性命运》,《世纪桥》2007年第7期。

② [英]约翰·斯图亚特·密尔:《论自由》,陕西人民出版社2009年版,第10页。

③ Rawls, *Political Liberalism*, New York: Columbia Press, 1996, p.8.

在市场上进行自由竞争。尽管哈耶克的自由主义思想落脚点在于经济范畴的研究,但自由对于个性培养是一种保障。

在马克思那里,将"自由"的命题作为最高价值理想,成为未来社会的价值目标,也是现实人发展的最高理想境界。《共产党宣言》指出,"每个人的自由发展是一切人的自由发展的条件。"而主体性的提升与发展是通向这个理想社会的重要途径。主体性提升又是通过实践完成的。因此,实践是人的存在方式,当人以实践的方式存在时,人就是自由的。马克思认为:"一个种的全部特性、种的类特性就在于生命活动的性质,而人的类特性恰恰就是自由的自觉的活动。"[①]自由有很多内涵,如不被压迫不被奴役,免于干涉等,但其中最核心的是:人的一切发展创造潜能迸发而个性张扬的状态。也就意味着人的存在是自定的,人自己即是自己存在的缘由,人能够进行自我选择和创造。

隐私就体现了这种自由的价值。隐私主体拥有隐私权,即在法律许可的范围内可以独自按自由意志行事。隐私也体现了人对自由的内心渴望。每个人都有一个对个人空间的基本需求,拥有这个空间也就意味着人拥有自由,侵犯别人私人生活空间就是对别人自由的干涉。在这个空间里人能进行自我选择、自我发展、自我创造。个人可以按自己的兴趣、爱好、承诺或者生活习惯等非行政因素进行自由、自主的活动和交往。私人生活空间本质特征就在于自由、自在性。只要人有一定的独立性、个性,人就会维护自己的隐私,维护隐私权是人维护自由的需要,也是对人的深层关注,是人类走向文明的表现。

3. 基于"人权"维度的法哲学规约

法哲学是关于法和权利的哲学研究。人权是法哲学的一个重要概念。所谓人权,就其完整的意义而言,就是人人自由、平等地生存和发展的权利,或者说,就是人人基于生存和发展所必需的自由、平等权利。人权是基于自由和平等而言的,人权的本质特征就是自由和平等。人权的实质内容和目标是人的生存和发展。没有自由、平等作保证,人类就不能作为人来生存和发展,就谈不上符合人的尊严、本性的生存和发展,也就谈不上人权。尽管对人权的具体认识与实践互不相同,但是对于一些人权的最基本的内容还是取得了一定的共识,包括生存权和发展权,具体为生命权、自由权、财产权、尊严权、获助权、公正权等。其中与隐私权相关联的是自由权和尊严权。在某种程度上,尊严也是生命权和自由权的合理延伸。一个人若无尊严,那么他的生命至多是一种无人格的形式。作为一种基本的人权,尊严权主要要求人们在社会交往中互敬互爱,文明礼貌。如果一个人的尊严权被否认,就意味着可以被肆无忌惮地羞辱、威胁、骚扰和中伤,那显然就失去了"作为人类"的资格,这无疑是和人权所不容的。

---

① 《马克思恩格斯全集》第42卷,人民出版社1979年版,第96页。

因此,人权是指人作为人所应有的权利,是人之为人不可或缺的权利,保障人权是人类共同的最高价值。但是人权的保障上是受政治、经济和文化等诸多因素影响的。在法国《人权和公民权宣言》中指出,“在权利方面人们生来是而且始终是自由平等的。只有在公共利用上面才显出社会上的差别。”隐私权是一种天赋人权,作为人格权和名誉权而存在,是个人在私人生活领域自主自决不可或缺的条件。私权作为重要的人权,保护隐私也就是保护人的基本权利不受损害。拥有隐私权可以实现个人思索、实验和发展自己的兴趣、活动或信仰,可以培养我们追寻富有意义的家庭关系、友谊和爱。这是因为,如果没有隐私权,其他的权利就无法保证,隐私权起着自由表达催化剂作用。

关于人权维度的哲学意蕴在第一部分中有充分论证。这里要指出的是,在我国隐私问题的传统研究上,很多学者从法学角度切入研究,主要着眼于隐私权立法和隐私权保护,就是基于人权的思想。隐私作为人格权考量是没有异议的,当然,随着科学技术发展,网络隐私侵权成为主要渠道,很多人将隐私权扩大为信息控制权。①信息控制权不属于人格权,但关乎人格,还是基于对个体人格、尊严等权利的保护,所以也并没有突破人权的范围。

4. 基于“价值”维度的道德哲学指向

价值这个概念是伦理哲学的重要内容,也是伦理哲学的渊源。价值作为人类自我发展的本质发现、创造与创新的要素本体。在哲学上,价值首先是一个关系范畴,价值所表达的是一种人与物之间的需要与满足的对应关系,即事物能够满足人的一定需要即为事物对人的价值。在这个层面上,价值标志着人与外界事物关系是需要与需要满足之间的关系范畴,是在特定历史条件下,外界事物的客观属性对人所发生的效应和作用以及人对之的评价。所以,任何一种事物的价值,从广义上说应包含着两个互相联系的方面:一是事物的存在对人的作用或意义;二是人对事物有用性的评价。

其次,价值又是一个属性范畴。价值包涵人的意识与生命的双重发展,包涵人与外在自然的统一发展。人创造自我世界的一切发展即有价值,价值的核心本质内涵是自由人的存在。人本身是价值的根本对象,人即价值本体,人的行为即价值源泉,人的发展即为价值结果。人的发展是人的内在矛盾与外在矛盾的统一发展,是人的意识与人的生命的整体发展,也是人与自然的整体发展。即人内在的自我创造及外在自然的创造的统一。

这里谈的价值是指主体的价值和价值实现问题。人的价值也就是人与人之间

---

① 较早提出这一观点的是美国学者 Alan F.Westin,将隐私权界定为:“自己决定何时、如何以及在何种程度下传递有关个人信息给他人的权利”(Alan F.Westin, Privacy and Freedom, 1967),后被解释为“个人信息控制权”。

的需要与满足需要的活动和关系。马克思主义认为，不能离开社会发展的具体情况，离开个人同他人、同集体、同阶级、同社会的关系，来抽象地孤立地谈论人的价值。人的价值具有社会性和具体历史性。在人与社会的关系上，人的价值包括两个方面：一是社会对个人的尊重和满足，二是个人对社会的责任和贡献。

价值是基于关系属性的，谈价值问题，很多人想到的是“物我关系”，是一种物对人需要的满足。但在人的价值当中价值看重的是“人我关系”。在人我关系中，有两个层面：一是他人与自我关系，二是人与自我的关系。

这两个层面都对人的价值实现具有影响性。但其中人与自我的关系是人的自我价值实现的重要方面。“现实的价值研究应从现实的个人的现实存在出发，指导现实的个人做一个有价值的人，而不是从抽象的所谓价值主客体关系出发，使现实的个人陷入逻辑矛盾困惑中或无价值的迷茫中不能自拔。”①人的尊严、价值感以及人的实现感都来自自我感觉与自我评价。

最早提出隐私权概念的华伦和白兰德斯教授曾指出：“隐私权之所以值得保护，是因为它体现了个人自决、自我控制、尊重个性和人格发展的价值，而这些最终源于对作为独立个体的人的尊重。”②这体现了隐私蕴含的价值意义之所在。

人的价值具有社会性和具体历史性。隐私蕴涵价值是因为隐私的存在，拓展私人生活空间，个人的存在和需要从社会、他人那里得到承认和满足，个人的发展有足够的空间，因此体现了个体存在的社会价值。

目前大多数隐私问题研究着眼于隐私引起的行为结果和现象，对隐私问题的探讨局限在法律和道德范畴。哲学视域下的隐私研究，关注的是公共性和私人性的关系问题，看重的是主体性意义，即私人生活空间之于个体成长的意义。认为隐私除了是人的一项基本权利之外，还是人的一种生存特性和思考方式、知识获取方式，也具有深厚的理论基础。因此，对隐私的价值基础、认知结构和哲学渊源三重哲学维度的研究，具有重要意义。

第三节　隐私权及相关范畴

一、关于隐私权的定性

萨莫尔·D.华伦(Samuei D.Warren)和路易斯·白兰德斯教授(Justice Bran-

① 李建群、周树智主编：《现实价值哲学论》，中国社会科学出版社 2012 年版，第 10 页，序言。

② Samuel D.Warren & Louis D.Brandeis, "The Right to Privacy," *Harvard Law Review*, Vol.4, No.5, 1890.

dies)第一次提出了隐私权的概念之时，把隐私列为人的一项自然权利，隐私权是作为“不受侵害的人格权”(the right to an inviolate personality)被界定为“私生活的权利”与“不受打扰的权利”。这在学术上具有里程碑意义的行为却并非学理逻辑的发展需要，而是基于生活事件的发酵。华伦教授不满当时报纸对其夫人的社交晚会的报道，因为其中涉及很多私人性的包括尴尬的细节描写。在他们看来，文明社会的开放性，使得隐私对于个人而言，更显得重要。尤其现代企业制度和科学文明的发展，使人们更易在精神方面受到损害。因此提出“不受侵害的人格权”，要通过人格权的不受侵害保护个人的思想、情绪与感受。但并没有被当时的法律界认可。15 年之后，在美国佐治亚州，隐私权被法律所确立，1974 年美国颁布了一部联邦法律，专门保护个人隐私。

1948 年 12 月 10 日，联合国大会通过《世界人权宣言》，通过人权保护确立了隐私权的地位。其中 12 条明确规定：“任何人的私生活、家庭、住宅和通信不得任意干涉，他的荣誉和名誉不得加以攻击。人人有权享受法律保护，以免受这种干涉和攻击。”1973 年联合国秘书长提出了《尊重个人隐私权》的报告；1973 年瑞典率先颁布了《瑞典数据保护法》，德国、英国、法国相继跟进，也有类似的法律出台。1984 年经济合作与发展组织发布《关于保护隐私与个人数据之跨国流动指南》，协调 30 多个成员国的立法。

在西方司法实践中隐私问题置于很高位置，所以对于隐私权的理解比较有代表性。美国法律确定的隐私权的保护内容中，“Anita L Allen 将隐私权保护内容概括为四个方面：信息隐私(informational privacy)、身体隐私(physical privacy)、决定权隐私(decisional privacy)以及财产权隐私(proprietary privacy)。”①其中蕴含了信息、身体、自由和财产关乎人生活内容的基本权利维度。

目前学术界都明确承认隐私权是人格权，但是一种独立的人格权。人格权就是人们对各自私人生活空间的事务、活动和信息的处置所拥有的自由自主的权利与权力。隐私权的内涵包括以下三个方面：一是私人安宁不受侵扰的权利(包括物理空间和心灵空间)；二是私人保密信息不被公开的权利(包括财产信息、行为信息和身体秘密)；三是个人私事决定的权力和自由不受阻碍(自由和自主的决定权)。

近些年也有人认为隐私权是一种信息控制权。较早提出这一观点的是美国学者 Alan F.Westin，将隐私权界定为：“自己决定何时、如何以及在何种程度下传递有关个人信息给他人的权利”②，后被解释为“个人信息控制权”。

---

① 转引自罗胜华：《基因隐私权的法律保护》，科学出版社 2010 年版，第 28 页。

② Alan F.Westin, Privacy and Freedom, 1967.

正如隐私分类的复杂性一样，隐私权也是具有复杂性的一种权利。隐私是一个历史范畴，何者为隐私，这是一个随着社会历史发展的动态概念（在下一章中将重点探讨这个问题），因而隐私的保护也不是绝对的，加之法律保护和立法的滞后性，隐私权问题在高技术条件下体现为人的尊严与技术发展的博弈；在隐私权的界定问题上表现为公共生活领域与私人生活领域的博弈。

我国一直没有独立的隐私权法，隐私权的界定一直处于学术界的探讨之中。学术界比较认同的一种界定是：隐私权是公民享有的私生活安宁与私人信息依法受到保护，不被非法侵扰、知悉、搜集、利用和公开等的一种人格权。①也有人认为：隐私权是指个人对其隐私（所体现的）利益的自由支配权。②事实上，对隐私权保护的核心问题是对隐私及其利益的支配。隐私蕴涵着价值，价值的核心就是利益。隐私所体现的利益，这种利益包括直接利益——维护人格独立和尊严等人格利益，也包括间接利益，如树立良好的公共自我形象——获得好名誉，便于社会交往，获得经济利益等。③

长期以来，我国隐私权的保护没有单独的法律条文，而是置于人格权、名誉权等权利之下，很多隐私统摄的自由、尊严、价值等人格诉求分散于各个法律条文中。

我国民事法律对个人隐私权的法律保护最早在1988年《最高人民法院关于贯彻执行〈中华人民共和国民法通则〉若干问题的意见（试行）》的第140条规定中体现："以书面、口头形式宣扬他人隐私，或者捏造事实公然丑化他人人格，以及用侮辱、诽谤等方式损害他人名誉，造成一定影响的，应当认定为侵害公民民誉权的行为。"这其中没有提到隐私权，但以保护隐私的目的方式保护了个人隐私权。1993年最高法院发布《关于审理名誉权案件若干问题的解答》提出了关于隐私的保护问题，但隐私是置于名誉权之下的。2001年2月26日发布的《最高人民法院关于确定民事侵权精神赔偿责任若干问题的解释》第一条第2款规定："违反社会公共利益，社会公德侵害他人隐私或者其他人格利益，受害人以侵权为由向人民法院起诉请求赔偿精神损害的，人民法院应当依法予以受理。"这一法律条文可以视为对隐私权的正式承认和保护。

在我国宪法、刑法和其他具有法律法规性条文中，对隐私权的界定各有侧重，但总体限于个人信息维度的理解。如在我国《宪法》第40条中规定："中华人民共和国公民的通讯自由和通讯秘密受法律保护。除因国家安全或者追究刑事犯罪的需要，由公安机关或者检察机关依照法律规定的程序对通信进行检查外，任何组织和个人不得以任何理由侵犯公民的通信自由和通信秘密。"《刑法》第252条规定：

① 张新宝：《隐私权的法律保护》，群众出版社1997年版，第21页。

②③ 刘德良：《论隐私权》，《新疆大学学报》2003年第2期。

“隐匿、毁弃、或者非法拆开他人信件，侵犯公民通信自由的权利，情节严重的，处一年以下有期徒刑或者拘役。”我国的刑法上有相应的罪名，2009年2月28日通过并实施的《刑法修正案（七）》，增加了非法获取公民个人信息罪和出售、非法提供公民个人信息罪。

在我国司法实践中可以看出，隐私权既包括人格权也包括信息权和财产权，符合学界对隐私权的界定。

二、隐私与诸范畴之间的关系

隐私与法律、道德、政治和文化之间具有密切的关系，反过来，这些方面也会影响隐私的界定。

1. 隐私与法律之间的关系

隐私是置于法律框架之下的，似乎再谈隐私与法律之间的关系是多余的，但隐私与法律之间是一种关系层面，在某种程度上是个人与社会的关系在法律的关系上的体现，也体现了个人隐私受法律保护的程度。

法律保护各种正当的社会关系，法律也是作为协调社会关系而存在的。私人生活空间与公共生活空间或公共生活领域相对应，在法律调整范围内，体现为公法与私法，公共利益与私人利益的关系的协调和规范。

我国虽没有独立的隐私法，但宪法和相关法律均明确提出保护公民隐私。《中华人民共和国宪法》第三十七条规定公民人身自由不受侵犯；第三十八条规定人格尊严不受侵犯；第四十条关于保护公民通信自由和通信秘密的规定；《刑事诉讼法》第一百一十一条，《行政诉讼法》第四十五条关于涉及公民个人隐私的民事、刑事和行政案件不公开审理的规定，体现了我国保护隐私权的法律精神。

隐私与法律的关系引申出隐私与隐私权的关系，因为隐私保护的是一种权利。对于隐私与隐私权的关系，有学者认为，隐私是隐私权的客体。[①]许多研究者认同这一观点。刘德良则认为：隐私权的客体是隐私所体现的利益，而隐私权的对象则是隐私——私人信息。[②]二者的关系是一个问题的两个方面，隐私是隐私权产生的前提和基础，隐私权是隐私获得法律保护的保障和依据。

2. 隐私与道德之间的关系

道德是人们遵守的社会行为规范，它同法律一样也是调整各种社会关系的一种手段，只是没有法律所具有强制力而已，道德调整社会关系依靠的是自律与他律。在调整私人生活空间与公共生活关系上，道德往往有法律无法企及的力量。道德作为人们共同生活及其行为的准则和规范，是基于人们内心评价机制

① 姚辉：《民法的精神》，法律出版社1999年版，第169页。

② 刘德良：《论隐私权》，《新疆大学学报》2003年第2期。

的行为准则，它既不是由国家制定的，也不是由社会组织制定的，而是在社会生活中逐渐形成的。而隐私是与道德层面最相关的一个社会问题，往往隐私问题都涉及人的尊严和名誉，也关乎道德。用道德规范去解决道德问题当然是对症下药的行为。

道德也可以内化为人的自觉行为对隐私加以保护，道德尊重隐私依靠信念、舆论和习惯。窥视别人隐私，在一般情况下法律很难介入，而道德却能发挥重要作用。对公民隐私的保护程度，从某种层面来说，可以衡量一个国家公民道德素质的高低。如果公民的隐私权得到绝对的尊重，说明这个国家公民的道德素质很高；如果公民没有隐私权意识，或者隐私权得不到应有的保护，说明这个国家公民的道德素质较差。在现代社会中，应该给公民提供一个私密的空间，让公民能够放下疲惫的身躯，自由舒展地生活。不能想象，在一个偷窥成风的社会里，如何保护隐私权；也不能想象，一个缺乏隐私权意识，在公共场合随意喧哗，丝毫不顾及他人感受的人，如何保证自己的隐私权利。

阿拉斯代尔·麦金泰尔在谈到道德哲学与社会生活的关系时指出："事实上，无疑的是，道德概念伴随着社会生活的变化而变化。我有意不写成'由于社会生活的变化而变化'，是因为这可能意味着，社会生活是一回事，而道德则是另一回事，两者之间仅有外在的、偶然性的因果关系。这显然是虚假的。道德概念不仅体现在社会生活方式中，而且部分地构成社会生活方式。我们将一种社会生活方式与另一种生活方式区别开来的主要途径之一，就是识别道德概念上的差异。"①

3. 隐私与政治之间的关系

隐私是个人最基本的私权，但是，一个政治家、一个公职人员由于他们具有掌控社会资源、支配社会其他成员的权力，接受公众监督便是他们的义务。隐私与政治的关系更多地意味着从政者的私人生活空间的限度问题，其隐私虽是个人之事，但体现政治人物在日常生活中的品格，和公共利益有关，也是社会关注的问题。政治地位高的人，人们往往将其人格、品质与政治治理水平和政治公平程度联系在一起。隐私也往往会成为政治斗争的重要工具和手段。在西方，婚姻关系、两性关系经常成为政治竞争对手之间博弈的重磅砝码。而婚姻关系或两性关系在我国也是重要而敏感的问题。在处级干部年度报告中规定干部婚姻情况要向组织报告，认为不要以为这是"私事"、"隐私"就隐瞒不报，而且要书面报告。

对于政治人物来讲，公众的知情权是隐私权的死敌。尼克松是美国历史上第一个被新闻媒体报道拉下马的总统，在他八年副总统、五年总统的生涯中，没有涉

---

① 转引自周鸿雁：《当代中西价值哲学比较研究刍议》，《哲学研究》2007年第5期。

及他个人隐私的绯闻犒赏公众，却因一起政治窃听的丑闻落马。包括美国前总统克林顿在执政期间因与莱温斯基的性丑闻几乎被弹劾，可以看出隐私也是政治人物的软肋。

公众关注政治人物隐私，最重要的因素是人们在意政治人物的能力和品格。政治人物大权在握，因此，他必须使自己的活动包括个人隐私在更大范围内和程度上被公众了解。1993年日本首相大平正方因病在首相的岗位上去世。日本《选择》月刊发表《政治家与疾病》的文章，提出“像首相、外相、政党首脑这样一些影响很大的领导人，应该在多大程度上公布他们的疾病的秘密呢？我们不妨先得出这样的结论：在谈论个人隐私之前，应优先考虑一下国民利益和公众利益。如果考虑到一个病人执政有可能阻碍各项政策和措施的执行，为何不把私人秘密和医师的保密义务置于次要地位呢？”①由此可见，隐私与政治之间具有多层面的关系。

4. 隐私与文化之间的关系

文化有多重理解和表达方式。文化尽管是多元的，但基本维度有三个：一是观念文化，二是器物文化，三是制度文化。德国著名哲学家恩斯特·卡西尔(Ernst Cassirer)对于人与文化关系问题论述具有独到之处。他提出人之区别于动物之处在于人能制造并运用各种符号，认为人通过运用不同的符号创造了神话、宗教、语言、艺术、历史、科学等文化，正是在创造文化活动中，人才成为真正意义上的人并获得自由。因而人性并不是一种实体性的东西，而是人自我创造、自我实现塑造的一个过程，真正的人性是人的无限创造过程。卡西尔认为，神话、宗教、语言、艺术、历史、科学等都是人类文化的特殊方面。一种关于人的哲学必然同时包括上述诸方面，这样的哲学才是真正哲学人类学。卡西尔的文化哲学体系是以符号为中心建立起来的，因而人的文化创造活动实际上是一种符号活动，在他看来符号不是一种实体，是在某种形式上能为知觉揭示出意义的一切现象都是符号。因此符号是功能性的，属于人类意义世界，是一种指称的表达。

隐私与文化之间关系非常密切，隐私本身也是一种文化，是如卡西尔所言的符号化的一种，是人类意义世界拓展的重要方面。只有具备了更多的自我，才能有社会文化的不断丰富。

当然，社会文化的不断丰富也会影响隐私，这也是之前探讨的不同国家不同文化传统以及立法基础的不同，隐私权的保护范围不尽相同的主要原因。因此，在我国以整体文化压制个人欲望的封建社会之中，公民行为准则的依据是国家伦理，个体价值是式微的，隐私的价值就无从谈起。在近代欧洲，资产阶级是依靠宣扬民

① 《参考消息》，1993年1月11日，第三版。

主、自由、尊严,倡导"私域"登上历史舞台的,以此理念建立起的新的社会形式,是不断凸显人的个性的,隐私涵盖了人的私生活的一切领域。因此,中西之间在私人生活空间的概念、隐私观念、隐私内容、隐私限度、隐私权保护方面有很大差异性。

三、私人生活空间的限度:隐私权的划界

私人生活空间作为人所追求的自由自在的状态,它不是越大越好,也是有限度的,其限度是由社会多种因素制约的。

隐私既具有绝对价值也具有相对价值。隐私权首先是一种绝对的权利,是一种自然权利,是个人在私人生活领域自主自决不可或缺的条件。同时隐私权又是一种相对权利,因为对于隐私权的限度而言其价值又是相对的。隐私权的实现受经济文化水平等诸多因素制约,更重要的是人的主体意识的制约,是基于一种文化的认同。对人主体性的选择以及对权力的理解和诉求都影响隐私权的实现,隐私权更体现了建构性。建构过程是随着隐私意识和隐私观念的成长而逐步发展的。这种建构与人的主体意识正相关,也与文化和社会环境关系密切,具有主体性和社会性。不受别人干涉的范围愈大,个人所享有的自由也愈广,但是没有限制的自由也会导致社会的混乱,因为人的本质在客观现实性上体现为社会关系的总和,人类诸多目的与活动,不会自动地趋于和谐。在这种混乱中,不是人类的最低限度的需求无法获得满足,就是弱者的自由被强者所剥夺。因此,私人生活空间不可能无限扩张,当私人活动涉及公共利益时,也就是隐私所能达到的边界,即私人生活空间的限度。

私人生活空间的范围可能有多大、应该有多大,这是一个值得探讨的问题。

在前文探讨不同生存状态下隐私内容不同的时候,实际上已经涉及私人生活空间的限度问题。封建社会皇帝的政治活动、饮食起居、个人喜好、健康状况都被作为国家的最高机密,其私人生活空间被高度神秘化,皇帝的隐私几乎没有限度。这是由封建专制制度所决定的,因为,"朕即国家"。

在探讨政治人物的隐私问题时,谈到了知情权就是制约隐私权的重要方面。知情权这一权利属于学理性权利类称,而非立法层面的专业术语,一般归属于公共生活领域的权利,它对应于私人生活领域,对公众人物的私人生活空间是有所限制的。但对于公众人物的私事,公众只能拥有有限的知情权,否则也是侵权。例如萨达姆在监狱中半裸的照片被公开,就受到公众的强烈谴责。

对于一般公民来讲,隐私本是与公共利益之间不发生冲突的个人私事,知情权不会对普通人的隐私起限制作用,隐私权本身就是阻挡的一道门槛,所谓"风能进,雨能进,国王不能进"。随着我国民主化进程和高科技的发展,私人生活空间的限度更多地表现为个人利益与公共利益之间进行的博弈。在二者发生冲突时,在个人隐私和公共利益对撞下,个人隐私应该服从于公共利益,所以,私人生活空间的限度通常应由法律和道德加以确定。

不同身份、不同生活经历的人私人生活空间限度不同。隐私意识强烈程度、个人素质以及性格等主观因素也会影响个人的私人生活空间的大小,因此每个人的私人生活空间的限度都是不同的。可见,隐私是有条件的,私人生活空间也不完全是客观的,而是主客观的统一。

以上都是隐私权在法律、道德等理论框架下的应然状态。但事实上,由于高技术的应用私人生活空间与公共生活空间的界限逐渐模糊,隐私权并不局限于人权与人格权范畴。信息纳入私人信息范畴,隐私权保护范围扩大,相应的,隐私权的分界变得日益困难。因为"一方面,从事信息服务的经营者会不遗余力地收集各种信息包括个人数据以丰富其数据库内容,向使用者提供更全面的服务,当然也因此获得更多的商业利益;另一方面,数据主体在不经意的行为中有时会泄露自己或其家庭的生活秘密,这样的材料会被他人收集、利用和传播"①。当然并非所有私人信息都纳入隐私范畴,只有与私人生活密切相关的信息,对个人自由、尊严、价值等会产生影响的私人信息才能称为隐私。"有关信息隐私方面的权利,侧重于个人信息主体对个人信息的积极的决定权与支配权,其权利主体是个人信息本人,其义务主体是除了本人之外的其他一切个人或机关,从权利状态看是一种积极的权利。"②

---

① 张新宝:《信息技术的发展与隐私权保护》,《法制与社会发展》1996年第5期。

② 齐爱民:《美国信息隐私立法透析》,《时代法学》2005年第2期。

第四章　高技术的宰制：隐私的遗失与窃取

本章从总体上探讨高技术应用对隐私的影响以及带来的侵权情况。高技术条件下新的隐私形式不断出现、隐私内容不断转化，出现新的隐私类型与隐私侵权方式。私人生活空间边界日益模糊，侵权主体也发生变化，隐私成为有价值的商品导致隐私异化。在高技术条件下隐私不仅被别人窃取，也会被自己遗失。

第一节　高技术对私人生活空间的侵入

一、高技术下生活的日益透明化

“人被技术物取代的过程，就是自我超越，自我解放，不断进步的过程。”①人的一定程度的物化是必须的，这也是技术发展的潜动力，技术的作用主要是能够把人解放出来，为人提供更多的闲暇时间去从事自由的生活，为人类创造出个性发展的自由空间。从这个意义上讲，科技是人类发展的拓展和延伸，因此技术的发展过程是人的不断发展和解放的过程，也是私人生活空间不断拓展的过程。人的需求是物质和精神双重的，人不仅为了满足口腹之欲，还有更高层次的需求。技术除了能为人类物质需求提供保证，还能为人类精神生活的丰富提供条件。高亮华在《人文主义视野中的技术》指出：“技术至少给人带来如下几方面的利益：提供了更高的生活标准；增加了个体的自由选择；通过生产率的提高为人类提供了更多闲暇时间；扩大了人与人之间的交往与联系。”②这些方面恰恰是私人生活空间自由自主状态的重要体现。

但“人越物化，对技术和技术物的依赖越强，人就越可能异化”③。人进入了物的依赖关系的困境。任何事物的发展都是辩证的，技术的发展，延伸了人的活动空

①③　林德宏：《“技术化生存”与人的非人化》，《江苏社会科学》2000 年第 4 期。

②　高亮华：《人文视野中的技术》，中国社会科学出版社 1996 年版，第 18—19 页。

间，发展了人的个性，拓展了私人生活空间，但当技术对人的生产和生活全面渗透时，人类创造的私人生活空间越大丧失的就会越多。“当你感到整个世界变得越来越大的时候，你也可能开始觉得个人的私人空间越来越窄。然而，如果没有这一方私人空间，没有一定程度的隐私权，我们就难以拥有安宁的生活状态。”①

技术挤压私人生活空间主要在于技术渗透人类生活的方方面面，人处于技术化生存状态下，人类很大程度上受制于技术。“技术的发展也阻碍了人的全面发展。技术社会的目标是效率、秩序与理性。在技术社会这种科层制结构之中，人失去了自主性、个体性与自由。甚至人与人之间的关系也客观化和物化了。”②人类被技术编织的网络束缚，举步维艰，高技术发展尤其是网络技术的兴起，更是极大地扩张着同时也是强烈地挤压着私人生活空间，使人日益透明化地生活。

人的生活“透明化”不是主体应然状态，而技术发展过程中带来的可能状态。其实质在于：一是高技术无孔不入，向私人生活空间全面渗透；二是高技术无所不能，使个人隐私被窥视的可能性大为增加。例如，透视摄影侵犯隐私问题，由于红外光比可见光具有更长的波长，这使它比可见光更少地被某些材料和纺织面料反射。这种效果就是，红外光穿过织物，被织物下面的物体反射回来，再次穿过织物。这样就有效地使织物呈现半透明状态，类似于十分透明的服装。有时候，在这种情况下，织物几乎是看不见的，形成近似裸体效果。除纯棉物料最安全，不能被红外线功能透视外，尼龙及混棉衣服均能达到透视效果，纯尼龙及丝质物料的透视度更高达75％以上，特别是在游泳池等地，湿衣服更加清楚，被偷拍侵权的后果更严重。

人生活的透明化也在于借助技术对私人信息的滥用。现代科技大大提高了信息收集、挑选和发送个人情报的效率。在信息社会，人的一举一动都在可掌控的范围之内：通过信用卡使用记录，便可了解一个人的消费形态和信贷情况；通过网上消费和浏览记录就可以分析出网民的情趣爱好和近期活动信息。保险公司在为你提供保险服务之前要看你的医疗记录；政府为了行政工作的开展，保留大量个人记录；软件公司为了自身利益，可以用高技术去解密其他公司的软件；新闻媒体为了吸引公众的眼球经常报料公民的隐私；为了追逐利益，专门有人收集人的隐私信息去出售。以上这些，有的是故意侵权，有的是工作需要，但对隐私主体来说都是危险的。一位美国学者曾说过，“我们正生活在一个透明的社会里”，“社会中每个人所拥有的个人隐私正在消失”。③透明化在公共领域中是必须的，但在私人生活空

① 李伦：《鼠标下的德性》，江西人民出版社2002年版，第260页。

② 高亮华：《人文视野中的技术》，中国社会科学出版社1996年版，第19页。

③ ［美］A.斯皮内洛：《世纪道德：信息的技术伦理方面》，刘刚译，中共中央编译出版社1999年版，第163页。

间中,人的透明化生活是存在诸多危机的。技术化生存挤压了私人生活空间,使个人领域的信息转入公共领域,人类争取的自由、权利和尊严在技术面前却受到了侵害。信息化社会是“玻璃社会”,人人都在透明地生活,公众的私人生活被一览无余,人类文明面临一种被剥夺的赤裸的羞耻,但很多人却浑然不觉,犹如穿着“新衣”的那个皇帝。

二、隐私的异化和商品化

隐私的异化表现为隐私主体价值的转移。前文谈过隐私是具有价值的,隐私的价值关键在于主体价值,它是主体独立人格和尊严的体现,隐私反映的是人类生存发展与满足生存和发展需要的事物或现象之间本质的必然的联系。隐私能够满足人的尊严、自由等方面就是有价值的,不能满足就没有价值;满足的程度大价值就大,满足的程度小价值就小。一般而言,隐私价值的实现是由个人单独完成的,隐私价值的大小由个人与某种事物的关系决定。

但是随着社会的发展,隐私出现了客体价值,也就意味着隐私也可以给他人带来满足。这种客体价值越来越大,这也是隐私被侵犯的动因之一。隐私的客体价值也是不断拓展的,过去隐私主要是满足某些人窥私的欲望,从这个角度上说,隐私具有“心理价值”;后来隐私出现“商业价值”,不是商品的隐私却拥有了商业价值,这是隐私异化的重要表现,也是科技发展带来的必然结果。

隐私的异化有物质动因和需求市场,这种需求通过商业机构来实现,就会使隐私商品化。2005 年,当时有消息报道小甜甜布兰妮的“试孕棒”被拍卖了 5 000 美元。当然,并不仅仅是黛安娜王妃和美国前总统克林顿等名人的隐私可以卖钱,任何普通人的隐私其实也“价值无限”。作为普通人,我们的个人信息从未像今天这样,能为商业社会价值和财富的增长起不可忽视的作用。调查发现,私人信息之所以频频被他人所知,最根本的原因是一些人受利益驱使,恶意套取然后转手倒卖。一位长期从事倒卖信息的人介绍,有相当一批人像他这样靠卖私人信息发财。十几份重要客户名单,就可以卖到 5 000 多元钱。

隐私的商品化的实现有时也不是通过他人或商业机构实现的,个人的隐私也会为自己赚来利益。自我拍卖隐私也成为近期社会一大热点,例如木子美在网上公开推出自己的性爱日记《遗情录》,将隐私拍卖发展到极限。

利用公众的窥视心理沽名赚利,这是隐私异化及商品化的具体表现。隐私成为有卖点和买点的商品本身就是一种在商品经济条件下的异化现象。既然隐私如此值钱,它就应当是有价的,既然是有价的,从理论上讲就可以买卖与交换,这种交换的实现,对经济利益的追求是最主要的原因。在信息社会,信息是具有使用价值和交换价值的商品,而隐私是信息的一种,尤其在网络信息时代,隐私越来越具有商业价值。

三、隐私的遗失与窃取

隐私的遗失与窃取是不同的状态。隐私遗失是主体不慎将自己的隐私暴露而受到侵害。例如,一名女职员将自己的裸照储存在计算机里,后其表弟偶然发现将裸照复制后,向其发出要挟和勒索,对女职员造成巨大的伤害。这是隐私遗失的典型事例。

隐私窃取是他人或机构故意侵害别人隐私。技术化生存条件下隐私受到侵害,外因在于技术的侵入,而内因在于不正当的欲望和需求。侵害隐私既是人的尊严与技术发展相冲突的表现,也是技术的发展对人性的弱点,即窥私欲及贪欲的一种暴露。

在社会心理因素中分三个层次。一是单纯的好奇心使然。人人都有好奇心,并以茶余饭后多些谈资为目的;二是存在窥私的社会心理。林德宏教授在《哲学随笔·五彩树》中讲述了《窥视对方》的游戏,指出了一个生活的现实:人们既想窥视别人的隐私,又想隐蔽自己的内心。这是一个悖论,人人都活得很累。一般而言,人们关心两个层次的隐私,一是周围人的隐私。正如鲁迅先生所说:邻居的谁和谁有半点蛛丝马迹,他们都会将眼睛睁得大大的。人们关注的第二个层次是名人即公众人物的隐私。从人性的视角出发,这是由社会心理和文化心理所决定的。三是不正当的欲望和不可告人的目的。在人群中总有阴冷的目光和阴险的心灵,为达到恶意的目的而不择手段地窥探别人的隐私,爱好暗箭伤人的小人经常在他人的隐私上大做文章。

第二节　高技术与隐私侵权

高技术条件下的隐私问题具有明显的特征:一是在于新的隐私形式不断出现,二是隐私内容不断转化,三是技术化生存使私人生活空间与公共生活空间相互渗透,而私人生活空间边界日益模糊,出现新的隐私类型与隐私侵权方式。

一、高技术条件下隐私内容的转化

1. 非隐私隐私化

非隐私隐私化主要是指在私人生活空间中原来不成为隐私的事务、活动和信息在技术的作用下成为了隐私。人对技术的依赖性增加,使技术介入私人生活空间之中,使不是隐私的内容变成隐私内容。例如,人际交往的电话通话内容一般是隐私,打电话行为本身不是隐私,但是通过电脑将某人一段时期以来通话范围和通话频率的纪录打出来,通话行为累加的信息就成了隐私。因为打电话的行为次数和频率体现了与某个人交往互动的情况,可以分析和判断出二者之间的亲密关系。

社会日益信息化和网络化,人们通过网络交往与交流,由于网络的虚拟性把本不属于隐私的问题隐私化了。网络最大的特点就是虚拟化,虚拟化一方面在于以数字的形式表现,另一方面也在于人的隐蔽化。网络具有隐性机制,人的活动可以匿名和假名,人可以隐蔽真实身份。这种隐蔽是依靠网络技术实现的,隐蔽就是把现实的形象、真实的想法隐藏起来。本来上网活动不是隐私,但利用网络的隐性机制不愿暴露身份而与他人交流就成了一种隐私。

非隐私隐私化还有另一层面的内涵,还包括高技术应用于人们工作和生活而产生的新的隐私内容,例如电子商务隐私、人工生育隐私、整形美容隐私和基因隐私等新的隐私形式和内容。

2. 隐私非隐私化

隐私非隐私化与非隐私隐私化正好相反,是借助高科技手段使本来是隐私的内容转化为非隐私内容。人对技术的依赖造成生存状态的改变,人被钢筋混凝土结构时时包围着,人的一些行为也带有对现有生存状态的反叛。例如,回归自然运动中有裸跑、裸泳现象,这在以往是自曝隐私、有伤风化的行为,但在今天却被看作自然主义行为,并在某种条件下被赋予了特定的社会政治意义。

高技术不仅带来物质生存条件和生存形式的改变,对人们的观念和心理带来巨大的影响和冲击。隐私内容的转化也是这种对撞与冲击的产物。隐私非隐私化主要在于技术化生存条件下人的隐私观念的改变。

传统隐私当中"性"是最私密的事情,但是随着社会的发展,性知识纳入到科普教育之中,人们通过电视及相关媒体十分坦然而且自然地讲解生理结构和相关性知识。曾经中央电视台策划并实施直播孕妇分娩,只要有电视和接收信号,任何人都可以观看,这在以前也是不敢想象的。从某种意义上讲传媒正在使某些隐私问题非隐私化。

3. 私人生活空间边界的模糊

传统隐私的传播几乎口耳相传,隐私传播的范围小,速度也慢。高技术带来人们交往方式的改变,人与人之间的互动增加,造成个人隐私迅速扩散的可能性加大。另一方面现代媒体也为隐私的传播制造了大量的平台,信息传播立交桥的建立,报纸、广播、电视、网络等手段的运用,媒体辐射面和影响面日益扩大,无不为隐私的传播和扩散提供了技术便利。

尤其网络的应用,这种传播更为明显。借助网络手段完全改变了隐私的传播途径和媒介。创建互联网的直接动因是为了使人们能够共享信息资源,但共享的基础是有足够的信息提供,因此互联网也是一个开放的系统,不仅对用户开放,更对信息服务者开放。只有如此才能保证网络信息资源的丰富,因此网络在技术上为提供信息服务者提供了信息发布、传播平台。在信息立交桥的环境下,人们的社交方式发生了变化，传统的直接造访和聚会方式将会减少，而使用电话、传真和邮件甚至网上"QQ、微博和微信等"进行交流频率增加。技术化生存下隐私的传播速度不仅快而且趋于同步性，如网络是依靠光纤传播的，有人称信息在网络上传播的速度是"光速传播"。这样隐私传播发生了如下改变：直接和当面宣扬隐私的机会减少了，但利用现代传播媒介平台，更快捷、更大面积地传播他人隐私的几率增加了。

20世纪以来，人类社会进入了前所未有的发展阶段，科技革命和经济发展使整个社会的发展日新月异，我们生活在一个信息时代里。所谓的信息语言以各种手段无孔不入地渗透于公众生活和私人生活。例如，书籍、报纸、广播、电视、电话，尤其是计算机使信息成为了一个不可逃脱的网，人人都必须生活于其中。信息语言的技术本性一方面使自身成为工具，另一方面也使技术世界的一切成为工具，不仅物，而且人本身日益工具化，到处悬挂的电子眼、摄像头可以对人时时监控，包括大众传媒的新闻拍摄镜头已经把视线伸进了隐秘的私人生活空间。包括目前自传类的私人生活的写作正持续引起社会关注，这表明它的边界已经越出了私人的领地，而具有了无可争议的社会性。

私人生活并不是从字面意义去理解的，完全与社会相脱离，相反，私人生活向来就是社会的重要构成。我们今天都生存在一个日益网络化的世界上，真正能与世隔绝的人已十分罕见。技术使私人生活纳入到了公共领域，必然使私人生活边界模糊。古雅典的政治家伯利克里曾说："在私人生活中，我们自由而且宽容；但在公共事务中我们严守法规。"可以说二者清晰分界是一个社会文明的标准。将私人生活完全暴露在社会生活之中必然会降低私人生活质量。为此，我们应该清晰地划分"私人生活"与"公共事务"的边界。

二、高技术与隐私侵权主体的变化

技术化生存条件下隐私的侵权主体与传统社会隐私侵权主体具有较大的差异。高技术条件下隐私侵权的最大特点，就是侵权主体数量增多。隐私侵权主体可以是个人也可以是社会组织。

1. 与传统隐私侵权主体的区别

从历史演化的观点看，社会的发展总是一个由简单到复杂、由低级到高级的进化过程，这一过程当然不是单线式的，期间也可能出现反复和转折，但总会呈现出大致相同的规律，表现在社会结构上就是由一元社会至多元社会的过渡。前工业社会的社会结构分化程度低，自由流动资源稀缺，自由流动空间狭小，资讯传播途径阻塞，身份系统固着不变，社会组织结构单一，侵权主体也就单一，隐私侵权主体只是个体行为，是自发的行为。

多元的社会就会有多元的组织结构，隐私侵权主体会不断增多，政府、商业机构、媒体、网络经营者都可能会故意或由于技术因素无意侵犯公民的隐私。另外，由于技术化生存带来技术的依赖,人借助网络使其交往范围扩大,在网络里,任何一个人只要想,就能够随时随地侵权他人隐私。不一定故意却可以达到隐私侵权,这是高技术条件下隐私侵权的最大特点,也是侵权主体数量增多的主要原因。

侵权主体类型的变化主要表现为:

一是由单一的主体变为多元的主体。在探讨侵权主体数量变化问题时已经探讨了单一主体向多元主体变化的情况。技术载体使政府、网站、商家、个人等一切可以借助技术载体的主体都可以成为侵权主体。

二是侵权由个体行为变为社群行为。以往侵权主体仅仅是个人行为,在技术化社会中,经济的发展导致社会结构的分化,形成高度分化而又高度整合的社会结构,这种社会结构包括具有相对自主权的社会阶层、地域团体、职业团体、种族团体和宗教团体等,而其中任何一个组织和机构都可以形成侵权主体。

三是自然人的行为转化为非自然人的行为。在前工业社会,社会结构单一,社会成员互动小,人员流动少,隐私的侵害主要在自然人之间,隐私都是在有限的群体中传播,隐私侵权的频率少危害也小。工业社会以来,社会分层速度加快,社会团体的自主性和独立性增大,出现更多的法人组织,而个人隐私可以作为商品成为商业机构牟利的手段,故意侵犯隐私的事件经常发生,侵权频率高,危害也必然增大。

2. 高技术条件下的隐私侵权主体

政府与隐私侵权。隐私权保护是有边界的,隐私权保护范围应适当地受到公共利益的限制。一般而言,各国政府都是代表公众利益的,政府作为隐私侵权主体的可能性较小。传统情况下政府侵犯个人隐私权,主要在于公共权利的过度扩张侵犯了私人生活空间。

在技术化生存条件下,情况发生了变化。对于任何一个国家来讲,政府是最大的信息所有者。政府借助网络管理,将每一人的私人信息纳入信息库,个人私密信息成为电子卷宗里的一串串数字和符号,人们几乎成了透明人。政府借助科学技术的手段可以随时深入私人秘密的生活领域,随时获得任何一个人的相关情况。比如,几年前曾被指涉嫌充当中国间谍的科学家李文和起诉美国政府,控告官员向媒体泄露他个人职业记录,侵犯他的隐私权,说明政府对个人信息掌握程度超乎我们想象。

政府对个人信息的管理也是一个重要的问题,管理和使用不慎就会侵犯个人隐私。日本行政监理委员会曾提出“行政机关利用电子计算机与个人权利保护中间报告”,其中专门探讨了隐私权受侵害的四种类型:一是根据利用目的,可能给个人带来不利;二是收集的个人情报被用于其他目的,损害个人利益;三是因收集的情报不准确性带来的危险,误导利用者;四是因电子计算机操作水平的提高,隐私权受侵害的可能性越来越大。随着电子化管理的加强，个人身份和基本信息管理将逐渐纳入联网范围。虽然政府部门对信息的查询和使用有严格的程序，但对个人来讲，个人相关信息安全也有很大的风险。2013年6月上旬，爱德华·斯诺登揭露了美国政府“棱镜”窃听计划，成为轰动国际的大事件。斯诺登披露，从2007年的小布什时期开始，在过去的六年间，美国国家安全局和联邦调查局通过进入微软、谷歌、苹果、雅虎等九大网络巨头的服务器，随心所欲地监控着美国公民的电子邮件、聊天记录、视频及照片等隐私资料。美国国家安全局已经搭建了一套基础系统，几乎能够截获任何通讯数据，从音频、视频、图片、邮件、文档以及连接信息中分析个人的联系方式与行动。监控的类型有10类：信息电邮、即时消息、视频、照片、存储数据、语音聊天、文件传输、视频会议、登录时间、社交网络资料的细节等，并且包括两个秘密监视项目：一是监视、监听民众电话的通话记录；二是监视民众的网络活动。这些被盗窃的通讯数据大部分被无目标地自动保存，以备随时调用。这在全球范围内引发了对于安全问题的关注，公众担心所用产品，都成为监视、监听、监控自己的间谍设备。

媒体与隐私侵权。一般而言媒体侵权主要指向公众人物。“隐私，最容易引起公众的兴趣，又最容易联系上道德，是政治性公众人物的软肋。”①但随着技术的发展，传媒消费的日益大众化，对普通个人深层情感、生活事件的曝光日益增多，掀起了传媒隐私热。香港作家董桥先生曾说过，“书报印出来的隐私不再是隐私，是酒余饭后的甜点。”②隐私消费成为最大众化的文化消费，在英国，内容取向正统的《泰晤士报》开张两百多年，就没盈利过；而《每日镜报》等专门登名人隐私的小报，发行量动辄几百万份，而且广告源源不断。

媒体侵犯隐私有三种情况：一是个人在与媒体的互动中，媒体正常采集信息，但却滥用私人信息造成隐私侵权；二是利用不正当的手段如偷拍等获得私人信息并传播；三是对在一定范围内的隐私事件的扩散推波助澜。公共传媒借助高技术手段对于私人生活的侵入程度越来越深入，越来越广泛，私人生活要想免除公共关注，显得愈来愈困难。进入大众传媒的隐私就是别人饭后的“甜点”。此前人们对戴安娜事件的过度关注就和媒体的推波助澜有关。“公共领域借助公共舆论的趋势，在商业利润驱使下的‘公共舆论’对于私人生活的猎奇性关注，这使得私人生活丧失隐秘性。”③这也是前文探讨隐私侵权问题时所揭示的社会心理原因，反映了在社会价值体系失衡的背景下，个人价值体系自身的冲突及个人与社会价值观之

① 赵维：《隐私，这道甜点——媒介形象与媒介策略札记》，《书屋》2004年第1期。

② 董桥：《从前》，《三联书店》2002年版，第106页。

③ [德]哈贝马斯：《公共领域的结构转型》，曹卫东译，学林出版社1999年版，1990年版序言，第16—17页。

间的冲突。

网络媒体的出现将这种朝向隐私甜点的嗜好进一步发扬光大并将侵权不断升级。

网络经营者与隐私侵权。尤其是网站经营者对用户隐私的侵犯,如未经许可,收集、保存用户个人信息;擅自篡改或者披露个人信息;将收集到的信息提供给商业机构牟利。对信息发布审核不严,造成信息泄露等。目前,网络隐私的保护没有形成严格统一的规范,尽管成千上万的网站都有所谓隐私保护条款,但实际状况大不相同。所以有人说,网站是网络隐私最大的吸血鬼。

网站侵犯个人隐私存在三种情况:一是规定不当。在网络检索“隐私”词条,最多的就是各个网站的保护隐私条款。但这些条款往往在涉及网民的责任时,条款细致之极,但涉及自身责任时却含糊其辞。尽管如此,根据美国南加州大学和加州大学伯克利分校 2001 年联合进行的一项调查显示:只有 38%的媒体网站有隐私保护条款说明,而真正明确的不过 28%。二是利用技术优势占有私人信息。在美国南加州大学和加州大学伯克利分校调查结果中,有 68%的媒体网站利用 COOKIE 文件追踪访问者在网站的活动。虽然 COOKIES 技术的使用可以省略重复上网的时间。但作为软件侦知手段,可以将个人资料、浏览习惯、消费习惯和上网记录留下痕迹。网站根据这些记录可以知道许多个人隐秘信息,也构成了侵权。三是滥用私人信息。媒体网站收集用户信息的实际情况和用户对网站收集信息的知情情况之间有着明显差别。有些网站在当事人不知情的情况下将私人信息卖给了其他商业机构,造成隐私侵权。

还有钓鱼网站的恶意盗取。网络钓鱼仿冒一些知名网站,并利用社会工程学原理,诱骗用户在网站上填写个人信息。根据瑞星公司发布的 2012 年互联网信息资料显示:钓鱼网站的主流方向仍然是盗网民虚拟财产或钱财,经济利益成为现代黑客关注的重点。“截至 2012 年 11 月 20 日,联盟已累计认定并处理钓鱼网站 100 402 个,其中 2012 年 1 月—11 月共处理 24 535 个,占实际网站数的 3.57%,每天约有超过 1.2%网民遭遇网络钓鱼,且 70%的钓鱼网站并未被目前已有的安全工具识别。”①“据国家计算机网络应急中心估算,国内网络钓鱼去年(2013 年)让网民损失了 76 亿元,给社会带来的间接损失可能超过 200 亿元。与此同时,钓鱼网站的数量呈逐步上升趋势,每天增加到 800—900 个。”②但 2012 年之后相关的钓鱼网站及假冒电视节目中奖的网站,都在盗取网民钱财的同时,还会套取用户的个人身份信息。“80%的病毒传播通道被十大病毒集团操控,90%的病毒集团的病毒行为特征均与网络欺诈有关,网络钓鱼、诈骗的危害已经成为当下威胁网民个人财产

①② 美狄亚:《谁偷窥了你的网络隐私》,成都时代出版社 2014 年版,第 220 页。

及隐私安全的第一杀手。这些病毒集团通过多种手段获得了巨额非法收益，已形成了一个完整的产业链。2011 年年末，中国公众经历了一次大规模个人信息泄露事件的洗礼，几乎人人自危。CSDN、天涯等众多互联网公司信息被公开下载，京东商城、1 号店、当当网都陆续陷入被盗门，CNCERT 通过公开渠道获得疑似泄露的数据库有 26 个，涉及账号、密码 2.78 亿条。这些信息均为黑客集团攻击商业网站后窃取并泄露到公众面前，而黑客手中掌握的公众信息到底有多少，对公众来说，还是个未知数。”①这也是一个新的动向。

商业机构与隐私侵权。在信息时代，信息资源是具有商业价值的，占有信息就意味着占有了客户，占有了市场。但在网络社会存在两个悖论：一是信息资源的共享化与个人资料的独有化的悖论；二是信息资源的物质化与个人资料信息的非营利性悖论。商家为了更大程度获取市场，不惜高价购买私人信息。目前，靠倒卖私人信息赚钱者大有人在。窃取隐私的途径有：日常登记、招聘求职、恶意套取、有意识地在网上刊登求租、求购信息诱惑他人留下详细信息以及间谍软件。正常工作程序中的隐私侵权：银行在向你提供借贷服务前须审查你的信贷；保险公司在向你提供一项保险计划前要看医疗记录。此外，还包括电信部门开通来电显示对隐私的侵犯。

大量搜集和猎取私人信息的商业机构有多种，如各类调查公司、咨询公司、信息咨询服务部、管理顾问有限公司等相关资讯机构，实质上是“私家侦探”公司。这些机构收集个人信息的范围很广，包括身份、房产和银行信息、家庭情况、手机开户资料及通话清单、车辆信息、保险信息甚至酒店开房纪录等。还有房产中介、收账中介、广告公司等各类中介组织，他们信息收集相对集中和单一。最难以防范危害最大的是专门信息的倒卖公司，在网上发布专门买卖个人信息的广告，收集信息然后整理再加价卖出。

最难以容忍的是信息集散的商业机构倒卖信息。2013 年 10 月，圆通速递被曝出近百万条快件客户信息在网上公开出售，后经各部门监察治理并设立相关举报热线，该事件风波才算平息，但这也让由快递信息倒卖衍生的庞大“灰色产业链”公之于世人面前。

还有是承接信息维护的相关公司对个人隐私的侵权。由于各个单位部门逐渐实现无纸化办公，通过电子商务或者政务等技术运行日常管理，会大量采集个人信息用于公共事业管理相关行业。许多单位或者部门由于缺乏专门的技术力量维护信息系统，一般会将信息服务工作外包，雇用其他专门的信息公司或者软件供应商对信息进行维护和技术支持，这就为个人信息泄露打开了通道。2012 年在上海发

① 美狄亚：《谁偷窥了你的网络隐私》，成都时代出版社 2014 年版，第 221 页。

生大面积个人信息泄露案就是一个典型的案例。上海卫生局数据库由运维公司负责维护,其技术部经理张某利用工作之便,每个月都会访问卫生局数据库,下载大量用户隐私信息并将这些信息转手倒卖给他人。

软硬件设备供应商与隐私侵权。目前软硬件厂商在其生产或者销售的产品中专门设计了用于收集不同用户各类信息的功能,致使用户隐私权受到不法侵害。例如,英特尔公司曾经在其处理器中植入"安全序号",用来监视用户之间相互往来的信息,使计算机用户的私人信息受到不适当的跟踪与监视。

当前苹果等智能手机对隐私的侵犯时常被诟病。2011 年,美国有用户起诉苹果公司,指控该公司通过 iPhone 和 iPad 秘密记录用户的行踪,涉嫌侵犯用户个人隐私。当时有人发现 iOS4 操作系统的苹果产品,在用户毫不知情的情况下能够记录用户去过地方的地理位置坐标和时间等数据,而这些数据都并未加密。这就意味着别人很容易就知道你的住所、工作地点及生活习惯。即便关掉 iPhone 手机的定位系统,该手机仍将继续收集并保存新的位置信息。随后,法国、德国、韩国等国相关政府部门分别开始对相关智能手机的"跟踪定位"事件展开调查。尤其是韩国 2.76 万用户对苹果总部、苹果韩国分公司发起诉讼,称其通过手机周边的无线网络收集用户位置信息。最后,因违反韩国《位置信息保护法》,苹果公司被处以 300 万韩元罚款。

相较于大面积的个人身份信息泄露,非法远程控制软件则成为了个人机密信息的泄露源头。这类软件多数都是带有恶意的远程控制程序,它能由监听者强制安装在被监听的电脑上,并监视对方的所有动作。有些甚至可以读取、修改或转移对方电脑上的任意文件,并强制开启摄像头。出现多起名人隐私照片、视频泄露的事件,跟该类软件的盛行不无关系。这在奇虎 360 与腾讯的"隐私大战"中可见一斑。2010 年 9 月 27 日,奇虎 360 公司发布一款工具软件"360 隐私保护器",宣称该软件可实时监控并曝光客户端软件窥视用户计算机隐私的行为。事实上,360 公司矛头直指腾讯公司,尤其是其即时通讯工具腾讯 QQ,通过聊天软件在未经用户许可的情况下偷窥用户个人隐私文件和数据。360 通过官方微博、论坛等方式大张旗鼓宣称腾讯公司侵犯网民隐私行为,同时 360 公司公开邀请网民试用 360 隐私保护器,并将截图上传进行曝光。腾讯回应并称 360 公司污蔑。2010 年 11 月 3 日,腾讯公司发布《致 QQ 用户的一封信》,宣称用户在 QQ 和 360 之间要做出选择,在装有 360 软件的电脑上停止运行 QQ 软件。奇虎 360 公司立即回应,推出"WebQQ"的客户端,但腾讯公司随即关闭 WebQQ 服务,使客户端失效。360 和腾讯的隐私之战升级并白热化。虽然一周之后,在工信部等三部委积极干预下,腾讯 QQ 与 360 恢复兼容,但软件公司对网民隐私的可能性窥探为广大用户敲响了警钟。

个人与隐私侵权。个人对他人隐私侵权行为也不能忽视,在高技术条件下任何普通人都可能成为侵犯别人隐私的主体。也可能是你身边的人,甚至你的爱人和朋友,也可能是完全陌生的人。

个人隐私侵权存在两种情况:一是故意侵权。对于隐私侵犯最危险的个人主要是掌握高技术的人,如骇客或黑客,他们截获私人信件、公开他人联系方式、炸毁他人邮箱、破获他人电脑系统的事比比皆是。曾有消息报道,艺人雪村的电子邮箱密码被黑客攻破,邮箱内信件的内容被帖到他所属的盛世京文公司的网站上,许多个人信息被恶意散布和篡改,使雪村受到很大的伤害,这是黑客经常用的手段。二是过失侵权。技术化生存情况下,高科技渗透于人们的工作和生活,稍不留意就会侵入别人的私人生活空间。“任何一个人在网络世界里只要拥有一台电脑,一个调制解调器和一部电话,就可以进入你的私生活最隐秘之处,把你的个人记录一览无余。”①《瑞星2012年互联网报告》中指出:微博作为信息共享、互动交流的新型社交平台深受众多互联网用户青睐,同时,也成为不法分子用来实施诈骗的工具。业内人士透露,一些微博大号都会承接信息发布业务,几百块钱就可以发一条微博,这些大号多数都拥有数十万甚至上百万粉丝,可以说,这样的宣传价格不仅十分低廉,而且受众面极广。然而,这些大号对所发布的信息多数并无审查,不法分子就是利用这个漏洞将虚假的钓鱼信息以文字、图片或者视频等形式进行大肆传播。一些安全意识薄弱的用户很容易信以为真,误入骗子的圈套。

隐私的自我遗失。“扔掉旧的计算机设备和丢掉旧沙发没有差别——是吗?把PC放在路边,让打扫卫生的人拿走看上去很实用,但这并不是个好主意。至少,在回收旧电脑设备之前要取出硬盘。”②为何如此?Robert Vamosi认为,“从二手硬盘上恢复数据并不是新技术……当你按下删除键时,文件从主文件记录上删除,但是删除常常很简单,只是删除了文件名的第一个字符。文件的内容仍然存在;只是不容易找到而已。因此‘deleted’文件看上去是‘_eleted’。恢复软件能够替换第一个字符,然后重建包含这些删除文件的主文件记录。”③因此,对如何处理电子垃圾问题,“美国政府要求废弃的硬盘和相关的媒体必须重写7次——也就是增加7层0和1,使得别人无法在以后重建该驱动器。许多商业产品能够‘擦洗’和‘粉碎’驱动器上百次,确保驱动器完全清理干净。大部分人都没有花时间这么做,数字(和纸质)文件粉碎的好处是明显的”④。Robert Vamosi指出:“并不是只有旧电脑上的硬盘有这种长期的风险。人们还会出售仍然包含数据的数码相机、MP3

---

① 李伦:《鼠标下的德性》,江西人民出版社2002年版,第261页。

② [美]Robert Vamosi:《个人信息保卫战——高科技时代的隐私担忧与防护策略》,姚军等译,机械工业出版社2012年版,第86页。

③ 同上书,第86—87页。

④ 同上书,第87页。

播放器和存储卡。对于数码相机中使用的存储卡、互联网上多种免费软件都能进行数据恢复。”[①]“即使你没有在 eBay 上销售旧的硬盘或者存储卡,仍然有可能在你没有意识到的地方留下个人数据”,比如,“如果你写了个相当大的手稿,希望在本地的复印店里复印。复印机将把大部分页面扫描到硬盘上留下了手稿的一个副本,这是你的知识产权”。[②]以上这一切被称为“电子面包屑”。现在这种电子面包屑随处可见,涉及每一个人。除此之外,智能手机人人拥有,微信的摇一摇和寻找附近的人等功能可进行定位。微信有允许陌生人查看 10 张照片的设置,也可以通过 QQ 好友和手机号搜到自己。还有网上的各种测试活动,如测试前生是谁;测试你的心理年龄等,但测试时输入姓名、手机号码、生日,会被存入后台,可以拼接完整的个人信息。也曾多次发生个人微信被盗,被到处在朋友圈借钱的现象。这一切都是电子信息时代隐私的自我遗失。

三、高技术与隐私侵权形式

1. 数字化

在新技术中,信息体现为数字。数字是相互分散的、非连续性变项的数目。电话曾经以模拟系统为基础,因为声音是一种波。而通过数字转换,电话变成了二进位制,精确性和可控水平显著提高。这一变化也产生了带有声像系统的数字化计算机。新媒体的技术基础就是数字化技术的发展。数字化为搜集、加工、传播、利用个人数据提供了方便,同时也为隐私侵权行为提供遮羞布和避风港。隐私在网络环境中一般表现为数据信息,而对于数字信息的攫取,人的罪恶感几乎为零,因此,当人们面对一串数字和字符时,贴来贴去,可以肆意为所欲为。

2. 原生化

隐私不再限于事实的描述,也不是甲传乙、乙传丙,口耳相传方式将芝麻变西瓜、西瓜变芝麻的脱离原型的状态,而是情境化体现。窃听的录音、偷拍的图片甚至是录像,直接再现原生化的隐私。璩美凤性爱录像肆意在网上传播曾一度被炒得沸沸扬扬,这是隐私传播表现形式的突出体现。以就医事件来讲,现在许多大中城市的医院科技化配置程度越来越高,在门诊候诊过程中全是电脑管理,候诊人员名单被输入电脑,在候诊大厅挂有电子显示牌和呼叫话筒。一个病人结束就诊,后面的病人会自动跟上。这种配置提高了效率也避免人为插队现象,就诊透明了,但就诊人的隐私也被牺牲掉了,尤其是在特殊门诊,自己的名字被高高亮示,难免尴尬和不舒服。

---

① [美]Robert Vamosi:《个人信息保卫战——高科技时代的隐私担忧与防护策略》,姚军等译,机械工业出版社 2012 年版,第 87 页。

② 同上书,第 88 页。

手机成为移动媒体终端，这种原生化变得愈发明显。微博微信平台随时可以输送信息。包括谷歌眼镜可以实时直播，这在后面将具体论述。

3. 同步化

当年克林顿夫妇送女儿第一天上大学时，保镖在四周执行警务用随身电话通话的内容被窃听并被录了下来；在网上通过城市安装的电子眼可以看到任意一段街道的行人甚至每家的窗子和大门；当一个人在用手机通话时，跟踪台可以确切地知道他在何处；网络隐私侵权已是一个不争的事实，你在一个隐秘的地方，只要你在网上，通过 IP 就可以知道你藏匿何方；你试图用厚厚的窗帘隔绝外界，保护你的个人隐私，可红外线监视设备能够穿透你的房屋，辨别物体在 0.18 摄氏度之间的微小差别，你的体温就是一个活的指示仪，人完全成了“透明人”。传统的隐私有滞后性，而技术化生存状态下，人的私人生活被技术被动地纳入到公共生活之中，因此隐私侵权与隐私行为是同步发生的，人人变得无处可逃。

尤其微信、微博、QQ 等交流交往技术的发展，让同步化更加明显，因为交流交往的实时性，甚至监控设备随时随地地设置，监视着人的一举一动。此外，物联网技术的发展让网络跨越了虚拟空间，已经连接到现实的物理世界之中，每个人都身处其中，每个人都可能被现场直播。

第三节　高技术下隐私侵权的危害

高技术条件下的隐私侵权比传统情况下的隐私侵权更有危害性。因为隐私侵权主体遍布周围，任何人都可以随时随地对他人的私人生活空间进行侵犯。隐私权受到侵害和威胁，影响着人们的日常生活，使名誉与尊严受到侵害，影响人们对未来社会发展的信心和自我价值的认同，甚至危害到人们生命和财产安全。

一、表现之一：日常生活受到干扰

隐私侵害会破坏和挤压私人生活空间，必然影响人们的自由和自在的生活。例如找工作，并没有投过几次简历，但有数不清的公司纷纷打电话推销产品，让人不胜其烦。刚刚买了房子，钥匙还没到手，就有不少建材厂商、搬家公司打电话，会问要不要买家具、建材。刚生完孩子，孩子还没接回家，数不清的婴儿用品的广告就寄到家里了。这一切干扰了人的正常生活。公司老板要在办公室里安装摄像头，监视员工的工作情况，让员工提心吊胆。有的学校以防范考试作弊、加强校内管理为名，安装闭路电视监控设备，以至于学生的一举一动尽在其监控之内，影响了学生自由自在的成长。

由于互联网络的发展，人们对网络的依赖日益强烈，日常工作、生活和交友等都可以在网上进行,网络空间成为私人生活空间的一部分。但是在互联网上,网民的隐私正受到肆无忌惮的窥探和掠夺——那些频频见诸报端的网友侵害、网上诈骗、网上敲诈等令人触目惊心的罪行,无一不是从看似无所谓的窥探受害者的隐私开始的。[①]网上空间受到侵扰,其实也是日常生活受到干扰。

通过网络引发的重大隐私侵犯和侮辱事件日益增多,"艾滋女"事件就是一个典型。2009年10月12日一位自称来自河北容城县的女子闫德利,在自己的博客上公布了279名曾与自己发生过性关系的男性手机号码,并称自己身染艾滋病。所谓的"性接触者号码"在一夜之间传遍全国各大论坛。2009年10月16日,河北警方查证确有闫德利其人,但闫德利三次检验均显示未感染艾滋。2009年10月19日,闫德利在接受记者采访时表示,博客照片只有其前男友杨某留存。2009年10月23日,容城警方在京宣武某小区抓获闫德利前男友杨某,"艾滋女事件"告破。这是一个利用网络侵犯隐私引发犯罪的典型案例。

当前网络的人肉搜索功能也扮演着正义和邪恶的双面角色。人肉搜索引擎是在一个社区里面提出一个问题,由人工参与解答的搜索机制。实质上是通过广聚五湖四海的网友力量收集信息的方式,由遇到困难的人提出问题,而有这方面知识或者线索的人就对其解答、分析,是一种问答式搜索。百度知道、新浪爱问、雅虎知识堂从本质上说都是人肉搜索引擎,也是应用这种针对性的人工参与方式。

二、表现之二:名誉和尊严受到损害

隐私侵权危害的大小在于隐私主体承受的侵害后果如何,涉及主体尊严和名誉的隐私一般是核心隐私或重要隐私,因此名誉和尊严受到侵犯是隐私侵害较严重的方面。

例如在厕所、旅店的房间、澡堂和更衣室等地方安装摄像头偷拍后制成光碟、照片在网上恶意扩散或非法占有涉及个人名誉、尊严的信息,用于谋取非法利润,会对当事人造成极大的伤害。包括数码相机、照相手机等电子设备也能直接侵害人的隐私,使人的私密行为直接暴露于众目睽睽之下,使人的名誉和尊严受到损害。在互联网上经常有人上传利用照相手机偷拍来的女性隐私部位的照片,甚至裸露胸部的照片将面孔也摄入画面,对当事人带来巨大的心理压力。

2001年12月,台湾《独家报道》周刊向读者随刊发行了别人偷拍的前新竹市文化局局长璩美凤与人偷情的性爱光碟。虽然当局马上查封了《独家报道》杂志和性爱光碟。但在很短的时间内,就有人把光碟的内容发送到了互联网上,从而引发了波及整个世界的璩美凤性爱光碟案。璩美凤事件充分表明了人们对窥视他人隐私的欲望有多么强烈,侵害隐私有多么方便,当事人受到伤害有多么容易。

---

① 赵水忠:《谁偷窥了你的网络隐私》,电子工业出版社2004年版,第1页。

目前，全球各地针孔摄像机的空前大流行。随之而来的，则是网民隐私信息在互联网上的前所未有的大暴露。从2002年3月开始，在深圳、广州、杭州、北京、沈阳等几乎国内所有的大中城市，都有人开始销售多种型号、规格的偷拍器材。这些针孔式摄像头大都只有指甲盖般大小，镜头只有圆珠笔芯一样细，价格低廉，可以很简便地与摄像机或监视器相连，而且还可以连接到电脑上。面对这些设备，人们的尊严将不断受到挑战。

三、表现之三：财产受到损失

传统隐私受到侵犯很大程度上是影响人的情绪、尊严和名誉等，而隐私受到侵犯使当事人财产受到损失是高技术条件下产生的新的隐私侵害后果。

曾经在银行的自动取款机上，在进行每笔业务前都有一段友情提醒的文字："在你取款时，请观察周围或身边是否有人窥视，请保管好你的相关信息，以免财产受到损失。"这是电子商务、电子交易中产生的新的隐私问题。包括利用网上虚拟银行套取私人银行账号信息，而从银行中提款的案件也时有发生。"垃圾短信和骚扰电话并不是最严重的后果。"瑞星安全专家指出，不法分子有可能利用网民的身份证号码、复印件、电子扫描件等信息冒名申请电话卡或信用卡，并恶意透支。除此之外，像汽车驾驶证、行驶证等信息，也可能被不法分子利用伪造"套牌车"。届时，该"套牌车"的所有违法行为，均将记录在被"套牌"的车主名下。用户资料的失窃很有可能意味着用户账号内的虚拟财产被滥用，企业也将面临巨大的经济损失。

消费者在网上通讯、购物、注册过程中，会将一些个人资料如姓名、身份证号码、电子信箱地址、信用卡号码等存储在网站上。这些重要的个人资料，其安全性并不乐观。有的网民被黑客盗走上网账号和密码，造成经济损失；有的收费电子信箱地址被不法商家掌握，信箱内充斥大量"垃圾邮件"；有些个人账号和密码资料甚至被人盗用进行疯狂购物、赌博，造成被害人损失巨额财产。目前，记录消费者个人信息正成为电子商务的普遍趋势。电子商务必须是基于数据库的，而这种数据库通俗地说，就是消费者个人信息或者个人隐私的集合库。如果这个数据库被别有用心的人获得并恶意滥用也具有潜在的威胁。举一个作者亲历的事情，一位朋友在接到联通公司通知，要求他交纳200元欠费。他迷惑不解，自己从来都是按时交费的，经查，是有人利用他的私人信息又另办了个手机卡，是别人使用手机产生的费用，最终他不得不替别人买单。

盗取QQ号，向原QQ号码主人的亲朋借钱的事情屡屡发生，现在微信头像被盗取，也会发生利用微信平台向朋友圈借钱的事件。经常有人在微信或QQ中发文提示：如有人通过微信或者QQ借钱，请您打电话向本人核实。

2014年12月29日，央视《焦点访谈》播报了一位通过接收航班延误的短信，被骗走17万元的事件：家住贵州省贵阳市的张女士，2014年8月7日在网上给朋友订购了一张海南航空公司从贵阳飞上海的机票,第二天下午她收到了一条短信:"您乘坐的航班由于机械故障,因故不能正常起飞,为了不耽误您的行程,请与客服联系改签或者退票,此外每位旅客还将补偿200元的航班延误费。"短信客服电话是一个400开头的电话号码。张女士看信息都是对的,也没多想,就直接回了电话。航空公司的客服告诉张女士,要是改签机票,她需要再交20元的改签费。不过由于航班故障无法正常起飞,航空公司将赔偿张女士200元的飞机延误费。张女士看对方对自己的航班信息说得很准确,并没有产生怀疑,就开始按照对方要求配合操作,给账号、输验证码并提供了另外一张账号,同样按照"客服"指令操作,17万元都被转走。原来张女士定机票的信息是通过黑客转卖的,一条信息30元。后警方抓到了犯罪团伙成员。根据警方调查,这个骗子团伙不仅分工明确,各成员间还有着明确的分赃比例:ATM机取款的人可以得到1%的提成;刷pos机的人可以得到7%—9%的提成;将剩下的钱返还诈骗的组织者。诈骗的组织者将利润的30%付给诈骗的话务员,这个团伙犯罪金额达到2 500万元人民币。

以上案件的隐私信息泄露导致财产损失的典型案例,目前很多隐私侵权不是名誉上的侵权,而是相关金融账号和密码信息被不法分子利用,着眼于经济和财产上的目的。

四、表现之四:生命安全受到威胁

"对个人而言,网络隐私侵权轻则让你失去以往宁静的生活状态,造成心理负担,重则导致就业、个人事业、个人信用等方面的障碍,更有甚者可能危及你的人身安全。"①生命安全受到威胁是隐私侵权最为严重的侵害,也是极端的侵害。

许多人在探讨隐私重要性时经常谈到"爱米之死"事件。爱米·鲍娅是一位美丽的美国女孩,带着对新世纪的美丽憧憬极不情愿地离开了人间。杀害她的是她昔日的同学,枪杀爱米之后自杀。据称,凶手策划谋害爱米已两年之久,最终通过爱米的社会保障号码查到了她上班的地点。而社会保障号则是凶手以45美元的价格从一家网站购得的。痛失爱女之后,爱米悲伤的继父愤怒地说:谋杀从互联网开始。可见,隐私侵犯可能引发人间悲剧。

网上购物平台带来的潜在危险。也发生过因网络购物泄露信息招来杀身之祸。受害人刘艳是个不折不扣的网上"购物狂"、"淘宝控",无论是衣服、手提包、化妆品、护肤品,她都喜欢在淘宝网上购买。她是个要强的女孩,虽然经过自己的努力升迁为公司经理,薪水也水涨船高,可随着薪水的升高,压力也如影随形。刚开始,刘艳只是在网上买一些小东西,可是慢慢地,刘艳开始疯狂迷上了网购,而且,慢慢地她还发现,每次购物之后,她的心情就异常愉悦,身上的压力也随之减轻不

① 李伦:《鼠标下的德性》,江西人民出版社2002年版,第262页。

少。一个月下来，刘艳光刷信用卡支付网购就高达上万元。网上的东西良莠不齐，刘艳难免会买到不喜欢的东西，有时候她扫一眼，看不是自己喜欢的东西连包装都懒得拆，就随手丢在楼下的垃圾桶，因此而泄露了邮寄地址、姓名和手机号码等信息，被犯罪人盯上。通过跟踪观察，犯罪人获知刘艳是一名独身女人就假装快递入室实施抢劫，结果惨遭杀害。

刘艳事件是隐私泄露之后的极端案例，但也是不断发生的危险事实。

第五章　网络隐私与隐私权

网络隐私既是技术化生存条件下的新内容，又是高技术条件下的一个重要特征。网络隐私不同于日常生活中的隐私传播形式。由于网络传播速度之快，受众之多，一旦发生隐私侵权，后果不堪设想。而网络是基于无数电脑而形成的信息之网，个人参与了公共网络空间的建构，没有无数个体的参与就没有庞大公共的网络的构建。尤其是4G技术飞速发展，无线上网可以随身体验极速网络，通过4G手机进行的网络互动可以随时随地进行。人们通过计算机网络居家购物、远程医疗、电子通信享受生活极大便利的时候，一切个人信息都被记录在案了。同样，网络这一现代科技为我们提供无穷便利的同时，工作和家庭，公共空间和个人隐私之间的界限却日渐模糊了。在未来的发展中网络设备在社会生活中将无所不在，收集和分析个人的能力将以几何级数的速度增长。网络运行具有“隐性机制”，可以被不同目的的人所利用，同时网络作为强大的信息载体，使通过网络的任何信息一旦肆意传播就会难以控制。因此，网络隐私和网络隐私侵权问题愈发显得特殊、复杂而又重要。

第一节　网络隐私及其网络隐私侵权

一、网络发展与数字化生存

1. 数字化：技术化生存的特殊形式

技术化生存有着与自然生存和工业化生存不同的特质，而数字化生存又是技术化生存的特殊形式。特殊性表现在：一是数字化生存是技术化生存的主要形式；二是数字化生存状态表现为虚拟空间的生存。

数字化生存是人们依赖数字化技术进行生存。数字化技术可以将各种形式的信息和符号转化成数字信息和数字符号。“数字化革命是信息史上的一次伟大革命，并将引起一场巨大的产业革命和社会革命，再一次改变人类的生活和工作方式。”[①]数字化生存最典型的方面就是网络技术的应用。在网络空间中，人的隐私与传统隐私相比发生了巨大的改变。

从数字化生存的影响层面看，数字化生存带来的不仅仅是物质层面的改变，最重要的是技术化生存带来的全球数字化在文化层面的影响和对社会心理层面的冲击。这种冲击对私人生活空间与公共生活空间的重新界定和建构必然产生影响。

黑格尔曾说过：“密涅瓦的猫头鹰只有在黄昏之际才会飞翔，反思的力量只有在事后才会涌现出来。”但是深处数字化生存之中，不能去做事后的反思，要对全球数字化浪潮进行把握和研究，以更好地维护人的尊严和主体利益。

2. 网络化：数字化生存的现实模式

数字化生存作为一种现实的生存模式有其重要的特点。从建构上看，数字化是数字化生存的内在形式；从现实依托上看，网络化是技术化生存的现实模式。数字作为隐私信息的物质载体，方便了隐私物化为网上信息，而网络是隐私得以传播和窃取的重要途径。数字化和网络化是一个问题的两个方面，没有数字化就没有网络化，没有网络化，数字化就无法实现。

现代信息技术是数字化技术的集中体现，最突出的就是互联网的普及。自1969年阿帕网实验成功到20世纪90年代因特网席卷全球，网络在世界上日益深入到人们生产、生活。以我国为例，1990年10月我国在国际互联网信息中心的前身DDN-NIC注册登记了我国的顶级域名CN，开通了国际电子邮件服务；1994年我国被国际社会正式承认为有因特网的国家。据CNNIC调查，2014年年底网民数量6.48亿。计算机网络已在政府、企业、学校和各类公共服务机构广泛应用，并正在走进千家万户。

网络是一个没有中心、国界模糊的全球一体化空间，依靠数字化传播。人们称网络社会为“卷宗社会”同时又称虚拟社会，虚拟社会与现实社会是不同的。互联网作为媒介和载体，为人提供了全新的生活场域，它所构架的网络空间又叫“赛博空间”也就是虚拟空间。在网络中，网上信息浏览和交流可以同时交互进行，但人与人之间的现实距离却可能是万里之遥。网上体现的空间并非真正的现实空间，是现实空间在技术条件下的折射。

二、虚拟空间与网络隐私

1. 虚拟空间不虚拟

虚拟空间之所以称之为“虚拟”，是借助网络技术而实现的对现实的虚拟。计算机网络空间是作为一种以计算机技术、通讯网络技术和虚拟现实技术等为基础建立起来的多维信息空间。人们在现实世界中所熟悉的信息接受、处理、传

---

① 刘吉、金吾伦：《千年警醒：信息化与知识经济》，社会科学文献出版社1998年版，第78页。

播方式和信息本身的生产和存储方式都将以数字化形式出现,并通过一系列的数字化的过程而反映出来。在形式上,计算机网络是虚拟的,虚拟空间不是真实的,是摸不着的,但又是确确实实存在的。作为网络空间,它又是真实地存在着的一种数字化的现实,与人生活的现实有着密切的联系,为人所用,给人们带来便利,同时也带来麻烦甚至损害。隐私侵权行为借助高科技手段也表现出新的形态和新的形式。

网络不仅仅是技术,也是一种文化。“互联网的最大成功不在于技术层面,而在于对人的影响。”①网络进程风起云涌,对人类社会产生巨大的影响,改变着人类的生活方式,价值判断和行为方式。网络能包容人意识的产物,并能同时被多个人在不同的地方分享。从应用的意义上看,网络的虚拟空间“不虚拟”,是人类为自己拓展的新的空间,它参与了现实生活的构建,对人类的社会生活造成实质性的影响。网络对社会的影响是双向度的,即一方面对社会政治、经济和文化产生巨大的促进作用,同时对人类社会生活也会产生负面影响。促进作用体现在:经济发展、社会进步、文化内涵增加;负面影响体现在:容易导致人的道德行为失控、网络犯罪、人情隔膜、情感危机、人性异化。

2. 网络隐私无隐私

网络隐私本身是一种新的隐私形式,“网络隐私无隐私”真正内涵是指在网络空间中人的私人生活空间极容易受到侵犯,隐私很容易遗失或被窃取。

网络在私人生活空间方面形成一个悖论——网络创造多少私人空间就会丧失多少私人生活空间。在网络这个“虚拟空间”中,可以实现私人生活空间和公共空间的二元交叠。在网络中,人可以建立私人生活空间,同时与他人进行互动。从逻辑上讲,虚拟空间的私人生活空间和社会公共空间在网络空间中清晰地分界得以实现。但是最安全的地方恰恰最危险,因为私人空间和社会空间的界限清晰,一旦被人闯入私人生活空间,隐私就会暴露得一览无余。而在现有的技术条件下这恰恰是极容易办到的事情。赵水忠在《谁偷窥了你的网络隐私》一书全面地揭露了网络隐私泄露问题,一句话道出实质:“你浏览网络,网络也浏览你。”②ICQ、邮件、“网络窥探虫”等都是监视你的方式。“网络的发展有可能使我们的社会变成没有隐私的社会。”③网络实质上是最无隐私的地方,现代高科技对隐私影响的很大因素就在于网络的影响。网络技术的发展对人隐私的侵犯日益成为显现和重要的社会问题。

---

① 郭良:《网络创世纪——从阿帕网到互联网》,中国人民大学出版社 1998 年版,第 162 页。

② 赵水忠:《谁偷窥了你的网络隐私》,电子工业出版社 2004 年版,第 49 页。

③ 李伦:《鼠标下的德性》,江西人民出版社 2002 年版,第 259 页。

三、网络隐私及其隐私侵权

1. 网络隐私的内容和隐私权的基本特征

虚拟社会毕竟是现实社会的折射，虚拟生活也是现实生活的反映。但是，虚拟空间是人类拓展的空间，网络社会的隐私与现实社会隐私也有不同之处。传统的隐私内容包括姓名、生日、身份证号、婚姻、家庭、教育、病历、职业、财务状况、个人交往等。而在网络里，个人隐私主要以“数字”的形式表现。网络出现新的隐私内容：一是个人登陆的身份、健康情况。网络用户在申请上网开户、个人主页、免费邮箱以及申请服务商提供的其他服务，如购物、医疗和交友等服务时，服务商往往要求用户登录姓名、年龄、住址、身份证、工作单位和健康状况等内容；二是个人信用和财产情况，包括信用卡、电子消费卡，上网卡、上网账号和密码，交易账号和密码等；三是邮箱地址（E-MAIL）、网络名称（DO MAINNA ME）、网络通讯协议地址（IP）等都成为隐私内容；四是网络活动踪迹，个人浏览内容体现了其阅读喜好和品味，可以形成对该人的价值评判，因此也是重要的隐私内容；五是电子商务或者网络购物活动。这也是近些年来隐私侵犯得以猖獗的重要方面。

网络空间与现实空间有很大的区别，“私人领域具有排他性、独占性、非竞争性，但媒体覆盖、个人对个人的交流却把私人领域演化为公共注目下的社会产品”①。网络生存使私人领域公共化。正因为如此，网络隐私权更容易受到侵害。任何权利都体现为一定的社会关系，它应该受到道德或法律的保护。高技术条件下的网络隐私权实际上是一种重要的但又是十分脆弱的权利，敏感、脆弱的权利更需要也更应该受到保护。网络隐私权也是基于公民享有的私人生活安宁与私人信息受到保护，不被他人非法侵扰、知悉、搜集、利用和公开的权利。但是在网络隐私权中，按现实空间的权利规范来管理网络，又势必降低网络空间信息共享带来的方便、快捷和效益，二者的矛盾也是需要解决和协调的。

2. 虚拟社会条件下的隐私侵权形式

E-mail 地址被商业性或非商业性的滥用，或者受到恶意的攻击；重要的用户名和密码流失后被恶意的使用；姓名、地址以及生日等个人资料流失后，被用来作为推断一些重要的密码；姓名、家庭地址、家庭电话等个人资料流失后，被用于不正当的商业用途，或被别有用心的人用于从事违法或犯罪活动；完整的个人资料流失后，可能被用于克隆完整的个人档案，用于犯罪活动，如伪造身份证、信用卡诈骗等，这些都是网络环境下的侵权方式。更令人无法防备的是，由于个人信息带给有些企业的商机，有些软件开发商在计算机中设置的程序，可以从人的每一次击键、发送的每一条信息、敲出的每一个词以及访问的每一个网站里收集到个人的有关

① 张彬、庞淘：《网络生存与社会控制》，《学习与探索》2000 年第 6 期。

信息。

归纳起来,网络隐私侵权形式主要有以下几种:一是收集私人资料赚钱,包括个人在网上体现的一切信息。二是黑客行为。侵入他人电脑或邮箱,窥视他人隐私或者以盗取银行卡号码和密码为目的。三是恶意公布、传播他人信息。经常看到这样的报道:某女的私人电话被公布到色情网站上,被莫名骚扰和言语侮辱的事件。四是系统软件的监视。例如COOKIES技术在软件中的应用,可以对用户在该网站的各种活动、浏览习惯和消费习惯进行记录,甚至可以详细到用户所浏览的每一个链接内容。也是公司经常对雇员监督的手段,用以制止公费上网和利用公司网络干私活现象。五是网站服务的同时侵害用户的隐私权。例如电子邮件从发送到收取要经过几个服务器,在其中任何一个中转点,未加密的邮件信息都可能被人偷看并被传播。六是大量的垃圾邮件,影响了人的工作效率和心情。

3. 网络隐私的侵权危害

网络环境隐私侵权的危害一方面在于对隐私主体的危害,也是表现在日常生活受到干扰,名誉和尊严受到损害,财产受到损失和生命受到威胁。

另一方面网络隐私侵权危害在于操作层面上的。主要表现为:一是计算机网络的全球性和信息传输的快速性决定了网络侵权影响的范围之广,速度之快,使人的隐私伤害加大。二是网络侵权责任主体的界定困难。一桩网络侵权案件不仅涉及网络内容的提供商(ICP),而且还会涉及网络服务提供商(IAP),如果载有侵权信息的网页被链接,其责任涉及范围还要更加广泛,其责任认定也将更为复杂。三是由于网站内容容易被更改和删除,因此涉及网络侵权的案件在审理过程中取证非常困难。

第二节　公共性与私人性的悖论

个人性与公共性的悖论在网络隐私上具有多方面的体现。

一、网络隐私媒介载体:虚拟性与现实性的二元交叠

互联网具有去中心化、开放性的特点,以其作为媒介载体,为人提供了全新的生活场域。网络以其广袤性和虚拟性而为人提供了一个自由游弋的空间,它所构架的网络空间又叫“赛博空间”,也就是虚拟空间,这个空间借助虚拟信息技术与现实生活形成二元交叠。有学者将信息社会、虚拟现实与网络世界的复合体称之为第四世界(世界4)。[①]网上体现的空间并非真正的现实空间,是现实空间在技术条

① 张之沧:《自然世界的飞跃——第四世界》,《自然辩证法通讯》2003年第1期。

件下的折射。但从应用的意义上看,网络的虚拟空间“不虚拟”,是人类为自己拓展的新的空间,它参与了现实生活的构建,对人类的社会生活造成实质性的影响。很多发生在网络上的事件都有现实生活中的真实原型,很轰动的“躲猫猫”事件就是一个很好的说明。2009年2月8日下午,云南省晋宁县一个普通的看守所发生一场悲剧:据当地警方说,因盗伐森林被拘押的24岁男子李荞明和同监室的狱友在天井里玩“躲猫猫”游戏时,遭到狱友踢打并不小心撞到墙壁,导致“重度颅脑损伤”,送医四天后不治身亡。当这则新闻在网络上流传开来时,网友们对警方这个荒唐的解释义愤填膺,纷纷发帖进行调查讨论。关心这件事情的人们聚集在天涯论坛凯迪社区的网络公共领域,自由地发表自己的看法。由于事情的敏感性,这种讨论逐渐走出网络,开始引起社会以及政府的注意,最终,涉嫌此案的同室狱友及相关民警得到相应的惩罚,至此,由网络生发的事件在现实中得到了圆满解决。

网络的虚拟性与现实生活的鲜活性构筑了人类活动新的空间形式。互联网将人类带入一个新的数字时代,方便了人类交往和信息交流,但网络是个双刃剑,在“扬善”的同时不可避免地“传恶”,是亦正亦邪的混合体,在隐私问题上就有明显体现。虚拟空间中的隐私侵权比传统情况下的隐私侵权更有危害性。因为隐私侵权主体遍布周围,任何人都可以随时随地对他人私人生活空间进行侵犯。以虚拟技术为基础构架的网络空间信息传播机制超越了真实的物理空间的信息传播,“好风凭借力,送我上青云”,借助这个特殊媒介空间,隐私事件不断被网络媒体引爆大众眼球。从陈冠希的艳照门,到章子怡的海滩阳光浴,不仅名人隐私被窥视,网络这个无中心化的媒体对于普通人同样同等待遇:“舟山艳照门”、“局长香艳日记门”等系列事件层出不穷,媒体的窥私行为也不断激起观众的兴奋点。虚拟性与现实性的二元交叠构架了隐私传播的有力温床。

二、网络隐私空间场域:私人空间与公共空间的两难划界

隐私是私人生活空间的重要内容也是其核心部分,它与公共生活空间、公共生活领域中的公共事务、活动及相关信息是相对应的。随着社会的发展进步,人对于私人生活空间范围内的个人自由的追求越来越强烈。但私人生活并不像从字面意义去理解的那样总是与社会相离异,相反,私人生活从来就是社会的重要构成部分。德国学者汉娜·阿伦特认为,在古希腊的城邦中已经存在着“私人领域”和“公共领域”的划界。私人领域主要涉及家庭生活和隐私,公共领域则涉及城邦的公共事务。哈贝马斯也认为,自古希腊以来,社会就有明确的公私划分,公代表国家,私代表家庭和市民社会。到近代以来,在私人领域之中诞生了公共领域,才有了真正意义上的公共性。按照哈贝马斯的界定,“所谓公共领域,我们首先意指我们的社会生活中的一个领域,某种接近于公众舆论的东西能够在其中形成。向所有公民开放这一点得到了保障。在每一次私人聚会、形成公共团体的谈话中都有一部分公共领域生成。然后，他们既不像商人和专业人士那样处理私人事务，也不像某个合法的社会阶层的成员那样服从国家官僚机构的法律限制。当公民们以不受限制的方式进行协商时，他们作为一个公共团体行事——也就是说，对于涉及公众利益的事务有聚会、结社的自由和发表意见的自由。在一个大型公共团体中，这种交流需要特殊的手段来传递信息并影响信息接受者。今天，报纸、杂志、广播和电视就是公共领域的媒介。当公共讨论涉及与国务活动相关的对象时，我们称之为政治的公共领域，以相对于文学的公共领域。”①

从逻辑上和技术上讲，在虚拟空间中私人生活空间和社会公共空间二者的分界能够实现。但是最安全的地方恰恰最危险，一旦突破私人空间和社会空间之间的界限，私人生活空间就会没有任何屏障，隐私就会暴露得一览无余。而在现有的技术条件下这恰恰是极容易办到的事情。网络已经不再是一个封闭的私人空间，是一个弥散到整个社会的一个公共空间。在高技术条件下任何普通人都可能成为侵犯别人隐私的主体。因此，在网络空间中私人空间和公共空间的划界是一个两难问题。

三、网络隐私理论困境：个人理性与公共理性的矛盾冲突

网络隐私问题蕴涵着人的深层次的矛盾，即：个人理性与社会理性之间的矛盾和冲突。

理性是西方哲学中的一个重要概念，通常以表示推出逻辑结论的认识的阶段和能力的范畴。“18世界法国哲学家将理性从认识论范畴引申到社会领域，认为凡是合乎自然的、合乎人性的就是理性。把理性作为衡量一切的惟一尺度。”②在康德看来，理性是指在经验中无法达到的知识完备性和无条件性。康德认为，由于人类理性认识的辩证性力图超越自己的经验界限去认识物自体，误把宇宙理念当作认识对象，用说明现象的东西去说明它，这就必然产生二律背反。康德还认为，在实践理性和判断力中同样存在二律背反。在道德领域里，康德认为道德的普遍法则不可避免地要进入感性经验，否则就没有客观有效性，于是在人的身上必然发生幸福和德行的二律背反，二者只有在“至善”中得到解决。与个人意识和社会意识相对应，理性的二律背反在社会生活领域分化为个体理性与公共理性。

个人理性是私人生活领域里的理性，是有关自己生活的价值以及这些价值如何实现的理性，而公共理性是公共领域中的理性，是关于公共的善及其实现的制度创设的理性。公共理性是跟公共空间的成长密切相关的，公共理性是私人处理与公共空间关系的规则。罗尔斯认为：“公共理性是一个民主国家的基础。它是公民

① 汪晖、陈燕谷：《文化与公共性》，三联书店1988年版，第125页。
② 冯契主编：《哲学大辞典》，上海辞书出版社2001年版，第833页。

的理性，是那些共享平等公民身份的人的理性，他们的理性目标是公共善，此乃政治正义观念对社会基本制度结构的要求所在，也是这些制度服务的目标和目的所在。”①事实上，公共领域和私人领域都存在体现公共理性的力量，公共领域由于是公共权力活动的场所，因而天然地必须体现公共性，而私人领域是市民社会成熟基础上的产物，它发挥社会批判功能，体现参与和监督精神，因此它的存在有助于公共性的发扬。②隐私是私人问题，它也是重要的社会问题，人的自由、尊严的实现过程，也是人不断进步和发展的过程，更是推动社会进步的过程。罗尔斯的“公共理性”目的在于：“一个由自由而平等的公民——他们因各种合乎理性的宗教学说、哲学学说和道德学说而产生了深刻的分化——所组成的稳定而公正的社会之长治久安如何可能？”③一般而言，公共理性是基于个人理性基础上而产生和发展的，但个人理性与公共理性并不总是协同的。更多情况下体现在冲突和悖论。芬伯格在《技术批判理论》一书中提出了“发展的两难困境”问题：按照西方政治理论的一种古老传统，社会不能同时实现公民道德和物质繁荣。所谓“发展的两难困境（the dilemma of development），即在公共领域和私人生活中所追求的两种最高价值之间的相互排斥”④。

早在20世纪60年代，美国经济学家曼瑟尔·奥尔森的《集体行动的逻辑》以理性“经济人”为前提，深入剖析了集团（组织）成员在寻求集体物品时的心理动机，即典型的搭便车心理，在这种理性动机的驱使下，每个集团成员并不会自发地为集体物品而奋斗，以使最终每个人都需要的集体物品总是得不到满足，并且这种状况在越大的集团里越普遍，由此构成大集团集体行动的困境，奥尔森的集体行动理论预示着个人的理性往往会导致集体无理性。当前我国社会功利主义与实用主义盛行，由此导致的这个社会是经济思维强势主导下的个人理性主义泛滥的社会，社会的每个人都是一种理性人的行为，由此导致了社会的集体无理性，亦即整个社会公共责任的缺失。这个问题在网络隐私方面具有更明显的体现。公共理性与私人理性在网络这个虚拟空间中相遇，通过网络这个特殊媒介的作用二者表现了更激烈的矛盾和冲突。每个人都想有自己的隐私，而越强烈渴求隐私而愈发没有隐私可言。

这种个体理性行为和公众无理性行为在网络隐私上体现了一种异化，即强大的个体理性被无向度的公共理性所湮没。在隐私上表现为隐私主体价值向隐私群

---

① ［美］约翰·罗尔斯：《政治自由主义》，万俊人译，译林出版社2000年版，第225页、导论第13页。

② ［德］哈贝马斯：《公共领域的结构转型》，曹卫东等译，学林出版业社1999年版。

③ ［美］约翰·罗尔斯：《政治自由主义》，万俊人译，译林出版社2000年版，导论第13页。

④ ［美］安德鲁·芬伯格：《技术批判理论》，韩连庆、曹观法译，北京大学出版社2005年版，第167—168页。

体价值的转移，在现实社会中表现为隐私的异化和商品化。当然，个人理性也有强势于公共理性之时。网上自曝隐私事件层出不穷。如木子美、芙蓉姐姐、竹影青瞳、流氓燕等把个人隐秘的事件甚至赤裸的两性生活放到博客上任由人浏览，以强大的个人理性挑战公众理性底线，这是网络隐私异化的另一种体现，也是个人理性与公共理性冲突对抗的现实体现。

四、网络隐私权利限度：法律与道德的双重构架

由于网络隐私问题来源于私人性与公共性的矛盾，因此隐私权的限度更多地表现为个人利益与公共利益之间进行的博弈。

在网络发展缺乏立法基础，隐私保护法还不完善的情况下，在虚拟空间中什么样的伦理规范是更为合理、更为完善的，这就需要公共理性的判断与抉择。“伦理学研究的是‘应当’。它是以所设定的理想状态为参照系来看待现存的风俗与习惯，看待当前的伦理状况的，从而达到臧否当前伦理现实的目的。”①网络作为一个特殊的公共空间，我们应该遵守什么样的规则，这是公共理性必须要明晰的。“公共理性运作的结果，是产生一些公共的伦理行为规范，这是公共理性活动的目标。这些公共的伦理行为规范可以被称为‘公共善’，它们是一些维系人们社会关系的基本道德观念与价值，如权利、自由、平等、正义等。其中尤为核心的是权利的平等与保障，自由的限度及其与平等的矛盾，分配的公正及其与效率的关系。可以说，一社会对这些基本伦理规范所达到的公共理性的程度，标志着该社会的民主的成熟程度，文明的发展程度。”②人类社会的发展离不开公共理性所建构的“公共善”，但在某个历史节点上公共理性也会偏离了这种“公共善”，趋向一种“公共恶”。这时候，道德、伦理、价值层面已经不能架构社会安全的空间，必须要法律的介入，在缺乏法律的基础上要积极立法。

在网络空间中，惟有通过法律与道德的双重架构才能清晰而准确地界定隐私权的限度。个人隐私体现的自我尊重的需要、个人权利的需要和自由思维的需求才能得到满足，网络隐私问题才能得到现实的解决。

---

①② 陈嘉明：《个体理性与公共理性》，《哲学研究》2008 年第 6 期。

第六章 “人肉搜索”与隐私侵权

“人肉搜索”也是网络隐私侵权内容之一，因其具有特殊性，而且对隐私的影响直接而且产生严重后果，因此单列一章来探讨。最高人民法院 2014 年 10 月 9 日公布《最高人民法院关于审理利用信息网络侵害人身权益民事纠纷案件适用法律若干问题的规定》（以下简称“《规定》”），该司法解释于 10 月 10 日起施行。该《规定》尽管只有 19 条，但内容包括了“有偿删帖”、“网络水军”、“搜索敲诈”以及“微信传谣”等网上侵权今后都将纳入“法网”监督。根据《规定》内容，“网络用户或者网络服务提供者利用网络公开自然人基因信息、病历资料、健康检查资料、犯罪记录、家庭住址、私人活动等个人隐私和其他个人信息，造成他人损害，被侵权人请求其承担侵权责任的，法院应予支持。”这是从国家法律层面向隐私侵权做出的禁止与处罚。

第一节 “人肉搜索”技术与隐私侵权

互联网具有去中心化和共享性以及交互性。尤其是网络搜索引擎功能的开启，百度百科、维基百科等信息搜索服务功能以及网民通过视频共享网站、博客、微博、微信等参与互联网建设，形成“参与式互联网”（也称 web2.0）为搜索引擎提供可能。网民不是信息的受动者，而成为信息的建构者和传播者，这是技术为搜索提供的平台保障。

一、关于搜索引擎技术

寻找搜索引擎技术的渊源，最早可追溯到 1990 年，由蒙特利尔的麦吉尔大学（McGill University）的三名学生（Alan Emtage、Peter Deutsch、Bill Wheelan）发明的 Archie。Archie 可以说是现代搜索引擎的祖先，它是第一个自动索引互联网上匿名 FTP 网站文件的程序，当然，这还不是真正的搜索引擎本身。Archie 是一个可搜索的 FTP 文件名列表，用户必须输入精确的文件名搜索，然后 Archie 会告诉用户哪一个 FTP 地址可以下载该文件。由于 Archie 深受欢迎,受其启发,搜索引擎技术开始流行。

搜索引擎技术与传统的信息检索是具有相关性的,搜索引擎的组成包括四个部分:信息采集器(Spider 或 Crawler)、索引数据库(Indexdatabase)、检索索引库的检索软件(Search engine software)和用户接口四部分。其原理是经过“搜索信息—整理信息—接受查询”的过程。

搜索信息是搜索引擎利用“蜘蛛”(SPIDER)系统,也就是一种特定规律的软件跟踪网页的链接,从一个链接爬到另外一个链接,像蜘蛛在蜘蛛网上爬行一样,所以被称为“蜘蛛”,也被称为“机器人”。当然,搜索引擎蜘蛛的爬行是被输入了一定的规则的,它需要遵从一些命令或文件的内容。

“蜘蛛”(SPIDER)系统从互联网上自动收集网页数据,并将爬行的数据存入原始页面数据库。然后系统按照相关规则编排信息并保存。其中的页面数据与用户浏览器得到的 HTML 是完全一样的。搜索引擎蜘蛛在抓取页面时,也能够做一定的重复内容检测,当遇到权重很低的网站上有大量抄袭、采集或者复制的内容,很可能就不再爬行,这就是搜索引擎保证信息资源有效合理的筛选甄别技术。

在用户向搜索引擎发出查询信息之后,搜索引擎按照向用户回馈信息。反馈用户通过排名程序调用索引库数据,排名过程与用户直接互动。

搜索引擎是网站建设中针对“用户使用网站的便利性”所提供的必要功能,同时也是“研究网站用户行为的一个有效工具”。如 Google 搜索引擎(http://www.google.com)、百度中文搜索引擎(http://www.baidu.com)、新浪搜索引擎(http://www.sina.com.cn)、雅虎中国搜索引擎(http://cn.yahoo.com)、搜狐搜索引擎(http://www.souhu.com)、网易搜索引擎(http://search.163.com)等都是发展较早影响较大的搜索引擎。搜狗、360、腾讯等搜索引擎都是后起之秀。

二、“人肉搜索”:是技术也是行为

事实上,“人肉搜索”是搜索引擎技术的一种,但并不仅限于技术层面。“人肉搜索”是借助技术手段生长出的新事物,具有中国语言背景。最初起始于游戏空间,是游戏新手问询关于游戏补丁等相关攻略问题,并以一定数量的 MP(在游戏中,MP 通常指代魔法值,有时也叫“蓝”,是 MANA POINT 或者 MAGIC POINT 的缩写。在猫扑中,MP 是“Mop Power”的简称,是维持猫扑秩序,对用户行为进行有效管理的一种必要因素,也是让猫扑变得像游戏的因素;类似社区币,在猫扑中可以玩虚拟股票)作为酬谢。一些人为了赚取 MP 积极回答各类提问,回答者被称为“赏金猎人”。BBC 在报道中国“人肉搜索”时,曾直接将其翻译为“Human Flesh Search”,美国媒体用其幽默创造了一个专属名词“Chinese Style Internet Man Hunt”,即中国式的网上追捕。

2008年4月1日,谷歌(Google)在其中文网站首页上针对"人肉搜索"给出如下定义:"'人肉搜索'与刺青、美白、护肤、减肥等直接在人肉上施行的种种行为无关。顾名思义,'人肉搜索'就是利用现代信息科技,变传统的网络信息搜索为人找人、人问人、人碰人、人挤人、人挨人的关系型网络社区活动,变枯燥乏味的查询过程为一人提问、八方回应,一石激起千层浪,一声呼唤惊醒万颗真心的人性化搜索体验。'人肉搜索'不仅可以在最短时间内揭露某某门背后的真相,为某三某七找到大众认可的道德定位,还可以在网络无法触及的地方,探寻并发现最美丽的丛林少女、最感人的高山牧民、最神秘的荒漠洞窟、最浪漫的终极邂逅……'人肉搜索'追求的最高目标是:不求最好,但求最肉。"这个定义具有生动性也具有现实性,当然也带有戏谑的成分。就"人肉搜索"的行为本身而言,是具有悠久历史的行为,口耳相传、四处打听的八卦行为是"人肉搜索"的前身。只是借助技术手段将传统物理空间中传播的隐私搬到网络空间、虚拟空间。但由于借助了技术的力量,对信息主体的影响是非常之大的,网上的影响以几何级数扩大的效应影响着现实的生活。"人肉搜索"与传统的搜索引擎不同,"传统搜索引擎是将散布于网络各处的信息通过检索机制汇聚起来,更多地体现为'找'的技术;而人肉搜索更多的是'造'的技术,即通过对受众的信息需要进行定制而创造出来的信息"①。它是通过"发布搜索令—网民响应—搜索目标—锁定目标—回馈信息—汇聚信息"过程实现的。"在过去,种种自生自发的发展力量,无论受到多大的限制,通常仍能表明其强大无比,足以抵抗国家所具有的那种有组织的强制性措施。"②网络力量就是一种自发的力量,是散落的个体通过技术机制的整合,形成的不同于社会建制组织的力量。这种力量的分布是分散的,但凝聚成网络整体的时候却是强大的,无坚不摧。"'人肉搜索'本身作为虚拟网络空间的一种特定秩序,其并无内在价值需求,而仅作为一种自发机制存在并运行。同时,其虽无自身目标,却为不同的个人实现其各自的目的提供有助益的条件。"③

三、"人肉搜索"对隐私的侵害

相比于传统网络搜索引擎,"人肉搜索"引擎模式首先是依赖于人与人之间的信息互动和传递,是人与人之间六度分离在网络平台上的放大。人与人之间问答的互动最初是积极而善意的,也是网络互动和游戏参与的基本模式。从游戏空间蔓延到网络空间再影响到现实生活,"人肉搜索"是突然之间被引爆性地发展的。

---

① 乔丽娟、许力文:《浅析动态网站的交互性》,《科技信息》(教学科研)2008年第19期。

② [英]弗里德利希·冯·哈耶克:《自由秩序原理》,邓正来译,三联书店1997年版,第44页。

③ 朱娟:《作为自发秩序的"人肉搜索"——哈耶克二元社会秩序观的进路》,《西北政法大学学报》2009年第1期。

通过中国知网“人肉搜索”词条检索发现，学术界对“人肉搜索”的关注研究始于2008年，当年发表有关文章208篇，2009年高达428篇，后有所回落，但仍然被高度关注。有人从社会学、法学、道德论等角度去探讨，其中从隐私权范畴探讨“人肉搜索”问题占有一定比例。2008年7月16日《人民日报》第015版法治实践专栏以《“人肉搜索”：争论中的三大焦点》为题探讨了三个问题，其中第一个问题就是“是对个人隐私的侵犯吗？”回答是肯定的，认为“人肉搜索”与隐私侵权之间具有直接的关系。下文将结合具体事实，详细分析之。

第二节 “人肉搜索”的动因分析

一、信息获取

“人肉搜索”因其在技术上的便捷，技术实现原理的简单性，可以让每个人通过网络都会不可避免地留下印记。邮箱地址、IP地址、注册和浏览网站的信息，网上购物的注册信息等，这些都是获得人肉的基本素材。技术搜索引擎再加上人为跟帖反馈，将信息搜索变成立体空间的搜索行为，跟帖者提供信息，被后继者不断丰富而接近事实本身。这一方式为信息获取开通了绿色通道，这是“人肉搜索”最初也是最积极的动因。

二、追求正义因素

正义是能够掀起绝大多数人最大热情的字眼，正义善待善良与弱小，目标指向美好与平等，其反面是对不公与丑恶的对抗。“‘人肉搜索’的启动条件有两个：一是该事件本身具有挑动普通人神经、感觉的因素。二是发起的论坛有足够大的人气。在大规模的人肉搜索事件中，参与者多是基于义愤填膺。可以说，追寻真相与正义是人肉搜索最原始和强大的动力。”①

网络正义与现实生活中的正义是具有一致性的，但网络因其具有虚拟性，表达正义方式的隐匿性，因此也具有差异性。“网络正义的自我冲突正是来自其包含的本质和表达方式两个方面，可以说是内在人性对正义的保护和外在的表现对他人利益的侵夺。两者本可以兼得，但在网络正义中却矛盾激烈。从其表达方式的特点上看，集体性、言论性、隐匿性，三性相互融合后形成了一道无形却坚实的屏障。正是有这样的自我保护，从而使表达方式越来越偏激且不负责任。”②

---

① 杨速炎：《网络时代的人肉搜索》，《政府法制》2008年第15期。

② 岑丽媛：《“网络正义”的自我博弈——兼论隐私权与人肉搜索的冲突与发展》，《法制博览》2014年第7期。

三、追求利益因素

2008 年 3G 版 iphone 手机上线后，一位 ID 为 markm49uk 的网友在苹果爱好者论坛(macrumors.com)发帖称自己是英国人，买了一部 3G 版 iphone 后，在激活了手机后，主屏幕上显示的是一位微笑着的中国姑娘照片。这位网友还表示，他的新手机中还有另外几幅这位中国打工妹的照片。这个帖子引起围观和讨论，随即被国内部分网站和论坛转载，有网友猜测，该照片应该拍摄于苹果 iPhone 代工场富士康的深圳工厂内，照片主角应该是负责质检的员工。一些论坛转载并热议，号召对女孩进行“人肉搜索”。伴随这一事件的发酵，苹果公司新手机的销量有了明显的提高，也使富士康公司曝光率陡增，不断贴出富士康员工生活帖子，有效遏制富士康“血汗工厂”的言论。有人揭露这是利用“人肉搜索”的一次成功网络营销。此事虽未经证实是商家操控，但“人肉搜索”蕴含商业和利益元素在此事件中展露无遗。

“现在的网络营销中，不能期待网民们自发地进行‘人肉搜索，而应采取主动出击的方式，自己率先爆出若干信息发动“人肉搜索引擎”。推手们往往会披上马甲，通过各种渠道抛出被搜索对象的各种信息。他们可以利用博客独家爆料来吸引网友们眼球，可以利用论坛进行传播以引发讨论和瞩目，可以利用百度知道、新浪爱问等平台人为地放出真实性有待商榷的各种资料……’”①“搜索是人们在互联网上的最大需求之一，搜索引擎的排序推荐结果对于商业公司有巨大的利益，‘人肉搜索’是搜索引擎的版本之一，这就是‘人肉搜索’背后的商业逻辑”，奇虎公司总裁齐向东说。②

四、炒作目的

由于“人肉搜索”可以存在潜在的商业利益，因此人为性与目的性的成分越来越多。很多网站或者个人都会利用关注赚取各自的利益，通过人为炒作来操作“人肉搜索”。其模式是“引起话题—水军跟帖—引发关注—网民不断回帖—引起更多的参与和关注”。北京警方曾打掉网络推手公司——北京尔玛互动营销策划有限公司，这个公司在互联网上蓄意制造传播谣言、恶意侵害他人名誉，非法攫取经济利益，其中以网名“秦火火”和“立二拆四”的网络炒手为提高网络知名度和影响力，非法牟取更多利益，策划并制造了一系列网络热点事件。例如，郭美美澳门欠债 2.6 亿元的新闻是假的，而且就是他们深圳的公司负责炒作的。

五、恶意攻击

恶意攻击是“人肉搜索”侵害隐私最具有破坏力的一个因素，“如‘7·23’动车

---

① 《“人肉搜索”背后的商业秘密》，《东西南北》2013 年第 15 期。

② 王永强：《“人肉搜索”看上去恐怖但却纯洁》，《中国经营报》，2008 年 5 月 5 日，第 A10 版。

事故发生后,故意编造、散布中国政府花2亿元天价赔偿外籍旅客的谣言,2个小时就被转发1.2万次,挑动民众对政府的不满情绪;编造雷锋生活奢侈情节,污称这一道德楷模的形象完全是由国家制造的;利用‘郭美美炫富事件’蓄意炒作,编造了一些地方公务员被要求必须向红十字会捐款的谣言,恶意攻击中国的慈善救援制度;捏造全国残联主席张海迪拥有日本国籍;并将著名军事专家、资深媒体记者、社会名人和一些普通群众作为攻击对象无中生有编造故事,恶意造谣抹黑中伤。”①

第三节 关于“人肉搜索”的正义与邪恶之争

一、隐私权与知情权的博弈

隐私权与知情权似乎是一对相反的概念,隐私权是个人信息、行为不被公开的权利,而知情权是要求相关人员和事件信息向大众公开,让公众知晓的权利。在“人肉搜索”问题上,就体现了两种权利的对抗和博弈。这个问题隐含了一种社会的发展状态和文明程度,这也是公共领域和私人领域划分的界限是否清晰和明确所在。汉娜·阿伦特对这两个领域有生动的论述,如说公共领域是要暴露的东西,私人领域就是要隐藏的东西。“两个领域的最基本意义在于,为了自身的存在起见,有些东西是需要隐藏起来的,而另一些东西则需要公开展露。”②比起公共领域的任何部分来讲,因为我们每天都要使用和消费私人占有物,它就显得更为我们迫切所需。没有私人财产,公共就变得没有意义了。私人领域是公共领域的前提和基础,也许这是人类创造性的源头之一。阿伦特认为在隐私性的问题上,卢梭是第一位探寻者,甚至是第一位理论家。因为卢梭并非通过反抗国家的压迫,而是通过“反抗社会对人心的难以容忍的扭曲,反抗社会对人的内心深处(迄今当时无需任何特殊保护)的侵蚀而得出自己的发现,心的隐私性与私人家庭不同,它在世界上没有客观而实在的位置。它反抗社会,在于社会的对垒中坚持自身的权利。不过这个社会并不能够向公共空间那样确切无疑地加以定位”③。阿伦特认为,对卢梭来说,无论隐私性还是社会性,都是人类生存的主观模式。

事实上,对于公众而言,无论私人领域还是公共领域,都是人的现实存在方式,但二者的界限经常是重叠的。因此,隐私权与知情权永远会存在着相交叉难以理

① http://www.educity.cn/shenghuo/1508739.html.

② 汪辉、陈燕谷:《文化与公共性》,三联书店1998年版,第102页。

③ 同上书,第71页。

清的部分，二者处于不断博弈的状态。尤其对公众人物而言，有时候社会监督要求其放弃隐私权而满足公众的知情权。“人肉搜索”似乎是要探求一种知情，但这种知情的合法性却没有一个规约，导致将完全属于私人领域的信息被推置于没有任何遮拦，被无数网民围观的公共领域。

二、群体正义诉求与个体不当行为之战

群体正义体现了积极的舆论导向和行为导向，“人肉搜索”如果打出善良和美好的目的，其号召力是巨大的。四川汶川地震后，“人肉搜索”将群体正义演绎得淋漓尽致，协助灾区人民寻找亲人。在网络反腐过程中，“人肉搜索”也高擎正义之剑。例如，深圳海事局原党委书记、副局长林嘉祥因涉嫌公共场所猥亵女童等劣行被“人肉搜索”曝光；南京江宁区房管局原局长周久耕因不当言论激怒网民，被人肉出其吸高档烟、戴高档表等奢华的消费和生活状态。两个“人肉搜索”对象都被证实是违反规定滥用职权，甚至是贪腐行为。也有政府部门将“人肉搜索”用于行政执法。2009 年 4 月 22 日，杭州市西湖区人民法院建立了全国第一家执行悬赏举报网，把“老赖”的照片、身份证号码以及家庭住址等公布在网上，让网民用“人肉搜索”来查找欠账不还者，当然，此网一开通就引来争议。人们对“人肉搜索”本来就争议不断，作为司法部门的西湖区人民法院，高调让网友对老赖进行“人肉搜索”，两者的叠加，使该院和“人肉搜索”卷进了是非漩涡。①

从这个角度而言，“人肉搜索”是带着温情和温暖，高挑着公平和正义的大旗。也正因为如此，似乎网上发动“人肉搜索”的行为，就有了仗义的侠客风范。“令网民发起‘人肉搜索’的事物大多道德缺失或逾越法律底线，激发了公众的‘侠客情结’，加入道德捍卫者的行列；在虚拟空间中体验英雄侠客维护正义的角色，‘铲除’破坏社会秩序的个体或群体，使现实中压抑已久的沉重心理终于得到释放，对于心理平衡具有极大的作用。尤其是‘人肉搜索’对象为政府官员时，‘网络侠客’的弱势群体地位越加凸显；一旦成功，其自我认同感和满足度也随之升高。”②但这种侠客在今天民主和法律的社会之中却没有特别广阔的生存空间，恰恰是网络监管的困难性，让这种情绪得以释放，甚至放弃了理性的思考，使之变成网络的暴民运动。

三、人性之恶与技术暴力的合谋

当前网络的“人肉搜索”功能也扮演着正义和邪恶的双面角色。“人肉搜索”在更多层面体现了人性之恶与技术暴力的合谋。2001 年，有一网民在猫扑网贴出一张美女照片，并吹嘘该女子是自己的女朋友。立刻就有人指出此女的真实身份是微软公司的女代言人陈自瑶，并贴出了她的大部分个人资料。微软陈自瑶事件开

① 孔令泉：《民主与法制时报》，2009 年 5 月 4 日，第 A05 版。

② 张威：《权力的反抗：人肉搜索的传统渊源、现实与微观政治》，《东南传播》2010 年第 11 期。

创了“人肉搜索”的先例，是国内第一次真正意义的“人肉搜索”事件。紧接着“虐猫事件”、“铜须门”等事件把“人肉搜索”推向网络空间的前台。“如果你爱他，把他放到人肉引擎上去，你很快就会知道他的一切；如果你恨他，把他放到人肉引擎上去，因为那里是地狱……”，这是网上关于“人肉搜索”的一个生动描述。更多时候“人肉搜素”是被一群非理性者所主宰，例如一位网名为“紫霞星妹”的20岁女孩，号称是影星周星驰的“粉丝”，因为在网上表达了对另一位娱乐明星周杰伦的不喜欢，被周杰伦的“粉丝”进行了“人肉搜索”，公布了她的个人信息，并把她的照片“恶搞”成各种形象，在网络上散布，使她受到极大伤害。这仅仅表达一种个人喜好的行为，却在网络上被不同喜好者当做征讨的对象而受到现实的伤害。

“人肉搜索”最典型和最轰动的是“死亡博客”事件，2007年12月29日，31岁的北京女白领姜岩从远洋天地24楼的家中纵身跳下，用生命声讨她的丈夫和“第三者”。自杀之前，姜岩在网络上写下了自己的“死亡博客”，记录了她生命倒计时前2个月的心路历程，并在自杀那天开放了博客空间。在姜岩去世后，她的博客被网友转贴到各大论坛上，引起网友们强烈关注。因为博客中公布有照片和姓名，很快，她丈夫王先生和“第三者”在同一公司工作、电话以及MSN等背景，都被网友们贴了出来。网友先是留言谴责王先生及“第三者”，并表示要支持姜家打官司。随着事件的扩大，更多的信息被曝光，甚至包括王先生与“第三者”家人的信息也没有幸免。当事人的生活也受到了巨大的影响，不但双双丢了工作，甚至还被人在家门口涂写了标语。“从在论坛里谩骂，到专门设立网站群起而‘骂’之，再到启动‘人肉搜索引擎’揭露隐私，‘死亡博客’事件从网络谩骂转换成现实中的人身攻击和群体围堵，这‘讨伐’终于演变成一起‘网络暴力案’。”①当然，由于“人肉搜索”而致死事件也是存在的，广东省陆丰市陆城某中学读高三的琪琪，网名为“IforeverLm”，她于2013年12月3日20时24分，在连续发出“第一次面对河水不那么惧怕”和“坐稳了”两条微博后，跳入河中，结束了18岁的生命。琪琪的家人认为琪琪之死与一起“人肉搜索”事件有关。琪琪曾于12月2日到该市东海镇金碣路的某服装店购物，其后，琪琪购物时被监控器拍下的视频就被该服装店的店主蔡某截图发布到了网络上，并配文称截图中的女孩是“小偷”，呼吁网友曝光其个人信息。这则“人肉搜索”召集令立即得到了网友的回应。很快琪琪的姓名、所在学校、家庭住址和个人照片均遭到了曝光。同时，网络上也出现了各种对琪琪进行批评、辱骂的信息。这是通过“人肉搜索”泄露隐私而致当事人自杀的真实事件。

“作为网络时代伴生物的‘人肉搜索’，不过是这个时代的一个表征。人们既能从中获益，也深受其害。‘人肉搜索’虽是借助网络技术而生，但却不再是一个技术

---

① http://news.dayoo.com/game/69283/200906/04/68550_7909588_5.htm.

问题，而是演变为技术伦理、社会道德与法律制度的问题。在网络时代里，‘人肉搜索’掺杂着诸多因素：既有网络侠客的正义精神，又有网络看客的窥私癖与猎奇心理；既有借网络技术进行维权，又有乘网络法制漏洞为恶，甚至犯罪；既有行善之举，也有恶搞之行；网络良民与网络暴民同在一网，鱼龙混杂。在这样善恶参半，是非难辨的情形之下，如何解救‘人肉搜索’成为一个社会问题。只有多方通力合作，摘除其侠客、看客和暴民面具，使其成为一只无形的维护公民权益的正义之手。”① 通过现代搜索技术把人作为任意分割之物而被“人肉”，应了“人为刀俎，我为鱼肉”的古语，“人肉搜索”更多地体现了人性的冷酷和技术暴力的结合。近几年，“人肉搜索”频频出现在各类媒体的报道之中，几乎每天都有新的“人肉搜索”事件涌现。“因为人肉搜索不仅不能承担救赎的重任，反而不可挽回地走上了娱乐化的道路，并且因其娱乐化，人肉搜索的道德假象更加成为不争的事实。所以，客观、冷静地看待人肉搜索是我们作出评价的唯一依据。”② 从这个角度而言，国家层面立法对其加以禁止，是时代的进步和对隐私的尊重。

---

① 冯丽：《无形与正义之手：论作为一种网络维权行为的“人肉搜索”——“人肉搜索”的多种面相、困境及出路探析》，《经济师》2014 年第 4 期。

② 冯基中：《论人肉搜索的道德假象及娱乐化》，《太原师范学院学报》2014 年第 1 期。

第七章　物联网技术与隐私

物联网(IOT)概念源于美国麻省理工学院(MIT)在1999年建立的“自动识别中心”(Auto—ID Labs)提出的网络无线射频识别(RFID)系统。物联网就是利用射频识别、红外感应器、全球定位系统、激光扫描器等信息传感设备,按约定的协议,把物品和互联网连接起来,进行信息交换和通讯,以实现智能化识别、定位、跟踪、监控和管理的一种网络。简言之,就是把人造物以及自然物以有组织的方式进行电子信息标识和连接,同时接入互联网。人与物置于其中,形成物理世界和虚拟世界的交融,自然界与人类社会的对接。

第一节　物联网技术的哲学释义

一、物联网技术之“物”的层面:天然与人工的双重组合

对于物联网概念界定,国内学者有明晰的框架:“狭义的物联网是指连接物品到物品的网络,实现物品的智能转化识别和管理;广义的物联网则是可以看做是信息空间与物理空间的融合,将一切事物数字化、网络化,物品之间、物品与人之间,人与现实环境之间实现高效信息交互方式,并通过新的服务模式,使各种信息技术融入社会行为,是信息化在人类社会综合应用达到更高境界。”①物联网通过智能标识、射频识别、红外感应器、全球定位系统、激光扫描器等信息传感设备,可以把任何物品与互联网连接起来,进行信息交换和通讯,以实现智能化识别、定位、跟踪、监控和管理,将世界一网打尽。

物联网事实上就是物物相连的网络,这种物是实物状态而非传统网络的虚拟化状态。“物”就是“与意识相对的一切可感知的客观实在东西。一切主体活动的

---

① 孙其博等:《物联网:概念架构与关键技术研究综述》,《北京邮电大学学报》2010年第3期。

客观对象”①。“物”与“物质”显然不同，但如何区分却不是简单的问题。南京大学林德宏教授认为“物质”是本体论概念，而“物”是生存论、价值论的概念。“物质与物这两个概念各有其内涵，是同一系列的概念，但不是同一层次的概念，二者的关系是抽象与具体、普遍与特殊的关系。”②“物质”是个哲学上的本体论概念，泛指除精神之外的宇宙中的一切存在。“物质”对应的是精神。作为“物质”有的与人发生联系，有的还在人的意识之外。而“物”是同人发生联系的、进入人类视线的“物质”，换句话，“物质”进入人的生存活动中则成为“物”。因此，“物”是相对于人的概念，“物”是人所需要的“物质”，人的生存是不断把“物质”变为“物”的过程。没有人也就不存在“物”。物联网之“物”一定是人生存过程中与人发生联系的现有之物。“这里的‘物’要满足以下条件才能够被纳入‘物联网’的范围：要有相应信息的接收器；要有数据传输通路；要有一定的存储功能；要有 CPU；要有操作系统；要有专门的应用程序；要有数据发送器；遵循物联网的通信协议；在世界网络中有可被识别的唯一编号。”③

“物”既然是与人的生存和需要联系起来的概念，则其必然包括天然自然物也包括人工物。宋应星在《天工开物》一书中，提出了开物论。他认为物有两个来源：自然形成与人工制造，即“或假人工或由天造。”④人造物是对天然自然物的超越和取代，“人造物以自然物为原料，在遵守自然规律的前提下被制造出来，并按照自然规律变化，所以人造物也被称为人工自然物”⑤。人工自然物是人工制造的产物，而不是天然自然物的自发转化。因此表现为：既可以是消费品，又可以是生产工具，具有双重功能；既具有自然性又具有人工性——既是自在之物又是为我之物，具有双重性质；既要基于自然规律又要遵循社会发展规律，具有双重规律；既是一种物质实体，又是一种文化形态，具有双重品格。

物联网技术的强大功能可以将一切实体物纳入自己的网络体系，因此，物联网技术之“物”的层面既包括天然自然物，如山川、河流、动物、植物等，也包括人工自然物——即人类创造的诸多物质成果。物联网是自然与人工双重构架下形成的物的集群与组合。

二、物联网技术之“联”的呈现：人与物关系的现实变量

物联形成现象是网络，而其本质则是平台。平台反映的是空间形式，物质的存在要占据一定的物理空间，无论是虚拟还是实体的形式，物理世界中海量的信息和

① 冯契等编：《哲学大辞典》，上海辞书出版社 2001 年版，第 1573 页。

② 林德宏：《物质精神二象性》，南京大学出版社 2008 年版，第 67 页。

③ 参见百度百科 http://baike.baidu.com/view/1136308.htm。

④ (明)宋应星：《天工开物·作咸》。

⑤ 林德宏：《科技哲学十五讲》，北京大学出版社 2004 年版，第 64 页。

物质欲建立起关联性，必须通过关联搭建其互动、联系的作用平台，当然，也只有在平台基础之上，才可能实现连接。信息平台凭借其庞大的规模体系和强大的结构功能，通过相应技术和商业方式，汇聚了诸多的信息和资源，在后台运算、存储功能强大的数据库，同时将相关的信息和资源按照需求进行相关处理，使信息和资源在平台体系内高效地流转运行，并将计算处理的数据或解决方案分配到所需的应用领域中，在平台上形成完整的信息和资源流动的闭环结构。这个闭环结构具有无限的容纳力，可以将自然界的物质、信息以及人工世界的创造物，甚至人本身纳入网络体系。当然这是以庞大的数据信息为依托的。物联网通过智能标识、射频识别、红外感应器、全球定位系统、激光扫描器等信息传感设备将万物与人相连，使“人与物”之间关系范畴发生了新的改变。

庄子在两千年前就看到了人在物的海洋中是沧海一粟，“夫物，量无穷。”“计中国之在海内，不似稊米之在大仓乎？号物之数谓之万，人处一焉；……此其比万物也，不似豪末之在于马体乎？”①人似乎湮没于物的海洋，庄子的描述在今天物联网时代得到实现和印证。在物联网的世界里，物物相连、人与物相连。网络本身就是去中心化的，物联网通过网络的节点把物与人的关系平齐化，人与物之间的主客体关系在物联网中得到彻底改写。人与物之间通过网络相连各自成为网上的一个节点。“物联网是互联网向物理世界的延伸和拓展，互联网可以作为传输物联网信息的重要途径之一，而传感器网络基于自组织网络方式。”②物联网实现了任意物与人、与计算机之间的传感与互动，物在现实的物理空间与虚拟的网络空间之间实现通信、对话与交互。人与物之间通过自动标识得到了统一，人与物之间在物联网中的界限已经很难两分。物与物之间甚至可以相互协作，创建成组或网络，可以初始化地交互，人被边缘化，甚至被对象化。对象化是主客体关系化的重要印证，而人反过来被对象化就颠覆了人与物之间的关系基础。

对象化体现在两个方面：一方面，人类通过实践将人的本质力量对象化，在对对象化及其产物的占有、使用和支配中，肯定、确认、体现自身的内在价值，并且创造、丰富和发展自身内在的本质力量；另一方面，人创造的属人的世界一旦产生，便成为一种独立的力量，成为人不能超越自己的对象化存在，人在不能支配对象化及其产物时，人类对象化创造的文明成果就成为压抑人、统治人的异己力量。“人本身的活动对人来说成为一种异己的、与他对立的力量。这种力量驱使着人，而不是人驾驭着这种力量。我们本身的产物聚合为一种统治我们的、不受我们制约的、与

---

① 《庄子·秋水》。

② 崔莉等：《传感器网络研究进展》，《计算机研究与发展》2005年第1期。

我们愿望背道而驰的、并抹煞我们意愿的物质力量。"[①]这时人就成为一种被对象化的存在。

物联网技术的实现必须基于物的智能标识，物与物之间可以相互通过信息对接而自组织，人虽然可以做终极的信息掌控，但在过程之中，人只是物的海洋中的一个节点，是一个对象化的存在，也是被对象化的存在。物联网将人与物之间一"联"而改变，在这种联接下，人与物之间的关系存在变量，对于这些变量的思考将在下文进行详述。

三、物联网技术之"网"的构架：人类生存的现实空间

物联网的现实技术基础仍然是计算机网络。计算机网络空间是作为一种以计算机技术、通讯网络技术和虚拟现实技术等为基础建立起来的多维信息空间。人们在现实世界中所熟悉的信息接受、处理、传播方式和信息本身的生产和存储方式都将以数字化形式出现，并通过一系列的数字化的过程而反映出来。在形式上，计算机网络是虚拟的；但网络空间又是真实地存在着的一种数字化的现实，与人生活的现实有着密切的联系，为人所用。因此，从应用的意义上看，网络的虚拟空间"不虚拟"，是人类为自己拓展的新的空间，它参与了现实生活的构建，对人类的社会生活产生实质性的影响。

物联网超越了传统的计算机网络"现实的虚拟"或"虚拟的现实"状态，使人类的网络生存去掉了"虚拟"二字，变成为一种技术的现实，物联网实现了人真正的数字化和智能化生存。因为物联网是在计算机互联网的基础上，利用射频自动识别、无线数据通信等技术，编织出一张包罗万象的真实的网络。在这个网络中，物品与物品之间能够彼此进行信息共享与相互解读，利用射频自动识别技术，通过计算机互联网实现物品的自动识别和信息的互联与共享。"尽管互联网时代产生了许多新颖的应用模式和技术手段，但互联网带来的仍然基本属于传统的'人与人'或者'人与机'交互的范畴。而无线传感器网络将带来一种全新的信息获取和处理技术，将成为信息采集、信息传输和信息服务的一场革命。"[②]这种革命将网络虚拟空间拓展到现实的物理空间。

物联网塑造的网络空间不同于以往互联网空间的很重要特点，就是从虚拟性走向真正的现实性。这个现实空间就是纯粹的物理空间与数字化技术结合创造出来的，而将无数的人与物置于其中，形成无所不在的天罗地网，成为人生存的现实空间。这个现实的空间带来积极的维度，体现物联网技术的进步意义。

物联网是一种智慧之网，物联网会对社会发展与人类进步带来积极的促进作

① [德]马克思、恩格斯：《马克思恩格斯全集》第3卷，人民出版社1978年版，第37页。

② 参见 http://www.cww.net.cn/cwwMag/html/2009/10/26/200910261337168645.htm。

用,直接的改变就是生产方式和生活方式的改变,以及人与自然关系的改善。具体表现在:

一是提高生产力水平。物联网技术如同其他技术形式一样,最大的技术目标在于提高生产力水平。物联网改变了传统管理方式,可以实现所有物品的远程监测和控制,使管理更加精确化与合理化,提高了资源的利用率,促进生产力发展。

二是人工智能在生产中得到实现。计算机通过对物品的标码解读,实现自动处理,替代和节约了人力成本,真正向自动化迈出坚实的一步。

三是推动科学探索活动。精确信息掌控与实时的态势监控,对于科学研究会提供精确可信的数据支撑,促进自然科学的实验水平和研究能力。

四是通过安全监测和监控,实现预警与联动。对于火山、地震、火灾、洪水等难以预警的自然灾害,可以提高预测水平,并实现联动。对于矿山、核电站等危险环境的监控,可以规避危险。

五是物联网技术的应用可以实现资源合理利用和生态环境的监测与保护。可以实现深层次资源开发,同时对于不可再生资源可以有效合理调配。比如,我国正在加强智能矿山建设的物联网技术推进,对于减少次生灾害和减少能源的浪费具有很乐观的前景。资源的合理利用与生态环境的监测和保护对于生态环境的改变也有深远的影响,对于人与自然的关系也是一个福音。

总体而言,物联网技术的推广带来三大效益:一是经济效益,二是社会效益,三是自然效益,这三个维度也是物联网发展最直接的动因。

第二节　物联网技术的认知属性

物联网技术形式对传统的认知过程进行技术化、智能化改造,使物具有了与人相近或类似的感知与认识功能。在一定程度上,物具有一定的主导控制力,并具备人类的认知理解能力。具备感知和认识功能的代表性技术诸多,如无线射频识别(RFID)、二维码(QR code)、产品电子标签(EPC)、普适计算(Ubiquitous Computing)和云计算(Cloud Computing)等,这些技术整体集群,建立起智能化的交互体系来实现物联。正如单美贤认为,"普适计算是人们摆脱计算设备对人类活动的束缚,将互联网推广到物理世界的初步尝试。"[①]泛在网理论的建立也进一步将物联网技术的发展和完善推向新的高度。但是"迄今为止的讨论虽然触及物联网的很

① 单美贤、叶美兰:《技术哲学视野中物联网的社会功能探析》,《南京邮电大学学报》(社会科学版)2012年第2期。

多方面，但囿于理论思维水平、研究方法手段、物联网发育程度，研究还存在着表浅化、简单化、功利化等倾向，缺乏对物联网所涉问题的系统理论考察”[①]。其中，关于物联网技术认知与情感方面的讨论还有很大的可拓展空间。

一、物联网技术认知与“心—物”交互

在物联网技术框架下，技术环节已日趋智能化、复杂化和多样化，认识的方式及手段也愈来愈信息化、精确化、高效化，“物联网将从根本上改变世界互联的形态，传统的基于互联网的人—人交互将被基于物联网的人—物交互、物—物交互所取代，信息将在世界的每一个角落流动，计算将无处不在”[②]。从认知视角看待物联网技术，并以物联网技术的认知框架来回馈分析探讨传统的“心—物”问题，二者视界相容，互为诠释，具有积极的认识论意义。

人类在成长过程中逐渐形成对外部环境的认知、理解和反应，而在认识和理解的过程中，尤其以记忆力与分析力见长，通过外界环境不断地强化刺激，人对物 A 的印象，即以信息化、虚拟化的物 A′呈现在人类脑海之中，基于外物 A 的原型，物 A 与嵌入人的认识中的物 A′之间存在统一性关系，即通过信息化的改造与模拟，实现记忆转译。该转译过程是依托脑的记忆与分析机能产生意识，来实现对外物及环境的认识、理解和联想等功能，在内外两界交互的发生要素和过程上促进了“心—物”的关联与统一，并可以进一步拓展到“人—物”、“物—物”之间的交互与关联。

以上“心—物”或“意识与存在”关系可以通过数据交互和传感认知的方式进行模拟与呈现。物体间基本的物理属性信息，将数据化的转译形式编入互联网之中，建立起依托信息平台的物体间的关联性。一方面，物的存在方式以数据化、信息化的形式表达，物体的基本属性信息通过定位标识、转译、传递实现传感认知过程，即 A(物体)＝A′(信息化、数据化的物体)，也就是将物体进行虚拟化、信息数据化转译实现等同替代，最终经过传递过程，使各种要素依托互联网建立了全新的联合关系 C，最终实现物物关联，即 A(A′)→C，以物的互联从而实现物联，进而实现信息流与物流的统一。另一方面，心理所感知到的场景、印象也是信息通过记忆和分析处理之后的综合结果，“心—物”关系在更本质性的信息数据的形式参与下进行衔接，实现了技术统摄下的统一。

物联网技术认知框架下“物—物”作用的要素是信息、数据。其交互、认知过程是传感识读、转译、编入互联网、后台存储—计算、反馈。“物—物”交互与认知，通

---

① 闫春发、汪业周：《物联网意涵、特质与社会价值探析》，《中国人民大学学报》2011 年第 4 期。

② 李云飞、陈良、王树青：《物联网的内涵与应用及其对过程自动化的启示》，《石油化工自动化》2011 年第 2 期。

过技术模拟人脑机能，即技术化的物（或体系）所具备的记忆力和分析力，记忆力对应数据存储，分析力对应程序算法。从传感认知的发生机理中，可以看到脑认识与物认识在结构上具有相似性，通过技术手段实现类似人脑的工作机制。以传感器对应感觉器官来获取信息数据，进行识读、传递。在互联的信息数据平台上存储、分析，经过运算得出相应的反馈信息，甚至提供必要的预测。而“心—物”或者“意识—物”包括“人—物”之间作用的要素是物理属性信息、特定概念、意识或感受信号。其交互、认知过程是感知器官获取、记忆、分析、建立关联性、反作用的过程，是人类通过大脑中信息数据中介，获取、分析、反馈进行相应的认知过程，对信息的处理过程即人类认识与理解外部环境的过程。

物联网技术为实现“人—物”、“物—物”之间的感知“对话”，物体通过技术手段需具备人类认知理解的相应能力，要符合人类以上认知的交流模式，即在感知、理解、智能等方面要具备主体性的结构和功能。在“人—物”交互的过程中，专属于人类的特质与智能，因技术支持使物体具备了相应的能力，这些功能甚至比主体的功能更为强大。当然，以智能或功能的标准来区分主客体也会有局限性，主体是知情意行的统一，仅仅强调一个方面是有偏颇的，尤其情感方面是否具有可计算性这是具有挑战性的问题，这将在后面加以探讨。

二、物联网技术认知发生的机制与特点

大数据时代信息资源日益重要，信息数据的生产、流转过程在物联技术条件下将发生变化，传感技术的日趋完善与发展，同数据通信和计算机技术互为支撑为“物—物”、“人—物”之间的信息流通提供了必要的技术支持，新的认知形式的发生和建立具备了技术上的可能。尤其传感技术为实现物联网认知功能具有不可或缺的作用。

传感技术的感知过程是以信息数据的识别、读取、传递等方式呈现的。传感器的设计理念即模拟、优化人类的感官结构，实现类似于人的感应认知功能。人类依据生理的结构和功能通过感官来感受、感知外部的物理世界，但受到客观现实条件的约束，人类传统的感觉器官不能够完全满足于我们日常的生产与生活需求，所以“全球范围内遍布的大量传感设备，包括智能手机（如 IPhone 等终端设备）内部的传感器，使我们能够以更高的细节水平模拟环境”①。而在传感技术的支持下模拟人类器官的结构和功能，能够达到甚至超越人类的感知认知的生理器官水平，突破人类物理基础结构和功能上的局限。在物联网（以传感网为基础）技术体系的感知层中，主要的支撑技术形式是传感，在“人—物”、“物—物”交互、感知的过程中，伴随着全新的认知方式及理解形式上的转变和突破，在物联网和大数据的时代背景

① ［英］迈克-舍恩伯格、库克耶：《大数据时代》，盛杨燕、周涛译，浙江人民出版社 2013 年版，第 243 页。

下“收集和分析海量数据的新技术来帮助我们更好地理解世界”①。从传统“脑认知”方式发展为更为普遍的“物认知”、“体系认知”等物联方式,即从“人→物”到“物→物”、“物→人”。人对物的认知、理解、把握,在物联体系下扩展为“物—物”关联,物联平台通过数据挖掘与统计分析,预判人类意图或预测事物发展趋势,根据实时的信息数据,可以动态控制事物发展过程。

物联网技术的本质设计理念是物体的数据化关联,物联网的关联方式也是实现技术认知的关键环节。物联过程主要在于数据和关联方式两个方面。数据是物联认识过程的中心,即物体的结构和特征的相关属性,以信息化、数据化的方式进行描述、转译和传递,信息数据在“物—物”、“人—物”之间进行流动,并在互联平台的存储、分析、运算的强大后台处理体系中进行流传,并发挥着相应的作用,物流、信息流、资金流等协调、同步、统一,从而达到技术目的、符合设计理念、实现商业价值。而关联的过程即为认识、理解、交互、建立关系或信息数据的传递过程,传递环节结合识读分析环节即为物联形式的认知理解过程。认知理解过程是要建立在“联”的过程或方式基础之上的,即先通过数据的“交互、流通”,再经过运算处理等后台网络体系对所得到的海量信息数据进行转码及分析,最终得到或提供出最佳的应对策略和解决方案,从而体现了物联的认知理解和分析处理的能力。以上过程可以描述为:感知识读→接收、传递信息数据→存储—分析→反馈作用。“新兴的物联网技术是通过多种技术手段达到人—物、物—物相联,‘交流互动’,进而形成一个有机协调、智能高效的行动者网络系统。”②

物联技术条件下的“物—物”感知、认知是通过传递信息数据或代码的方式,对彼此的属性特征进行识读、交互或传递而进行的智能化、数字化的分析。传统“直觉的判断被迫让位于精准的数据分析”③。传统认识过程是基于观察和分析的,而观察在于感知,分析依靠经验。在认识过程中对物体的特质、结构、功能、属性等方面的信息进行综合,系统地分析、判断和理解,具体为人类通过自然的生理感觉对外在的物理世界进行感性材料的收集与整理,借助于人类的生理器官来获取、分析相应的感知信息,进而通过人类的生理机能,将这些信息数据传递至大脑中枢进行分析处理和智能判断,完成对客体的认识感知、理解、记忆和分析等过程。而在物联条件下,对信息数据的认识和传感认知方式的理解会带来更多的变量,包括认知、理解的可靠性、精度和对外界的反应力、控制力。通过引入量化数据,设置分析认知特性的基本参量,可以更具体地了解认知过程的特点便于修正、优化和控制,

① [英]迈克-舍恩伯格、库克耶:《大数据时代》,盛杨燕、周涛译,浙江人民出版社 2013 年版,第 10 页。
② 张学义、倪伟杰:《行动者网络理论视阈下的物联网技术》,《自然辩证法研究》2011 年第 6 期。
③ [英]迈克-舍恩伯格、库克耶:《大数据时代》,盛杨燕、周涛译,浙江人民出版社 2013 年版,第 21 页。

其作用过程与控制性见图1：

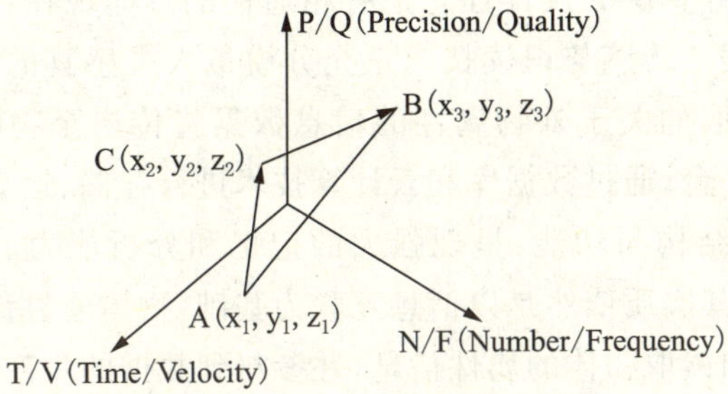

图1　认知特性参量对比分析模式

具体的参数特征与发生机制为：Line 1—AC＋CB，该认知路径是通过数据中介C，从认识起点A到认识终点B；Line 2—AB，该认知路径是以传统方式，直接从A到B。对比两种路径，认知过程在数据要素C的介入后，A、C、B三个认识层次及优越性将逐渐提升，具体为：

一是P/Q—Zn值提高，对应客体的数字化程度及认知过程的可靠性，即品质度和精度将表现为递增关系：$z_3 > z_2 > z_1$，该参量特点侧重精确、品质；

二是N/F—Yn值提高，反映客体属性的详细程度、完整性及对认知过程描述的确证程度和全面性，即数据量和重复频度将表现为递增关系：$y_3 > y_2 > y_1$，该参量特点倾向数量、频度；

三是T/V—Xn值提高，认知过程中信息数据的传递流转效率，即速度和所消耗时间将表现为递减关系：$x_3 < x_2 < x_1$，该参量特点强调时间、速度。

即P/Q＋T/V＋N/F三方面的融合可以充分体现认知要素的特征与认识过程的控制性，譬如认识过程中要求信息数据的高精度、高品质、大规模、高频度重复确证、短时快速等特点，提高认知理解的能力，可以对客观事物更好地把握与控制。

因此，在物联传感技术条件下，传感、数据、关联等方式和要素的介入已经带给我们对认知过程的精细认识。借此以定性与定量分析视角和方法反观“心—物”问题将成为可能。

任何技术和理论的设计目的都是在模拟人类的生理结构和机能，从而以技术的物力替代人类的繁重劳作，终究要解决人类需求和现实问题。物联网传感技术及关联方式所欲解决的最重要的现实问题是联系、交互问题——具体为实物体的信息化、网络化、数据化的关联问题。其设计理念和执行思路是将物体的属性或所携带的物理信息通过传感技术手段进行信息数据的收集、交互和传递，进而实现“物—物”间的关联。

综上分析，“心—物”之间的相互影响与作用能够从对信息数据等要素的理解中来认识，由“物”到“心”，或到“意识”，甚至到“人”这样的关联过程与物联网技术体系下的感知层与计算层的设计理念是有相通性的。体现在：一方面以无线射频技术、二维码为代表的传感与识读技术正充分模拟人类感官的生理结构和对应功能；另一方面，所获取的关于外物属性的信息数据将传递至物联技术中的计算领域，依托互联网络平台，通过数据库和云计算技术进行存储、运算，该过程也是模拟人脑的神经网络的结构与功能，呈现强大的记忆和分析能力。物联网虽是“物—物”相联的互联网，其实质依然是以信息互联为基础，物体通过传感技术形式（如天线射频技术）来识别读取物体的属性信息，并参与到数据的生产、转译、流通等环节之中，依托信息互联平台将大千世界中的万事万物关联起来。通过物联网技术，虚拟信息世界与现实物理世界的通道就此打开，两大空间实现了技术层面和事实层面融合，也就意味着可能存在更多的在设计理念、技术创新和商业模式中的发展机会和潜在空间，也会对传统认知以及哲学思考带来新的思考空间。因为传感认知和关联过程也自然引出传统认识论中“人—物”、“心—物”等关系问题。认识的客体在物联传感技术系统下将成为认识的主体，或者至少有主体化的倾向。认知过程通常是主体在描述、反映、分析、理解客体的过程。

传统的人类认知过程，在物联条件下已悄然转变为人类或物体对数据的获取占有、认识与理解的过程，将物理现象的本质特征及其属性以数据化的形式进行反映与描述，从信息化视角来向人类展现物体的原貌，事物现象或表象被进行数据化诠释与解读，对传统认识问题提出挑战，体现在：其一，人类将通过数据化的方式认识物体的本来面貌，由 A→C 模式转化成为 A(A′)→C 的模式，传递的过程是否具有可靠性和可行性？即数据化描述、反映的内容是否就等同于物体的本质和原貌？能否完全实现对等关系，达到传递真值的目的？其二，传感认知中“数据”将扮演怎样的角色，具有怎样的结构和功能定位？是认识过程的方式、手段还是目的？其三，信息数据的识读、生产、转译、流通过程能否就归为认知过程？人类的认知形式是否为衡量、判定认识过程的唯一标准？技术感知是新的感知形式还是在人的感知基础上的拓展？

以上几个方面的问题是人与技术关系问题在认识论层面的深化，在认知科学领域中可以归结为延展心灵问题。技术可以深化对人的意识问题、认知问题的理解与思考，人的认识过程的本质特征、属性特点和发生过程可以借助传感技术的完善和改进而提升。在“心—物”问题所难以涉足的领域，在物联技术的发展下可以实现，即“物—物”关联对人的反作用。传统“物—物”之间的相对独立的状态，在物联时代将被打破，“物—物”智能化“联合”的力量和价值正在被挖掘出来。体现在：其一，“心—物”问题的量化分析将成为可能。借鉴物联的数据存储技术和计算分析技术，可以将人脑的记忆和分析功能进行模拟与量化，进而建立自动化的反馈系统，实现控制体系的信息化、智能化。其二，定性与定量结合，彰显其控制水平。物联体系中的各项技术皆对应监测项目，对应各区间各参量等数据指标，通过对信息的动态追踪和数据的实时反馈可以修正、调整具体的控制环节以达到设计要求，外界物体的关联将体现技术体系下物联的控制力和预判力。

但是，在认知领域物联网技术认知替代不了人的认知，人类认识中难以编码、难以通约的部分，体现出人作为独特个体的存在性。人的认识除了可分析、计算的信息之外，情感因素是不可忽略的重要方面，情感从知识论角度看就是一种默会知识，虽可以模拟但不能完全还原和计算。因此，物联网技术的认知功能是具有局限性的。通过数据化描述、反映的内容不能等同于物体的本质和原貌，也不能完全实现对等关系。在这个意义上传感认知过程中"数据"只是认识过程的方式和手段而已。物联网拓展的技术感知是人的认知和信息传递过程的模拟和仿真，永远代替不了人本身的认知结构和功能。

三、对物联网技术谨慎的考量：消极因素与不确定性

"心—物"联系从其发生要素及过程上可以扩展到"人—物"交互认知的发生机理并进一步延伸到物联条件下与"物—物"交互感知形式，物联网技术认知与"心—物"交互具有统一性，物联网技术的认知功能与"心—物"交互具有双向解读性。在分析相互关系中可以看到问题所在：其一，人类所创造、设计的物联网技术形式可以用来分析"心—物"、"人—物"关系，并会带来全新的认知和理解；其二，物联网技术也会使物反客为主，在一定程度上会削弱创造者对被造物的控制力，因此过度依靠物联网技术会产生技术风险，必须明确人的主导地位和价值才能有效控制风险；其三，引申和延伸的相关问题，譬如精神、情感、意志等人类的感性因素，若全部进行可计算化、精确化、符号化、抽象化处理是否可能？当前认知科学研究表明还不能实现。但随着技术的发展，如果达到最大程度的可行，会产生怎样的问题？如刘晓力而言"如果一个主体在其认知过程中依赖的外部环境越来越复杂，则混合体(hybrid)的认知系统必将越来越庞大，主体个体的独特性必将越来越弱，与世界融合为一的延展心灵的个体性也必将逐渐丧失，以这样一种抹杀了主体与世界根本界限的超大心灵，我们还如何界定作为个人的人(person)的概念？如何解界定人类理性的概念？"[①]这些问题都需要更多的哲学智慧进一步地省思和探讨。

物联网技术是具有广阔前景的，但技术的应用会有诸多瓶颈，实现物联网技术的普及化还有待时日。但任何一个新技术的出现都会带来诸多的问题，物联网技术如同其他技术形式一样，双刃剑效应同样不可避免。物联网作为以智能化为基础的、把万物与人囊括其中的强大技术形式，更应引起人的注意。因为人类生存一

---

① 刘晓力：《延展认知与延展心灵论辨析》，《中国社会科学》2010年第1期。

直面临一个永恒的矛盾，即：人们对物质的需求与满足这种需要之间的现实矛盾。人需要的满足靠天然自然有限地供给是难以维系的，人只有通过技术的方式创造性地改变自然以满足人不断的需要。“如果人的本质是人通过技术自己构成的，如果说技术就是人的(无)本质，那么，技术必然存在着两面性。一方面，是它把自由由潜能带向现实，自由只有依靠技术才可能表达出来，因为正是技术展开了人的可能性空间：有什么样的技术，就有什么样的可能性空间，因而也就有什么样的自由。另一方面，技术所展开的每一种可能性空间，都必然会遮蔽和遗忘了更多的可能性，使丰富的可能性扁平化、单一化。当代技术为着合用和效率所展开的工业世界，确实更多地表现了技术的后一方面。技术既是去蔽，又是遮蔽，既成就时间，又遗忘时间，既使记忆成为可能，又导致记忆的丧失。对整个人类而言，技术既是主体彰显自我的力量的象征，也是自我毁灭的力量。这是技术根深蒂固的二元性。”①二元性的另一面，就是哲学谨慎思考的重点。物联网技术作为一种崭新的技术形式，会把人与物之间关系的矛盾推到台前。

技术表现出了人的本质，但技术产品一经离开人的创造阶段成为完全的对象性存在，技术就出现了与人的异己力量，人只有重新占有自己的技术成果，控制技术才能实现人的完全本质。如果技术超越人的控制，人的本质就会分裂——异化开始。因此，物联网技术在人与技术关系上存在变量可能：

变量一：主客体关系的变异

物联网的技术形式与后 SSK 典型代表布鲁诺·拉图尔(Bruno Latour)的“行动者网络”理论(ANT)有极大的契合度。行动者网络在拉图尔这里是一系列的行动者(a string of actions)，所有的行动者包括人的(actor)和非人的(object)，都是成熟的转义者，他们在行动，也就是在不断地产生运转的效果，它强调工作、互动、流动、变化的过程。从实际过程的角度考虑，是具有行动者效用的对象都纳入研究的视野。在科学实践中，所有行动者共同产生作用，发生联系形成网络，这就是“行动者网络”。这个网络彻底打破了主体与客体的二分，自然与社会之间的界限，对称性地对待自然与社会。在人与物的关系上拉图尔实现了哲学思维对现代性的颠覆。但人的尊严和价值在这个行动之网中被不断地贬损，行动者泛化，理性不再具有对世界的统摄作用，科学变成科学家、渔夫、蚌与网等的共谋或者博弈过程。

物联网技术同样通过技术连接点，将自然物、人工物、机器以及人都纳入一个网络中。每个节点都是网络的一部分，没有主体与客体，没有中心与边缘。在物联网框架下物可以通过信息反射与人对话，人的主体和支配地位被弱化或者消亡。其后果是在生产中，人们只看到技术的力量，只看到机器的作用，看到了物的作用，

① 吴国盛：《技术与人文》，《北京社会科学》2001 年第 2 期。

忽视了人的作用。没有技术物，没有机器，人类就不能生产，就不能制造工业产品，就不能利用自然资源，就不能满足生存需要。在自动控制的机器面前，人只是个旁观者，只是个被动者。在整个生产过程中机器决定人的工作，人要去适应物，人没有主动性，人没有自主性。如马克思而言："这些工人本身只表现为机器的有自我意识的器官（而不是机器表现为工人的器官），他们同死器官不同的地方是有自我意识，他们和死器官一起'协调地'和'不间断地'活动，在同样程度上受动力的支配，和死的机器完全一样。"①人在技术面前表现为被动性、适应性和从属性。"通过自然和人类关系的技术化，人性自身也成为一种纯粹的技术对象：人们被缩减、被拉平、被训练，以使他们能够作为巨大的文化机器中的组成部分而发挥作用。"②

从主体与客体关系角度看物联网本质：物联网是人的创造物，是人的客体。但物联网网络使人成为网中的某个节点。按照技术现在的发展逻辑，人的生命、精神、意志、思想越来越成为技术的对象，因此必将成为技术客体。这种主客体之间的转化呈现了物联网技术问题的核心。

变量二：物本主义导向

在人与物之间必须关注的一个词是"物化"。物化是思想观念转化为具有物质形态的对象性存在。马克思在《1844 年经济学哲学手稿》中将"物化"与"对象化"两者通用。在马克思看来，知识形态的科学只有转化为物质形态的东西，才能从潜在的生产力转变为直接的生产力。从人类生存意义上讲，积极的物化是必要的，人就在这种"物化"过程中把本质力量投射于物，投射于技术之中，人通过物的实现而实现自身。在很大程度上，人的物化就是人发展的一部分，是人的优化和进化过程，人借助于物化实现和推动着社会的进步。但过度的物化就会因太关注和重视物而忽略人本身。西方马克思主义创始人格奥尔格·卢卡奇(György Lukács)对"物化"的批判就是其历史辩证法的主题，也是他批判当代资本主义社会的主要思想武器。在《历史与阶级意识》一书中，卢卡奇指出，在 20 世纪，随着资本主义发展，商品关系对人的支配作用加强，物化不仅没有被克服，反而有普遍化和加剧的趋势。由于商品的生产和流通有着固定的法则，人可以认识和利用之，但却不能将其改变，加之大工业生产的高度机械化使工人的劳动被肢解主体意识在生产中被迫剥离，劳动力作为商品被出售，人从属于物的世界。"物化是生活在资本主义社会中每一个人所面临的必然的、直接的现实性。"③在资本主义时代，商品结构在社会中处于支配地位，生产过程和社会运行被合理化、机械化。从而出现了人的数字

① 《马克思恩格斯选集》第 47 卷，人民出版社 1995 年版，第 536 页。

② [荷兰]E.舒尔曼：《科技时代与人类未来》，李小兵、谢京生等译，东方出版社 1995 年版，第 314 页。

③ [匈]卢卡奇：《历史和阶级意识》，张西平译，重庆出版社 1989 年版，第 224 页。

化、符号化、抽象化，由此使主体对象化、原子化。包括人的关系在内的一切都被物化了，并形成了物化意识。他所谓物化意识，是指资本主义社会普遍存在的物化现象在观念上的反映，即：人自觉地或非批判地与外在的物化现象、物化结构认同的意识状态。物化意识作为物化普遍化的最直接的后果，支配着所有人的精神和心理活动。

物化的极端理论形式是物本主义，物本主义就是以物为本，物的价值超越于人的价值。物成为目的，而人作为了手段。物本主义框架下人与物之间的关系模式是颠倒的，物为本而人是从属，这也是异化的重要表现形式。

物联网技术使物体从被动的自然感知到“主动”参与互联的过程中，物体在被赋予强大的智能后，同主体间的交互是必要的，也是实现物联的客观需要。“对物联网已有的哲学探索揭示了它所带来的生产方式、物的存在方式、人的生存方式等方面的新变化，但物联网的哲学意义还应涵括信息技术与生产技术、信息与物质的关系问题，并深入探讨它对人的异化、对物的自然性即自身的限度等方面提出的新问题。”①为了避免技术异化问题，必须对两者地位进行严格区分和界定，以体现创造者的核心支配地位。也就意味着，首先必须尊重人的主体地位和价值，在物联网技术框架下，尽管人类也是物理空间中的组成部分，“物联”也少不了会将人以最普遍的“物体”形式编入规模庞大、功能强大的物联网平台之中，但创造者的核心定位和主导地位必须得到确证认可与充分尊重，物服务于人类的关系不应该倒置。两千年前庄子就说过：“物物而不物于物。”②人是物的主宰者和创造者，因此人不能反过来被物主导。在物联网构建的物的海洋中，人不应迷失自我，而是更好地利用物联网技术造福人。荀子也谈到过：“君子生非异也，善假于物也”③；“教万物以利天下”④。“善假于物”是人类生存之道、发展之道，但不要转化为“役于物”。这也是对物联网技术进行哲学之思的重要意义所在。因此，智能技术的发展必须在人类的控制之下才能安全、可靠、稳定、长远地发展，否则宁可放弃、推迟、停滞技术的发展，也必须让其发展处于受控状态。

第三节　物联网对私人信息安全的侵犯

当然，物联网技术对人隐私的影响也是需要并值得探讨的重要内容。前文大篇幅地论证物联网技术认知问题，已经揭示了其蕴含着一种潜在的风险性。

---

① 肖峰：《从互联网到物联网：技术哲学的新探索》，《东北大学学报》（社会科学版）2013 年第 3 期。

② 《庄子・山木》。

③ 《荀子・劝学》。

④ 《荀子・王制》。

一、物联网对隐私侵犯的技术机理

智能的认知体系在探究分析出人类的意图目的和行动指向后，会将这种潜在的趋势和动态向谁传递？而“数据运用和隐私保护之间到底该如何权衡，也成了一个令各方势力争论不休的话题”①。信息将为谁服务并获利？将由谁来进行约束及管控？在对信息资源的充分理解与认识后需要对资源的安全性和约束性进行探讨。

系统的安全性是控制智能体系的重要环节，一方面防止入侵控制中枢系统的问题，有效降低风险，确保信息和控制系统的安全性；另一方面对认知过程的控制力与控制权问题，要牢牢掌握在认知主体人类的手中，通过程序函数运行原则应用权限等方面进行有效限制和良好把控，使智能体系处于受控的稳定运行状态。在权限使用与信息保护领域“要在业务中对大数据进行运用，就不可避免地会遇到隐私问题。哪怕只有些许不慎，也有可能会大幅伤害企业的信誉，某些情况下企业甚至不得不退出服务市场。虽然也不必矫枉过正，但是不为用户考虑的服务很难得到用户的支持。”②在物联网技术的支持下，获取信息之后要对其进行加工处理，在分析过程中，进行数据分析与数据挖掘，以获取重要的信息资源。而作为重要的社会资产，需要重视其存在的价值，诚然信息资源不一定对每一个人都是有价值的，具有层次性与专属性，合理保护信息资源如同保护个人的资金安全一样，谨防被他人窃取与非法利用。

如果个人与后台信息系统在使用信息的过程中对访问及使用者的身份确认不够，疏于对使用权限进行审查或限制，信息的安全性就会存在问题。就会发生信息泄露问题，个人隐私就可能被侵犯。“物联网上的数字采集、挖掘和提供以完全不同于我们现在所知道的方式进行。物联网对个人数据采集数量惊人。对于公众个体而言，自身很难控制个人信息不被披露。随着信息存储成本持续下降，信息一旦产生，将可能被永久保留，从而拒绝‘数字遗忘’物联网意味一种潜在的环境：个人隐私以多种方式受到威胁。”③

二、大数据分析会实现相关预测

物联体系的预判价值将通过数据分析和技术支持得以实现，领略物对人的认识、理解和预测力量。数据挖掘和分析已成为企业决策中的重要手段之一，“很多网站都热衷于发布‘年度盘点’，以信息图（Infographics）的形式对其掌握的数据进行汇总，并从中得出观点。例如支付宝的年度对账单，可以按性别、地域等维度分

① ［日］城田真琴：《大数据的冲击》，周自恒译，人民邮电出版社 2013 年版，译者序第 2 页。

② 同上书，第 175 页。

③ 吴标兵、许为民：《物联网隐私风险及其控制策略》，《自然辩证法研究》2014 年第 4 期。

析不同群体的消费习惯。而迅雷的年度下载盘点，则可以在一定程度上反映出各地的网速水平”①。

在电子商务中常见的案例形式是统计一段时间内客户对某些商品的关注程度和具体操作行为，通过数据分析所反映出的主体意愿，物联体系通过互联数据平台和后台云计算的处理分析可以智能化地认识人的意图，了解人的行为习惯，由此提供相应配套的产品和服务，实现商业供需的高效、精确匹配和经管策略的调整，实现物认识、理解、预判人的反作用功能。

可以根据具体数据来分析特定时段内用户对某种产品的关注度和具体操作行为，并最终以大量的数据汇总统计得出必要的结论，由此可以通过后台的数据计算分析出用户一定时期内的动态需求和意向，制定相应的调整对策。电商行业“在B2C企业中，使用文本挖掘TM(Text Mining)和情感分析SA(Sentiment Analysis)等技术，就可以分析消费者对于自家产品的评价”②。挖掘商机较为知名的商业案例如Amazon，可以“通过分析商品的购买记录、浏览历史记录等庞大的用户行为历史数据，并与行为模式相识的其他用户的历史数据进行对照，提供出最适合的商品推荐信息。以这种数据分析为核心的服务设计发挥了巨大的作用，推动了Amazon成长为2011年销售额高达约480亿美元的巨型企业”③。社交平台(SNS)很好地诠释了六度分割理论(Six Degrees of Separation)的领军者——Facebook，其依据数据分析“可以为用户提供类似‘也许你还认识这些人’的提示，这种提示可以准确到令人恐怖的程度，而这正是对庞大的数据进行分析而得到的结果”④。类似的模型和思路也可以用来分析信息数据平台上各商家所经营的各种产品、服务的销量，甚至是关于尺码、款式、颜色、图案、材质、数量等基本属性量与购买、收藏、点赞等态度或动作行为量，最终实现量化分析目标。

这种分析既是整体的也是个体的，可以针对性地指向具体某个人，这在信息方式一章中将详细分析。

三、体感认知会读取相关隐秘信息

依托科技的力量使物品通过相应的传感设备获得外界信息并进行加工处理，在与外界物品或人类交流通信的过程中，根据双方的动态需求及反馈的信息来切换或调整系统到适当的物理状况，如一些终端设备(如手机、平板电脑)中的光线传感器或距离感应器会随着周围环境的状态而发生相应的变化，当然此过程也依托硬件设备与软件系统的配合才能实现。如下面的体感交互模式：

---

① ［日］城田真琴：《大数据的冲击》，周自恒译，人民邮电出版社2013年版，译者序第1页。

② 同上书，第9页。

③ 同上书，前言第2页。

④ 同上书，前言第3页。

传感认知中的重要应用还包括体感技术，是数据分析体系对人体的感知、预判的重要实践。以技术体系来探究人类行为和意图，从而更好实现物—物、物—人之间的数据交互，“认识、理解”人类的目的和行为趋势。一方面可以更好地把握人类思想，反过来又可以有助于人类借助物联体系对外部世界进行有效地控制。在现有应用中体感技术按照其原理与机制的特点可以分为三种形式，即惯性感测、光学感测、惯性及光学联合感测。惯性感测是以三轴陀螺仪、重力传感器、磁力传感器等惯性传感器技术为核心的，可以用来感知监测人类的肢体动作，具体包括运动的角加速度、距离、磁场等，并根据这些物理参量通过计算分析出人类在物理空间中的各种动作和行为。光学感测主要是通过光学传感器来获取人体的影像，其感知过程是将人体影像中肢体动作和行为与后台系统程序相匹配作用形成人机交互，早期主要是以 2D 平面形式为主要结构进行简单的互动。后来 Microsoft 发布了全新的体感感应套件，无需使用任何体感手柄便可以达到相似的体感效果，同时配备激光及摄像头用来收集人体的 3D 全身影像信息，可以不受任何光照限制获取深度信息。联合感测融合了惯性和光学两种感测形式。主要是在手柄上设置了一个重力传感器、三轴陀螺仪、磁力传感器、摄像头以及红外线传感器。摄像头用来捕捉人体 3D 影像，红外线传感器可以感应屏幕前的红外线发射信号，可以更加精确地检测到在空间中的位移，了解人体手腕旋转动作的各轴向的物理参量来实现空间操控，强化了在体感方面的体验。物联网技术主要应用案例包括智能家居、车联网等以传感器、摄像、GPS 等主要技术为支持，依托互联网和终端设备平台，通过获取数据和信息建立广泛的物联关系，进一步应用到相关领域(如商业智能 BI、人工智能 AI)并实现远程控制。

技术平台已经可以预测、反作用于人类，物联体系已经可以依靠“自身的智慧力量”反过来认识人的意图，通过数据分析可以理解主体的偏好，预判或感知主体可能发生的行为和操作，达到了人—物、物—物、物—人相互认识与被认识、理解与被理解、预测与被预测等目的，“将传感器所产生的庞大数据进行提取、分析，转化为有意义的信息并为商业服务，这样的尝试才刚刚崭露头角。这样一块蓝海市场，必将带来巨大的商机”[①]。大数据可以更具体、精确地把握特定时间段的动态信息，为决策提供良好的分析依据，更好地作出准确的预测和判断，以提早布局准备控制成本和风险，趋利避害，为分析处理问题提供解决方案，有利于上层决策、分析和执行。一方面，可以高效、准确、快速地达到预期目的；另一方面，可以有效地避免相关问题的发生，有助于及时启动预警机制和应急预案，达到快速响应的要求。但是这种感应和识别对个人隐私的影响是非常大的，“在物联网中数据的采集、处

① ［日］城田真琴：《大数据的冲击》，周自恒译，人民邮电出版社 2013 年版，前言第 5 页。

理和提取的实现方式与人们现在所熟知的方式是完全不同的，在物联网中收集个人数据的场合相当多，因此，人类无法亲自掌控私人信息的公开。此外，信息存储的成本在不断降低，因此信息一旦产生，将很有可能被永久保存，这使得数据遗忘的现象不复存在。实际上物联网严重威胁了个人隐私，而且在传统的互联网中多数是使用互联网的用户会出现隐私问题，但是在物联网中，即使没有使用任何物联网服务的人也会出现隐私问题"①。

物联网技术的隐私风险，就在于物联网技术强大的识别和读取以及联接功能，能够无时无刻、随时随地被监视，监控的信息能够被分析转录和存储，尤其云计算和云存储的共享性为个人隐私信息的流失提供便捷的路径。"物联网隐私风险存在客观上的必然性、主观上的差异性、操作上的非自主性和安全上的脆弱性，这就为物联网隐私风险的控制技术带来难度。隐私保护增强技术、身份管理技术和数字权力管理技术都具有不周延性，因而物联网隐私风险控制技术必须体现效率与公平之间的价值衡量，绝对的隐私保护并不可取。"②加强对物联网技术风险防控，隐私问题是一项重要而复杂的问题，需要社会各界的关注和重视。

---

① 黄凌：《浅谈物联网隐私问题》，《科教导刊》2011 年第 12 期(上旬刊)。

② 吴标兵、许为民：《物联网隐私风险及其控制策略》，《自然辩证法研究》2014 年第 4 期。

第八章　信息方式与大数据隐私

信息方式和大数据隐私是近两年不断升温的话题，本章将大数据和电子监控带来的隐私问题都纳入信息方式的视野一并思考和探讨。

第一节　信息方式与人的生存方式

一、何为信息方式?

信息方式的概念来自美国加州大学欧文分校历史学教授马克·波斯特(Mark Poster)，是他对后工业社会的全新描述和展现。

波斯特考察了法国迷你电信(Minitel)这种联网电脑的早期试验，从而引入了作为交流技术的联网电脑问题，其后，波斯特把信息方式概念进一步引入对因特网的分析中，以辨析在新技术下身份形成的独特特征，“即人们坚持将自我建构看成是技术文化的直接特征。在因特网社群中，人们为了联机交流而塑造一个身份。联机交谈的成功与否随人们以文字改变自己所塑造身份的能力而定。我把这种实践理论化，认为这是因特网所特有的，尽管早期的一些习俗，如化装舞会、私人广告以及笔友，也预含其某些特征。关键之处并不是在意识中进行理想主义的自我构建，而是在不断发展的社会实践中，身体与言语行为或书写的分离使得自我建构的新形式成为可能。”①

波斯特强调，“‘信息方式’(the mode of information)这一术语借用了马克思的生产方式(the mode of production)理论。在《德意志意识形态》以及其他著作中，马克思赋予生产方式以两个方面的含义：(1)作为一个历史范畴，它按照生产方式的变化对过去进行区分和分期(区别不同的生产手段与生产关系的组合)；(2)作为对资本主义时期的隐喻，它强调经济活动，把它看作是正如阿尔都塞所说的‘终

① [美]马克·波斯特：《信息方式》，范静哗译，商务印书馆2001年版，中文版前言VI。

极的决定因素’。我所谓的信息方式也同样暗示,历史可能按符号交换情形中的结构变化被区分为不同时期,而且当今文化也使‘信息’具有某种重要的拜物教意义。”①电子媒介方式就是所谓的信息方式。信息方式是基于信息技术尤其是网络技术发展带来社会生存方式改变的社会生存状态的描述。但在波斯特看来,信息方式又不是信息社会特有的,信息有种种形式呈现,传统社会的口耳相传、书信传递都是信息方式之一。因此,我们可以理解,信息方式也是交往方式。每一种信息方式都有历史背景因素,确切地讲,是技术形式决定了信息方式形式。但技术并非完全历时性发展,因此信息方式之间也呈现连贯性和断裂性并存。信息技术发展强化了信息方式的强度和频度,数据库就是一种特有的数据语言,零散的数据聚少成多,个点形成整体就呈现了鲜活的生命个体,导致一种主体建构,是通过符号建构的数字化的主体。“信息方式的诸阶段可以视做如下标示:面对面的口头媒介交换;印刷的书写媒介的交换;以及电子媒介的交换。若说第一阶段的特点是符号的互应(symbolic correspondences),而第二阶段的特点是意符的再现(representation of signs),那么第三阶段的特点则是信息的模拟(informational simulations)。在第一阶段,即口头传播阶段,自我(the self)由于被包嵌在面对面关系的总体性之中,因而被构成语音交流中的一个位置。在第二阶段,即印刷传播阶段,自我被构建成为行动者(agent),处于理性/想象的自律性的中心。在第三阶段,即电子传播阶段,持续的不稳定性使自我失去中心化、分散化和多元化。”②

对于信息方式的深度解读,波斯特自己有如下揭示:“信息方式的这一概念的逻辑状态既是历史的又是先验的。在这层意义上,最新的阶段并不是对以往发展阶段高屋建瓴的辩证解决。然而,在某种意义上,亦即马克思所语言的那层意义上,当今的构型(configuration)必然是对早期发展阶段的总体化构建:也就是说,人们必定会在现时情境中看到早期的发展。套用马克思的观点便是,对电子化信息方式的解剖更加明白易解。”③

信息方式让人与人之间通过电子媒介的符号交换可以不受时空限制而进行,信息方式变成了存在方式、生存方式、成为如海德格尔而言的人的命运。信息方式不断发展,让全球变成麦克卢汉所说的“地球村”,让全球任何一处事件的发生都瞬间全球皆知,这显然会对社会产生重大影响和意义,当然对于个体生命而言,也在这样信息方式的洪流中或者彰显或者湮没。彰显者,个体的凸显因为信息的强大而具有了可能性,被湮没者,也是因为信息的强大,个体仅仅是信息海洋中的片段

① [美]马克·波斯特:《信息方式》,范静哗译,商务印书馆2001年版,导论第9页。

② 同上书,导论第10页。

③ 同上书,导论第11页。

或者是数字和符号而已。正如波斯特而言:“如果我坐在加利福尼亚便能与巴黎的一个朋友直接或通过电子邮件交谈;如果我不必走出家门并能目睹全球各地发生的政治文化事件;如果遥远的某地有一个数据库,它包含着我的个人资料,并在我毫不知情的情况下,向政府机构提供了这些资料,使它们做出了有损我的生活的决定;如果我通过电视或电脑就可以在家购物;那么我在哪里? 我又是谁呢? 在这些情形下,我不可能认为自己还是一个界定明晰的自我(ego)所限定着,我只能认为自己是分裂的、颠覆的、消散于社会空间之中。”①

二、信息监控与“共景监狱”

信息方式强化了社会监控,甚至形成“全景监控”。事实上,监控社会的理论可以追溯到边沁的全景式监狱的概念。

边沁设想了一种监狱模式,便于对囚犯的监控。全景监狱是一座环形建筑结构,一个挨一个的囚室构成环形建筑的外围,瞭望塔设在环形建筑中央。囚室有两个相对的窗户,一个朝向瞭望塔,一个在环形建筑的最外侧,光线通过外面的窗户进入囚室。瞭望塔有一圈大窗户可以无障碍地看到任何囚室,但因为是逆光,环形囚室的囚犯却无法看到瞭望塔里面监控人员,使这种监控威慑发挥最大的无时无刻、无所不在的存在。在美国3D版电影《银河护卫队中》的太空监狱就是一个科幻版的又是通过电影手段呈现的全景监狱。米歇尔·福柯(Michel Foucault)进一步探讨了全景监狱,认为是权利训诫的权力形式。“这种监禁的体系只需要付出很小的代价。没有必要发展军备、增加暴力和进行有形的控制。只要有注视的目光就行了。一种监视的目光,每一个人在这种目光的压力之下,都会逐渐自觉地变成自己的监视者,这样就可以实现自我监禁。”②在福柯看来,全景监狱是一种对权力技术的一种隐喻,“在使用上具有多种价值。它可以用于改造犯人,但也可以医治病人、教育学生、禁闭疯人、监督工人、强制乞丐和游惰者劳动。它是一种在空间上安置肉体、根据相互关系分布人员、按等级体系组织人员、安排权利的中心点和渠道、确定权力干预的手段和方式的样板。它可以应用于医院、工厂、学校和监狱中。凡是与一群人打交道而又要给每个人规定一项任务或一种特殊的行为方式时,就可以使用全景监狱模式”③。

波斯特对全景监狱也有很深刻的评价,他认为:“规训(discipline)系统中令福柯感兴趣的不仅是其琐碎入微的细节,而且更是对其权利的‘积极’铭写。中央政府把权力当做一种‘消极’原则运用,预防或戒绝某些行为,而全景监狱则不同,它

① [美]马克·波斯特:《信息方式》,范静哗译,商务印书馆2001年版,导论第23页。

② [法]米歇尔·福柯:《权力的眼睛——福柯访谈录》,严锋译,上海人民出版社1997年版,第158页。

③ [法]米歇尔·福柯:《规训与惩罚》,刘北成、杨远婴译,三联书店2003年版,第231页。

对犯人的举止行为加以定型和塑型，从某种意义上讲，它生产出一种新人——监狱居民（the prison inmate）。规训机制的关键便是对一群大众进行不间断的系统化的隐秘监视，犯人被逼接受一套计划，并且意识到哪怕他稍有一点偏离都会被监察到，且给他带来不利的后果。借助这种全景监狱的运作，一种规范就强加于一群大众，强加到他们的实践和态度上；这种规范并不像封建社会那样是强行执行他人意志的结果，而是一种看起来无处不在的那个无个性特征的权威所导致的结果。"①继而，波斯特认为数据库就是今天的全景监狱。"数据库的话语，即超级全景监狱，是在后现代、后工业化的信息方式下对大众进行控制的手段。福柯没有破译主体或工具行动的意图，而是破译话语/实践的形成，他以此教会我们如何解读一种新的权力形式。当这种话语分析运用于信息方式时便带来了这一令人不快的发现：全民都参与了这一自我建构过程，把自己建构成超级全景监狱规范化监视的主体。我们认为数据库不是对隐私的侵犯或对中心个体的威胁，而是对个体的增殖，一个额外自我的建构。这一额外自我可能在'真'自我根本不知发生何事时，就对'真'自我造成伤害。"②波斯特说："我认为数据库是作为一个超级全景监狱运作的。数据库像监狱一样，连续不断地在暗中有系统地运作着，收集者个人资料并组成个人传略。与全景监狱所不同的是，这些'囚犯居民'无须关在任何建筑物中居住；他们只须继续进行其刻板的日常生活即可。"③

有学者认为全景监狱已经不能真正摹写今天现实的社会境遇，需要一个新的概念"共景监狱"。"我们今天所面对的一个最为重要的事实是，传统社会建立在信息资源垄断基础上的社会治理模式发生了从'全景监狱'到'共景监狱'的根本性转换。"共景监狱是相对福柯全景监狱而言，"而今天我们所面对的真正变化是，传播的技术革命正在促成一种新的社会结构——'共景监狱'。与'全景监狱'相对，'共景监狱'是一种围观结构，是众人对个体展开的凝视和控制。"④全景监狱是在信息不对称、信息沟通渠道不畅通的情况下的监视与围观。共景监狱是基于信息方式覆盖于任何社会个体之中，每个人都是信息的节点都可以占有信息的情况下，众人对个体的围观。

"共景监狱"的概念和看待问题的视角适合探讨今天在信息方式下隐私问题的探讨。

三、信息方式与市场准则

根据美国经济法律学家理查德·A.波斯纳（Richard A. Posner）的理论，他将

---

① [美]马克·波斯特：《第二媒介时代》，范静哗译，南京大学出版社2001年版，第95页。
② [美]马克·波斯特：《信息方式》，范静哗译，商务印书馆2001年版，导论第138页。
③ [美]马克·波斯特：《第二媒介时代》，范静哗译，南京大学出版社2001年版，第97页。
④ 喻国明：《媒体变革：从"全景监狱"到"共景监狱"》，《人民论坛》2002年第15期。

人们从互相自愿的交易中各自获得利益的简明经济理论和与经济效率有关的市场经济原理应用于法律制度和法学理论研究。对隐私也进行了经济学视角的探讨，认为隐私也是商品，隐私中蕴含的秘密信息存在让需求者有获利机会的可能性。适用于各类经济主体之间，甚至在朋友和同事之间，对隐私的需求不仅仅是满足于好奇和窥视的欲望，也有个人利益的驱动。因为获取相关信息，对朋友和同事私生活的关注，对与之交往是有利的，可以降低交友和交往中的风险成本。波斯纳的理论是惊世骇俗的，但也是具有现实基础的，尽管背离了价值与道德领域的界定，但现实基础揭示了其实用性。

据新华网消息，美国经济学人网站 2014 年 1 月 2 日发表了题为《约翰逊专栏：2013 年的胜者是……》的文章。文章对 2013 年的一些热词进行了解读，并公布了《经济学人》杂志约翰逊专栏评选出的年度热词，其中很多内容关乎隐私。全文摘编如下：①

2013 年已经结束。在 2014 年元旦的宿醉之后，我们的大脑已经逐渐恢复清醒。所以，现在是时候来整理一下另一项遗留的工作了：回顾 2013 年出现的那些精彩、诡异、可怕的英语单词。在 2013 年底，多家字典出版商、语言协会以及其他热衷于词汇的组织或个人均公布了自己的"年度热词"。这些词汇都是什么呢？

不同的机构通过不同的方式挑选了自己的热词。韦氏词典的挑选标准是搜索次数增长最多的单词。不幸的是，这一标准导致了毫无新意的单词"科学"(science)最终夺魁，其搜索次数在 2013 年增长了 176%。韦氏词典的资深编辑彼得·索科洛夫斯基(Peter Sokolowski)进行了大胆的尝试，试图解释我们对"科学"一词的痴迷：

"科学"一词与广义的文化分歧有关，即观察与直觉、证据与传统。今年的许多重大议题都围绕科学展开，从气候变化到教育政策。我们见证了关于"伪"科学以及科学是否可以解答所有问题的热烈探讨。

这番话没有任何问题，但是有没有哪个词尤其展现了"2013"特色呢？

牛津大学出版社旗下的牛津词典挑选的年度热词是"自拍"(selfie)，这一选择更好地展现了 2013 年的精神。在此，有必要为那些在整个 2013 年都没有上网的人对"自拍"一词进行解释："自拍"指的是给自己拍的照片，一般是通过智能手机或者网络摄像头拍摄并上传到社交网站的照片。

这个词更像那么回事。尽管这个单词并非在 2013 年首次出现——它首次被使用是在 2012 年澳大利亚，但是"自拍"却随着无处不在的摄像头、无线网和社交

① http://news.xinhuanet.com/world/2014-01/03/c_125953415.htm.

媒体而极速崛起。它在2013年底又得到了极大的飞跃，原因是丹麦总理赫勒·托宁-施密特（Helle Thorning-Schmidt）、美国总统奥巴马和英国首相卡梅伦在纳尔逊·曼德拉的追悼会上玩自拍。美国方言协会将于1月3日通过投票选出自己的年度热词。该协会的新词委员会主席本·齐默（Ben Zimmer）透露说，“自拍”将会是强有力的竞争者。

和很多年度热词不同——比如美国方言协会评出的2001年度热词“孔屑”（chad）和2003年度热词“都市美男”（metrosexual），“自拍”维持的热度可能会更长久，而不会随着人们的好奇心消退而消失。所以依据传统标准，本刊的约翰逊专栏或许也会支持“自拍”；对于一个沉迷自我的时代而言，这是一个非常完美的自指词。

以传统标准来衡量，“自拍”毫无疑问是胜者，这个新词很好地总结了2013年的时代精神。但是，如果看一下年度热词那长长的候选名单，约翰逊专栏可能会选择一种完全不同的评选标准。南希·弗里德曼（Nancy Friedman）给出的一长串年度热词包括“元数据”（metadata）、“比特币”（bitcoin）、“转瞬即逝”（ephemeral）、“眼镜混蛋”（glasshole）以及“自拍”。一个单词可以把所有的词联系起来，尽管这并不是一个崭新的词汇。

2013年，美国国家安全局前合同工爱德华·斯诺登因泄露了美国的电子监听计划而名声大噪。当一家德国杂志邀请约翰逊专栏针对斯诺登泄密事件撰写一篇短小的评论时，我突然想到一个问题：德语并没有一个确切的词来表达“隐私”（英语为 privacy）的意思。德语中有“Privatsphäre”一词，其意思是“私人领域”；还有“Ungestörtheit”一词，其意思是安静地独处；但是却并没有一个词可以表述“隐私”这个抽象概念。

根据一般的简单分析，“德国人没有一个特定的词来表达‘隐私’”应该是意味着德国人并不注重这一概念，或者是他们理解这一概念非常困难。但是，事实恰恰相反。德国人在整个夏天都在关注美国国安局“棱镜门”的不断发酵；当他们得知美国人多年以来一直监听德国总理默克尔的手机时，德国人对“棱镜门”的关注度达到了顶峰。许多德国著名学者呼吁德国政府为斯诺登提供避难。德国人非常注重隐私，这一特点要追溯到“盖世太保”（Gestapo）和“史塔西”（Stasi）成为时代代名词的那个世纪。尽管没有一个特定的词来表达这一含义，但是在隐私层面，德国人或许可以给美国人上一课。

所以，现在你知道本刊约翰逊专栏挑选的年度热词了。在一个充满“自拍”的世界里，当间谍正在大量收集我们的“元数据”，当“眼镜混蛋”引发了新的忧虑，当Snapchat这类新型软件可以自己删除数据（“转瞬即逝”在硅谷是热词），当网民们囤积“比特币”以在内部圈子里实现购买和销售，我们希望2014年能够对一个有些无聊的旧词“隐私”多些关注。

无论是“自拍”还是“隐私”本身，都是与今天的存在方式有关。波斯特在探讨信息方式问题时，已经关注过信息变为商品问题了，他谈到，“贝尔和资本主义的理论家们都已发现，信息可以像汽车一样卖出去，因而也就没有超越市场体系。在他们看来，决定信息价格的法则，仍是支配物质商品分配的供需法则。”[①]在如此机制下，个人所独有的信息被信息技术所摧毁，“私有财产这个原则在信息领域内受到了威胁。新的传播技术使得人们既可控制信息的再生产又可控制其分配”[②]。波斯特认为：“按照政治经济学的传统理解，消费者购买某物是出于理性选择的‘私人’行为。可是，当信用卡从钱包或手袋中拿出来交给店员结账时，那种‘私人’行为就已变成一种‘公共’记录的一部分。一个人的个人选择受到强加于人的监视，但借助受监视个体的自愿参与，那种监视变成了一种话语现实。在此情形中，权力与话语作用被独特地构型了。被监视者提供了监视所必须的信息。”[③]因此，个人隐私不仅是商品，还成为商家和个人都乐于接受的商品。

四、信息方式与主体性重构

在信息方式下，个体被归置，因此主体性也被重构。“在电子媒介交流中，主体如今是在漂浮着，悬置于客观性的种种不同位置之间。不同的构型使主体随着偶然情境的不确定而相应地被一再重新构建。”[④]

这种建构是如何完成的呢？在波斯特看来，“数据库是具有内在局限与限制的信息结构。它们不像叙事具有复杂性和灵活性，是有严格限制的话语形式。在数据库程序中，特定‘域’或区域中只可能做特定的符号……藉此方式，数据库构型了现实，混编了个人经历，其特点可说是漫画式的描述。与此对照的是，数据库还能包括图示，也就是说，可能包括诸如照片或指纹样本等。于是个人信息变得更加复杂。然而，重要的并不是要考虑似真性这个问题：对于数据库所包含的信息描述，是不是所有人都满意其准确性呢？更何况数据库为个体建构了额外身份，在电脑之间以及各种机构之间的互动交流中，这些身份取代了那些个体，而互动交流一方面依赖这些身份，另一方面又依赖那些个体。如果对张三(John Smith)的电脑搜寻完成后，从接收信息的电脑或机构的观点来看，机器中调出来的结果就是张三本人。正如日常生活中的行动被信息痕迹所加倍一样，身份也在电脑数据库的互动交流中多重化了。”[⑤]

其实，在波斯特之前，福柯已经对主体建构放在了技术层面考量，这种技术只

① [美]马克・波斯特：《信息方式》，范静哗译，商务印书馆 2001 年版，导论第 39 页。
② 同上书，导论第 105 页。
③ [美]马克・波斯特：《第二媒介时代》，南京大学出版社 2001 年版，第 121 页。
④ [美]马克・波斯特：《信息方式》，范静哗译，商务印书馆 2001 年版，第 20 页。
⑤ [美]马克・波斯特：《第二媒介时代》，南京大学出版社 2001 年版，第 94 页。

不过是“话语”。“话语”在福柯看来是一种规训或者权利技术，话语是一种对主体的建构结构。“话语作为语言结构被构型为一种权利形式，而对权利的理解是：它的运作有一部分是通过语言实现的。”①不同阶层、不同人群话语结构是存在区别的，规定、制约和标识着话语主体的阶层、身份、立场和倾向。“陈述过程的各种不同形态不归结于某个主体的综合或统一功能，而表现了主体的扩散。当主体使用某一种话语时，这些各不相同的形态归结为不同身份、位置，主体能占据或能接受的立场，归结为主体以及领域的不连续性。如果这些领域是由一个关系序列连接起来，建立这个关系序列不是由与自身同一、对任何言语都是保持沉默和先在的意识的综合活动所确定，而是由话语实践的特殊性所确定……我们在话语中所要寻找的是适应各种主观性位置的调节范围。这样设定的话语不是思考、认识和使用话语主体庄严进行展示；相反，它是一个主体的扩散、连同它自身不连续性在其中可以得到确定的总体。话语是外在性的空间，在这个空间里、展开着一个不同位置的网络。”②这在波斯特看来，福柯的全景监狱理论还以另一种方式适用于数据库：“全景监狱作为权力的一种积极示例，它把一个个体囚犯建构成一种囚犯居民。规训的话语/实践生产了全体受监人群的行为与态度，全然不顾囚犯对强加于他们的规训做何种程度的抵抗或颠覆。无论他们对这一命运可能抱有或者不抱有何等热情，他们的身份都变成了一种囚犯居民的身份。同样超级全景监狱中的数据库给每一或个人都构建了身份，而且在构建时甚至全然不顾该个体是否意识到这种构建。电脑数据库‘认识’这些个体，对数据库而言，他们有独特的‘人格’并且电脑会根据具体情况按程序化的方式‘对待’他们。这些身份还成为电脑之间交流的基础，这些交流在电脑之间按常规进行，并不为那个‘真正的人’所知。”③波斯特认为，我们把数据库理解为一种按照数据库的形成规则铭写主体位置性的话语生产，无须把数据库当作一种具有适当性或精确性的模型而求助于该数据库的拥有者，并参照他或她的利益或转发给所涉及的人进行核实。按照这种方式就能站在公共与私人二分法之外、站在生产方式动态学之外理解数据库。“而数据库中最常见的是，个体是在缺席的状态下被构建的，证实着该事件的只是一个诸如垃圾邮件等非直接的证据。从这一角度看，数据库的质询更接近于书写的质询，其读者主体被一个缺席的作者所招呼。”④数据库的话语是一种运作于主体构建机制之中的文化力量。“数据库首先是话语，因为它们导致了一种主体建构。它们是一种书写形式，一种铭写符号痕迹的形式，它把书写基本原则延伸成延异（differance），使该原则

① ［美］马克·波斯特：《信息方式》，范静哗译，商务印书馆2001年版，第117页。
② ［法］米歇尔·福柯：《知识考古学》，谢强、马月译，三联书店2003年版，第59页。
③ ［美］马克·波斯特：《第二媒介时代》，范静哗译，南京大学出版社2001年版，第96页。
④ 同上书，第125页。

改变了它必然的终结认识并疏远、区分和宕延了这种认识。呈现为电子的数字化形式的数据库可以在空间中完美传输，在时间中无限保存；它可以在任何地方永久存在。数据库不像说出的语言，它不仅远离任何作者的在场，而且许多人手都'成为作者'，以至它愚弄了作者即权威这个原则。作为一个有意义的文本，数据库不是任何人的却又是每个人的，但它还是'属于'某人，属于把它作为财产'拥有'的社会机构，属于公司、国家、军队、医院、图书馆和大学。数据库是纯书写的话语，直接增强其所有人/使用人的权力。"①因为，这在波斯特看来，"信息方式具有挑战西方既定话语的潜能。信息方式下的交流实践使笛卡尔式主体立场——即理性中心化的主体、它把世界看作是任由其控制的种种客体——失去了稳定性、并且还影响了基于这一立场发展起来的工业资本主义时代的帝国主义话语。"②由此，主体在信息方式下有了重构的可能性，信息方式的这些因素以诸多新方式构建着主体。"你的生活模式定义了你，你是谁、你和谁在一起、你去了哪里，这是这些内容充实了你的存在。几十年前，这些内容是私密的，不过也容易遗忘，这些经历会渐渐离开你的记忆。而现在，不那么私密了，因为这些信息流进入了某些人的服务器。"③尤其是关系数据库，更具有指向性，"关系数据库(relational databases)已经在他们的结构中内置了与其他数据库结合的能力，他们形成了巨大的信息储量，几乎把社会中的每一个个体都建构成一个对象，并且原则上能够包括该个体的几乎所有的信息——信用评定数据、服役记录、人口普查资料、教育经历、电话记录等"④。

第二节 大数据时代：技术对个体的归置

一、数据与大数据时代

数据是人类生产生活过程记录的摹写，是事物存在方式与形式的信息化。近几年国内学者对数据的关注度不断升温，有学者系统地研究了从数到大数据的历史演变，对于数据有系统的认识："数据不仅限于表征事物特定属性，更为重要的是成为推演事物运动、变化规律的依据和基础。目前学术界对数据尚未有一个统一的定义。对数据内涵的最新认识是基于近年来计算机技术发展的结果，在计算机领域，数据被理解为是能够客观反映事实的数字和资料。其内涵包括(1)数据是对客观事物的符号表示，是用于表示客观事物的未经加工的原始素材，如图形、数字、

① [美]马克·波斯特：《第二媒介时代》，范静哗译，南京大学出版社2001年版，第120页。
② 同上书，第170页。
③ [美]帕特里·克塔克尔：《赤裸裸的未来》，钱峰译，江苏凤凰文艺出版社2014年版，第33页。
④ [美]马克·波斯特：《第二媒介时代》，范静哗译，南京大学出版社2001年版，第124页。

字母等。(2)数据是通过物理观察得来的事实和概念，是关于现实世界中的地方、事件，其他对象或概念的描述。(3)数据是客观对象的表示，是信息的表达，而信息则是数据内涵的意义，是数据的内容和解释。(4)数据的格式往往与计算机系统有关，并随载荷它的物理设备的形式而改变。哲学家们认为数据是事物现象的表征，只有通过数据才能获知事物的现象。"①

以上关于数据的认识，基本涵盖了数据的所有内涵。大家关注数据问题，并非源于数据本身，而是以"大数据"为落脚点。早在1980年阿尔文·托夫勒(Alvin Toffler)在《第三次浪潮》一书中提出"大数据"的概念，指出："大数据是第三次浪潮的华彩乐章。"宣告大数据时代到来的是全球知名咨询公司麦肯锡。由于物联网、云计算技术的发展，使数据正以整体集合的形式改变着人的生产与生活方式。

大数据实实在在地飞速地在我们日常生活中累积和增长。以谷歌公司一天处理的数据量来看，"谷歌公司每天要处理超过24拍字节数据，这意味着其每天的数据处理量是美国国家图书馆所有纸质出版物所含数据量的上千倍"②。从全球整体存储数据累计量来看，"到2013年，世界上存储的数据预计能达到约1.2泽字节，其中非数字数据只占不到2%。这样大的数据量意味着什么？如果把这些数据全部记在书上，这些书可以覆盖整个美国52次。如果将之储存在只读光盘上，这些光盘可以堆成5堆，每一堆都可以伸到月球"③。有资料显示："截止到2012年，数据量已经从TB(1 024 GB=1 TB)级别跃升到PB(1 024 TB=1 PB)、EB(1 024 PB=1 EB)乃至ZB(1 024 EB=1 ZB)级别。国际数据公司(IDC)的研究结果表明，2008年全球产生的数据量为0.49 ZB，2009年的数据量为0.8 ZB，2010年增长为1.2 ZB，2011年的数量更是高达1.82 ZB，相当于全球每人产生200 GB以上的数据。而到2012年为止，人类生产的所有印刷材料的数据量是200 PB，全人类历史上说过的所有话的数据量大约是5 EB。IBM的研究称，整个人类文明所获得的全部数据中，有90%是过去两年内产生的。而到了2020年，全世界所产生的数据规模将达到今天的44倍。"④

大数据一方面由于数据数量的巨大，但其"大"的内涵并非数量能够解释的。"大数据并非一个确切的概念。最初，这个概念是指需要处理的信息量过大，已经超出了一般电脑在处理数据时所能使用的内存量，因此工程师们必须改进处理数

① 刘红、胡新和：《数据革命：从数到大数据的历史考察》，《自然辩证法通讯》2013年第12期。

② [英]维克托·迈尔-舍恩伯格、肯尼斯·库克耶：《大数据时代》，盛扬燕、周涛译，浙江人民出版社2014年版，第11页。

③ 同上书，第13页。

④ http://baike.baidu.com/link?url=biI7bo3TpyAySZeLfc7vtqq55N2NXEwt_NIwDzmbJ9t9bimprVnQ55-ayZyfptGfWR4IIH42CxIa1vLKsiCh3wTG98cDdoUEF2Id5wdEC8fK.

据的工具。这导致了新的处理技术的诞生。例如谷歌的 MapReduce 和开源 Hadoop 平台(最初源于雅虎)这些技术使得人们可以处理的数据量大大增加。更重要的是,这些数据不再需要用传统的数据库表格来整齐地排列——一些可以消除僵化的层次结构和一致性的技术也出现了。"①大数据也是一种技术形式,需要基本的技术载体。当前金融行业、电商行业都对大数据有高度的关注。而关于大数据带来社会生产生活方式的改变,人文社科领域也形成足够的研究热度。维克托·迈尔-舍恩伯格(Viktor Mayer-Schönberger)《大数据时代——生活、工作与思维的大变革》从人文社会科学的视角来看待大数据对人类认识方式、思维方式和生活方式的改变问题。在舍恩伯格看来,大数据还是一种方法。"今天,一种可能的方式是,亦是本书采取的方式,认为大数据是人们在大规模数据的基础上可以做到的事情,而这些事情在小规模数据的基础上是无法完成的。大数据是人们获得新知、创造新的价值的源泉;大数据还是改变市场、组织机构,以及政府与公民关系的方法。"②这种方法的出现,却对社会整体与个人都产生巨大现实的影响。

二、大数据具有强大的相关分析功能

对于大数据的特点的认识还在不断挖掘之中,目前公认有四个"V":一是数据体量巨大(Volume);二是数据类型繁多(Variety);三是价值密度低(Value,价值密度的高低与数据总量的大小成反比);四是处理速度快(Velocity)。在舍恩伯格看来,大数据与三个重大的思维转变有关,而且这三个转变是相互联系和相互作用的。"首先,要分析与某事物相关的所有数据,而不是依靠分析少量的数据样本。其次,我们乐于接受数据的纷繁复杂,而不再追求精确性。最后,我们的思想发生了转变,不再探求难以捉摸的因果关系,转而关注事物的相关关系。"③数据规律打破了通过因果关系探讨事物真相的方式,转入相关性分析,通过相关规律来揭示事实真相。

"啤酒与尿布"的故事就诞生于技术相关关系的分析中。1993 年美国学者艾格拉沃(Agrawal)提出通过分析购物篮中的商品集合,从而找出商品之间关联关系的关联算法,并根据商品之间的关系,找出客户的购买行为。艾格拉沃从数学及计算机算法角度提出了商品关联关系的计算方法——Aprior 算法。沃尔玛从 20 世纪 90 年代尝试将 Aprior 算法引入到 POS 机数据分析中,并获得了成功,于是产生了下面"啤酒与尿布"的故事。④

---

① [英]维克托·迈尔-舍恩伯格、肯尼斯·库克耶:《大数据时代》,盛扬燕、周涛译,浙江人民出版社 2014 年版,第 8 页。

② 同上书,第 9 页。

③ 同上书,第 28—29 页。

④ http://baike.baidu.com/link?url=1rm_9xb6P1tC2HW9xjmaOYB23msSMPVod-A0bZOYevxtFVpxh1-lBBPM46EqjJzG9dka3usFXKbBzbE8gZuyOn4joPnFIUHAyCWW_dXSQZme.

20世纪90年代,美国沃尔玛超市管理人员分析销售数据时发现了一个令人难以理解的现象:在某些特定的情况下,"啤酒"与"尿布"两件看上去毫无关系的商品会经常出现在同一个购物篮中,这种独特的销售现象引起了管理人员的注意,经过后续调查发现,这种现象出现在年轻的父亲身上。

在美国有婴儿的家庭中,一般是母亲在家中照看婴儿,年轻的父亲前去超市购买尿布。父亲在购买尿布的同时,往往会顺便为自己购买啤酒,这样就会产生啤酒与尿布这两件看上去不相干的商品经常会出现在同一个购物篮的现象。如果这个年轻的父亲在卖场只能买到两件商品之一,则他很有可能会放弃购物而到另一家商店,直到可以一次同时买到啤酒与尿布为止。沃尔玛发现了这一独特的现象,开始在卖场尝试将啤酒与尿布摆放在相同的区域,让年轻的父亲可以同时找到这两件商品,并很快地完成购物。

这种相关性分析不仅用于类行为,还适用于个体行为,但却已经严重影响隐私了。被大家关注的案例是美国折扣零售商塔吉特与怀孕预测。①

大数据相关关系分析的极致,非美国折扣零售商塔吉特(Target)莫属了。该公司使用大数据的相关分析已经多年。《纽约时报》的记者查尔斯·杜西格(Charles Duhigg)就在一份报道中阐述了塔吉特公司怎样在完全不和准妈妈们对话的前提下预测一位女性会在什么时候怀孕。基本上来说,就是收集一个人可以收集到的所有数据,然后通过相关关系分析得出事情的真实状况。

对于零售商来说,知道一个顾客是否怀孕是非常重要的。因为这是一对夫妻改变消费观念的开始,也是一对夫妻生活的分水岭。他们会开始光顾以前不去的商店,渐渐对新的品牌建立忠诚。塔吉特公司的市场专员们向分析部求助,看是否有什么办法能通过一个人的购物方式发现她是否怀孕。

公司的分析团队首先查看了签署婴儿礼物登记簿的女性消费记录。塔吉特公司注意到,登记簿上的妇女会在怀孕大概第三个月的时候买很多无香乳液。几个月之后,他们会买一些营养品,比如镁、钙、锌。公司最终找出20多种关联物,这些关联物可以给顾客进行"怀孕趋势"评分。这些相关关系甚至使得零售商能够准确地预测预产期,这样就能够在孕期的每个阶段给客户寄送相应的优惠券,这才是塔吉特公司的目的。

杜西格在《习惯的力量》(*The Power of Habit*)一书中讲到接下来发生的事情。一天,一个男人冲进了一家位于明尼阿波利斯市郊的塔吉特商店,要求经理出

① [英]维克托·迈尔-舍恩伯格、肯尼斯·库克耶:《大数据时代》,盛扬燕、周涛译,浙江人民出版社2014年版,第198页。

来见他。他气愤地说："我女儿还是高中生，你们却给她寄来婴儿服和婴儿床的优惠券，你们是在鼓励她怀孕吗？"而当几天之后，经理打电话向这个男人致歉时，这个男人语气变得平和起来。他说："我跟我女儿谈过了，她的预产期是8月份，是我完全没有意识到这个事情的发生，应该说抱歉的是我。"

尽管大数据价值性稀疏，是一个不利的因素，但其数量庞大、种类繁多，尤其是技术处理速度快，三个方面完全可以抵消价值密度低的缺点。正是因为如此，大数据的相关关系湮没甚至超越了因果关系的分析原则。京东商城创始人刘强东的恋情曝光就是与相关分析有关，刘强东曾在微博上发了一张家中种植的西红柿照片，网友发现与"奶茶妹妹"账号所发照片完全一致，因此恋情遭到大家关注并围观。"随着个人数据大量增长，可预测性提高，数据的私密性会相应减弱。"①这对社会整体是积极的，对很多商业企业也是商机和便利，但是，"当前大数据时代的一个致命缺点，在于数据共享的价值或福利是集体体验，而风险却是由个人承担的"②。这对个人隐私意味着无限的风险。

三、大数据对个人隐私的影响

美国学者 Robert Vamosi 指出："个人数据可能并且确实以不可预测的方式泄露。存储或者拦截的信用卡和社会保险号码变成了在互联网上买卖的0/1代码；无线射频识别(RFID)驾照和护照以无线的方式为精通技术的犯罪分子提供生物学和个人数据，用以制造新的身份。但是，新出现的一类个人数据——我们的去向和交往的人的记录，量化的程度要低得多。这些数据也是噪声，在某种程度上是因为他们只存在于我们的汽车、员工出入卡和始终开启的移动电话所生成的大量电子数据深处。如果只使用在你的一天中生成的各种形式的电子数据，就有人能够预测你日常和私人的交往，准确率达到95％，那该怎么办？"③事实上，在大数据不断膨胀的今天，我们已经进入这个难题模式。我们个人的数据量通过技术的架构不断攀升，"个人数据的总量增长主要源于三个方面动力——社交网络、电子商务平台和移动智能终端"④。

匿名化在大数据时代也不能完全保护隐私。"在小数据时代这样确实可行，但是随着数据量和种类的增多，大数据促进了数据内容的交叉检验。"⑤

① ［美］帕特里·克塔克尔：《赤裸裸的未来》，钱峰译，江苏凤凰文艺出版社2014年版，导言第XV页。

② 同上书，第36页。

③ ［美］Robert Vamosi：《个人信息保卫战——高科技时代的隐私担忧与防护策略》，姚军等译，机械工业出版社2012年版，第148—149页。

④ 王忠：《大数据时代个人数据隐私规制》，社会科学文献出版社2014年版，第32页。

⑤ ［英］维克托·迈尔-舍恩伯格、肯尼斯·库克耶：《大数据时代》，盛扬燕、周涛译，浙江人民出版社2014年版，第198页。

2006 年 8 月，美国在线(AOL)公布了大量的搜索查询数据，本意是希望研究人员能够从中得出有趣的见解。这个数据库是由 3 月 1 日到 5 月 31 日之间的 65.7 万用户的 2 000 万搜索查询记录组成的，整个数据库进行过精心匿名化——用户名称和地址等个人信息都用特殊的数字符号进行了代替。这样，研究人员可以把同一个人的所有搜索查询记录联系在一起来分析，而并不包括任何个人信息。

尽管如此，《纽约时报》还是在几天之内通过把"60 岁的单身男性"、"有益健康的茶叶"、"利尔本的园丁"等搜索记录综合分析考虑之后，发现数据库中的 4417749 号代表的是佐治亚州利尔本的一个 62 岁的寡妇塞尔玛·阿诺德(Thelma Amoid)。当记者找到她家的时候，这个老人惊叹道："天呐，我真没有想到一直有人监视我的私生活。"这引起了公愤，最终美国在线的技术官和另外两名员工被开除了。

事隔仅仅两个月后，也就是 2006 年 10 月，DVD 租赁商奈飞公司做了一件差不多的事情，就是宣布启动"Netfix Prize"算法竞赛。该公司公布了大约来自 50 万用户的一亿条租赁记录，并且公开悬赏 100 万美金，举办一个软件设计大赛来提高他们电影推荐系统的准确度，胜利的条件是把准确度提高 10%。同样，奈飞公司也对数据进行精心的匿名化处理。然而还是被一个用户认出来了，一个化名"无名氏"的未出柜的同性恋母亲起诉了奈飞公司，她来自保守的美国中西部。

通过奈飞公司的数据与其他公共数据进行分析对比，得克萨斯大学的研究人员很快发现，匿名用户进行收视率排名与互联网电影数据库(IMDb)上的实名用户所排的是匹配的。

大数据对个人隐私的影响不同于传统社会在于，"传统模式下，由于个人数据的应用范围较小，层级不多，系统风险性较小并且可控。但在大数据条件下，个人数据价值挖掘过程中，参与者众多。个人数据的生产、加工的迂回度不断提高，加大了整个过程的系统性隐私风险"①。美国学者帕特里·克塔克尔(Patrick Tucker)在《赤裸裸的未来》中谈道："安排约会、刷公交卡进地铁、上班打卡——我们以为这些独立的行为只是作为大数据的一部分，不会产生什么实际影响。但试想一下，这些都是传感数据，就像我们感到的针刺或听到某些音符，虽然不是完整的乐曲，但是这些小小的动作、交易和日常交流也是相互作用的、有节奏的。和大多数人一样，你的生活也会具有惯性；每天在同一时间上班，午饭的时候逛同样几家店，一成不变的路线回家。如果不断重复，乐曲的旋律也会变得容易预测。随着传感器、地理信息系统、地理定位 APP 的发展，此类旋律将会越来越多地出现。"②

---

① 王忠：《大数据时代个人数据隐私规制》，社会科学文献出版社 2014 年版，第 35 页。

② [美]帕特里·克塔克尔：《赤裸裸的未来》，钱峰译，江苏凤凰文艺出版社 2014 年版，导言第 XIV 页。

的确,现在越来越多的技术纳入智能化的程序之中,2014 年 7 月小米年度发布会上,小米手环正式亮相,小米手环的主要功能包括查看运动量、监测睡眠质量、智能闹钟唤醒等。可以通过手机应用实时查看运动量,监测走路和跑步的效果,还可以通过云端识别更多的运动项目。小米手环能够自动判断是否进入睡眠状态,分别记录深睡及浅睡并汇总睡眠时间,帮助用户监测自己的睡眠质量。小米手环配备了低功耗蓝牙芯片及加速传感器,待机可达 30 天。另外,它支持 IP67 级别防水防尘,意味着日常生活,甚至是洗澡都无须摘下。“过去 10 年,类似 Fibit、RunKeeper 和智能型磅秤、臂环等设备的市场获得飞速发展。根据皮尤互联网与美国人生活项目调查,五分之一的美国人会用某种设备来跟踪他们自身或其他人的健康状况。这些设备已经成为自减少碳水化合物摄入以来最有趣的健康运动——量化自我(Quantified Self, QS)——的可识别标志。”①

在现代信息技术下,物联网、云计算以及形成的数据库都是这种监禁体系部分。“我认为数据库是作为一个超级全景监狱运作的。数据库像监狱一样,连续不断地在暗中有系统地运作着,收集个人资料并组合成个人传略。与全景监狱不同的是,这些囚犯居民无须关在任何建筑物中居住;他们只须继续进行其刻板的日常生活即可。因而,这种超级全景监狱与它的前一代相比更不会侵扰他人,然而它完成规范化这一任务的效率却绝不降低。”②按照波斯特观点,超级全景监狱使公共与私人之间的区分失去了效力。因为在大数据统摄下,人的言行踪迹会实时记录并转化成可供电脑利用的信息。今天的传播环路以及它们产生的数据库,构成了一座超级全景监狱,一套没有围墙、窗子、塔楼和狱卒的监督系统。数据库已经成为生活中的很重要的一部分,“由于我们的身体已紧密维系着网络、数据库和信息高速公路,因此它们不能给我们提供一个不受观察的避难所,或提供一个可以划定一条抵抗界限的堡垒”③。不仅政府部门有个人的信息记录,银行和保险公司里面有全体公民的个人信贷记录,各个企业也纷纷建立消费者的数据库。“个人与个人、个人与机构之间的分界线不断被电脑数据库逾越,隐私作为一种行动模式甚至是一种论题都被取消了。”④正如克塔克尔所言:“隐私的重要性没有减弱,只不过因为我们在真实生活中增加彼此关联。嵌入新的感应能力,并以新的方式应用移动技术。但是,我们对隐私的观点似乎还像过去几十年那样,处于焦虑之中。”⑤

① [美]帕特里·克塔克尔:《赤裸裸的未来》,钱峰译,江苏凤凰文艺出版社 2014 年版,第 38 页。
② [美]马克·波斯特:《第二媒介时代》,范静哗译,南京大学出版社 2000 年版,第 97 页。
③ 同上书,第 129 页。
④ 同上书,第 93 页。
⑤ [美]帕特里·克塔克尔:《赤裸裸的未来》,钱峰译,江苏凤凰文艺出版社 2014 年版,第 34 页。

第三节　摄像头与监控

一、关于电子监控系统(CCTV)

美国《消费者与工作者隐私权法案》对电子监控定义为:电子监控是指由他人实施,不是通过直接观察而是通过计算机、电子观测和监督、电话服务的监听、电话计数或其他基于磁、电子摄像和光学摄像系统传输标记、信号、文字、图像、声音、数据:通过采用大量的电子监控器、极大的数据传输带宽、海量的存储空间,有效达视听或计算机技术的形式,收集、储存、分析或报告关于个人活动信息的一切活动。包括通过电缆、无线电、电到对较大区域(通常是一个城市的中心城区)的视频、声音进行多方位、实时采集的电子监控系统。电子眼是闭路电视监控系统(Closed Circuit Television)的通俗叫法,也被称作CCTV,摄像头、监控器等都是其中之一。电子摄像头作为现代技术支撑下的有效监控方式,已经从公共领域进入私人领域,越来越覆盖性地进入市民的生活。道路、街区、银行、商场、超市、医院、宾馆等公共场所无一不有监控设施,甚至很多个体私人小店也有监控系统。

英国是最早使用监控系统的国家,20世纪70年代,英国人开始安装闭路电视监控系统,到90年代时,闭路电视监控系统开始在英国大规模普及。"有人曾做过统计,在伦敦及英国的其他许多城市,每人平均每天能受到CCTV'关照'至少8次,'幸运者'可一天得到300次'上镜'机会。据英国《卫报》报道,在人口不到7 000万的英国,共安装CCTV摄像头250万部,其总数和人均数量均位居世界之首。"①而在2013年英国安防行业协会(BSIA)披露的报告中表明:"英国每11个人就拥有一个监视摄像头,其中有75万个设置在学校、医院等'敏感地点'。"②英国安防行业协会称,英国全境的闭路摄像头多达590万个,远远超出了之前预估的150万至400万个。

这种情况在当前我国也不断强化。"年内,全省视频监控摄像头数量将突破200万台,不断完善防范打击违法犯罪的'天罗地网',着力构建'地面、地下、空中、海域、网上'五位一体的立体化社会治安防控体系。"③这是2014年山东省的一个新闻报道内容。北京早在2010年,全城已经遍布40多万个电子眼,将建成一个由监控摄像头组成的、覆盖80%以上街道的"图像信息网"。2013年11月3日,有网友以《我和我的小伙伴都惊呆了！上海一路口摄像头密布》为题,贴出一组图片,指

① http://news.sohu.com/28/48/news147394828.shtml.

② http://www.chinadaily.com.cn/hqzx/2013-07/11/content_16762855.htm.

③ http://www.iet.com.cn/xinwenzhongxin/02191335H014.html.

出:“上海市宝山区友谊路与克山路路口,一根杆子上安装了将近 60 只摄像头引起不少过往司机的注意,密密麻麻的摄像头就像‘小燕子’排在杆子上。”①后经证实,实际上是一家科技公司测试设备,虽然虚惊一场,但上海的社会防控一直走在全国前列。早在 2010 年世博会之前,上海市在公共场所安装了 20 多万个摄像头,全面建立起了“社会防控体系”。以电子产品调查为主的调查公司 IMS 预计,“从 2010 年至 2014 年,中国摄像头的数量将以每年 20%的速度增加,而其他国家这一速度不超过 10%。IMS 高级分析师张博(音)相信,2010 年,中国增设了超过 1 000 万个摄像头,既覆盖私营场所也包含公共场所。全国性的‘安全城市’计划旨在建立一个大网络,覆盖全国的城市地区”②。

二、电子监控系统的积极意义

英国人安装 CCTV 初衷是震慑犯罪分子。实践证明,闭路电视监控系统对震慑犯罪分子、打击犯罪有显著效果,如今,CCTV 已渗透到英国社会生活的各个方面。“中小学校为了防范学生吸烟和破坏公物,在校车和体育馆内安装了摄像头,一些中学甚至把摄像头装进了浴室;英国各个停车场用‘CCTV’来防范盗窃汽车的活动;交通管理部门用它来监控行车速度,检测汽车尾气等;遍布大街小巷的超市和街头小店也都蜂拥效法,以监视那些小偷小摸的人。近年来,一些治安较乱的社区还开始在一些家庭的房子上方安装一个个‘探头’,吓阻和监视一些‘不速之客’。此外,英国一些地方还用它来控制、惩罚乱丢垃圾、废弃物的行为,一旦有乱丢废弃物者被摄像头拍下,就不但要被罚款,而且拍下的镜头还要进当地的‘丑恶行为展览馆’。”③

有人总结了公共摄像头的四大功能:一是道路监控;二是治安监控;三是路口闯红灯监控;四是测速监控。根据公开资料显示,摄像头有五种基本分类:(1)凡在路口或非路口有杆子探出来(仅一个的),上面带有一个类似白色长方体状摄像头(摄像头下面带可旋转轴,可 360 度旋转监控)的全是道路监控摄像头,主要用来监控违章停车、吸烟、打手机、不按规定行驶、无安全带等违章行为。此类摄像头有大变焦,可拉近到 1 000 米外的车内。(2)凡是有黑色球体状的倒挂的摄像头都是治安监控,不监控车辆违章。此类摄像头安装数量最多,大部分比较隐蔽,而且几乎所有单位院门口都有安装。(3)路口所有安装的不带旋转轴摄像头是监控闯红灯、越线、压线违章的。这类摄像头一般都另配有闪光灯设备,安装在离摄像头很近的位置上,方方正正的白色长方体。只要压线,电脑自动拍照。此类摄像头与 360 度

---

① http://www.cien.com.cn/html/Home/report/91923-1.htm.

② http://www.tpy888.cn/news/201108/16/62048.html.

③ http://news.sohu.com/28/48/news147394828.shtml.

监控的最大区别：一是不带旋转轴；二是带有明显的闪光设备。(4)在路口与路口中间有杆子探出来，带有一排多个摄像头的是用来监控超速的，一般都是限速所用，此类摄像头基本是集成照明设备。(5)现在部分路口在监控闯红灯的摄像头的杆子上又添加了可360度旋转的监控，具有了前面(1)和(3)的功能组合。

2014年11月16日上海大学后勤、武保、社区与学生恳谈交流会，校方回答学生问题时指出："摄像头都会存在盲区。由于学校经费有限，我们学校的摄像头数量还不能完全满足学生安全需要。我们在宝山校区总共安装了1 200多个摄像头(不包括每个教学楼的考试监控系统)，包括约300个数字高清摄像头，800多个模拟摄像头。这些摄像头主要安装在宝山大道、每幢宿舍楼门口以及各个大楼的出入口。我们会逐年逐步增加摄像头的数量；并且由于在宿舍楼内发生多起盗窃事件，考虑在宿舍楼内安装摄像头。"①这也是从安全防范的角度来推进监控系统建设的。

然而，这双背后的"眼睛"，不仅是一个能够实时传输、存储图像的现代视讯设备，它还和两个字有着天然联系——监控。不可否认，作为城市治安管理的重要手段，安装在大街小巷的电子摄像头维护着社会稳定，震慑着犯罪行为。在公共空间被偷钱包，寄希望于摄像头还原于真相，找到小偷；发生了交通事故，肇事车辆逃脱，现场被破坏且没有目击证人，也希望有电子警察拍下证据，还受害者以公道。在不少案件中，摄像头记录下的影像，确实成了破案的关键，也恰恰因为这些摄像头的存在，许多人为的或者非人为的灾难都被遏制在萌芽里。

有摄像头的存在，也记录着人性的善恶与得失。小月月事件的揭露也在于摄像头将8个漠然的路人记录于镜头之中，印刻在人们内心深处，让我们鞭笞灵魂的冷漠和人性之恶的一面。

但摄像头对于普通人、普通的一天而言却是莫大的和潜在的伤害。监控只是手段不是目的，切勿矫枉过正。

三、电子监控对隐私的侵犯

电子眼等电子监控系统使用的初衷是为了防患违规和犯罪，以此保护公共安全。事实上，电子眼这种技术手段是一把双刃剑，保护公共安全同时，极大地侵犯了个人隐私。最为引人关注的研究是英国学者纳瑞斯和阿姆斯壮用非常形象的表述说明英国人每天的生活与闭路电视监控系统之间的关系。两位学者用《托马斯的一天》来展开这个话题。②

---

① http://mp.weixin.qq.com/s? _biz=MzA4NTkxNjIwOA=&mid=201172882&idx=1&sn=ae7f7d5-915b12a0bad5389a580f7af84&3rd=MzA3MDU4NTYzMw=&scene=6#rd.

② 转引自王俊秀：《监控社会——关于监控边界的研究》，天津人民出版社2006年版，第3—6页。

早上8点15分,托马斯与妻子告别离开家,在上班之前他要首先送十岁的儿子和四岁的女儿去学校和幼儿园。在走向电梯的过道,他们已经被摄入了当地政府装设的预防毒品交易的隐蔽摄像头。

在等电梯的时候,他们又进入了位于12层的大楼保安的监视器的范围,同样,进入电梯后他们还要被电梯中的摄像头记录下来,他们的影像将被保存至少28天,如果需要还要更长时间地被保存。

在他们从大楼走向汽车的过程中,不仅12层的保安在监视着他们,15楼的房产部门也在接收着监控信号。在托马斯驶出大楼走在限速的双轨道上时,测速摄像头监视着他的汽车。

8点30分,托马斯把女儿送到了有闭路电视系统的幼儿园,向他儿子的学校驶去。路上他遇到了红灯停下来等待,如果闯红灯的话他会被摄像头记录下来,作为诉讼的证据。托马斯和儿子在操场等待学校开门,这时他们已经被摄入了操场对面一个隐蔽的摄像头中,这个摄像头的功能也是监视是否有人进行毒品交易的。

托马斯吻别儿子的画面也进入了学校出入口安装的学校内部的监控系统。

托马斯的汽车需要加油,他驶入加油站,出纳台的大字警示他:“这里24小时监控开启!”

离开加油站,托马斯向办公室驶去,路上要经过一个铁道口,他在路障前停了下来,铁路道口有四台摄像机监视着路过的汽车。几分钟后,托马斯过了铁道口,把车停在车站对面的一个大型停车场,托马斯也进入另一个监控系统的范围。

像往常一样,托马斯在一家店里买了一份报纸,也就把自己的影像留在了那家店里的摄像机里,这个摄像头虽然没有人在监视,但影像是要记录下来,以应不时之需。

进入火车站,托马斯在买票之前,想起要提醒一下妻子自己可能要晚点回去,就在公用电话亭打了一个电话。每个公用电话亭都安装着闭路电视,试图抓住那些破坏公用电话亭和打假报警电话的人。打完电话后,托马斯买票走上了站台,站台上各个角度的摄像头有32个之多。

出了车站离办公室还有一小段距离,在接待大厅托马斯的微笑是冲着监视器的,他没有意识到他的走动已经被监视是否有人吸烟的几台摄像机记录下来。

午饭时间,托马斯打算去看他的姐姐,他姐姐刚刚生了孩子。他在大街上行走的过程已经三次进入市政厅的监控室。第一次是在一台自动取款机前取现金,被自动取款机隐藏的摄像头拍了下来。过了马路,走进一家商店,要为姐姐买束花,为自己买件雨衣。商店的安全监控很到位,每个拐角处都安装了摄像头,35个摄像头使得商店没有任何监视的死角。结账时他签了一张支票,他没有注意到,一台摄像机的镜头通过变焦把他的图像放大,以得到他清晰的脸部画面,这样做是为了防范盗用信用卡犯罪。

从商店出来，他拦了一辆出租车，在两英里的路程中他要经过一条主干道，出租车的车牌号码被市警察局的车牌自动识别系统拍了下来。

进入医院大门，有两台摄像机记录着出入的车辆和行人，进入妇产科的大门也安装了摄像头。

从医院出来，托马斯进入了最近的地铁，从进入地铁的那一刻一直进入车厢，托马斯始终是在摄像头监控的范围之内。他要到机场去接几个来这里开会的预期的客户，当然，他又进入了数十个安全监控摄像头。他陪客人到了机场酒店，然后又到停车场找了一辆已经雇好的汽车。汽车驶出停车场，车牌被自动识别系统拍了下来，进入了使用机场停车场的数据库，供以后查对。

作为托马斯的一个营销计划，他们向一个体育场驶去，他们要去看一场足球联赛的比赛。路上他们的车驶入了城市中心的闭路电视的范围。在入场时他们被自动拍照，在就座后他们的面部被摄像扫描，并与数据库中足球流氓进行对比。

比赛结束后他们去一家酒吧，由于道路不熟悉，他们的车慢下来希望寻找一个拐弯的地方，他们的车被当地刑警队的移动手持摄像机拍了下来，目的是防范在这个“红灯区”有驾车在人行道上寻找女子寻欢的人，但他们离开后，警察对他们失去了兴趣。

饭后，托马斯出现在火车站，自然他的行踪又被记录在了车站的摄像机里。

午夜时分托马斯回到家里，倒了一杯酒开始翻检白天送来的邮件，一份公文信函引起了他的注意，公函是当地警察局寄来的，通知托马斯他的儿子被监控拍到与一个少年团伙有关，希望他去警察局看录像记录(Norris, Clive & Armstrong, Cary, 1999)。

托马斯的一天，现在也成为你、我和他的一天，在你今天的中国城市摄像头的普及率基本上达到全覆盖，乡村也在不断走向监控社会。在繁华的都市中行走，城市到处隐藏着的和高悬着的摄像头，将行人监控着。监控从社会整体而言是安全的保证，但对于个体而言，防范性的安全却以放弃个体的隐私为代价。“现在高速上的高清摄像头不仅具备高倍数放大、夜视等功能，还可以360度旋转，实现监控无死角，就算是一根香烟大小的物体都能看得清清楚楚！更为神奇的是，数据是3G无线传输的，即使不在电脑旁，只要有能上网的手机、iPad就能实时监控。”①

在国内电子监控引发大家聚焦的有很多案例，其中影响较大的是四川绵阳交警执法照流出事件：2013年7月29日下午2点56分，在四川绵阳做钢铁生意的邓

① http://bbs.cps.com.cn/cps-591613-1-1.html.

某，驾车出行，因超速15%被高速摄像头拍下。按照机动车超速罚款处罚规定，他应该被罚款200元，并罚扣3分。但是，电子眼抓拍的高清照片于8月21日晚6时开始在微博上疯传，一天之内，这张图片被转发上万次。照片中他左手掌控方向盘，右手探入副驾驶位置上一名女子的胸部。他的个人信息随后被网友人肉搜索曝光，副驾驶上的那名女孩也未能幸免。9月29日，绵阳"电子眼不雅照"处理结果正式公布，两名通过互联网泄漏"川B号牌车超速信息照"的违法人员喻某、李某某（两人均系电脑公司维修工）分别被处以7天和6天的行政拘留。

2013年英国安防行业协会（BSIA）关于英国存在590万摄像头的报告引起了隐私权保护组织"老大哥观察"（Big Brother Watch）的愤怒指责，他们认为摄像头反映了英国民主的情况不佳。该组织管理人员尼克·皮克尔斯还将此与乔治·奥威尔在小说《1984》里描述的"反乌托邦"进行对比。认为："这份报告应该成为警钟，警示人们在现代英国还有当权者以1984之路为前行蓝本。"①

尼克·皮克尔斯所言的《1984》，是指在1948年，英国左翼作家乔治·奥威尔写下的作品《1984》，这部作品与英国作家赫胥黎著的《美丽新世界》以及俄国作家扎米亚京著的《我们》被称为"反面乌托邦三部曲"。这部作品蕴含了深刻的讽刺和揭露，对未来世界极权主义泛滥的担忧和反思。其中，奥威尔刻画了一个令人感到窒息和恐怖的，以追逐权力为最终目标的假想的极权主义社会。通过对这个社会中一个普通人生活的细致描述，揭示了任何形式下的极权主义必将导致人民甚至整个国家成为悲剧。统治国家的，是一个无所不能的"党"，一个神秘而无所不在的"老大哥"。其中一句名言为："老大哥在看着你！"今天世界各地通过监控体系完全呈现当年奥威尔的社会现实，摄像头变成了监控的方式，这完全是"共景监狱"的真实写照。

---

① http://www.chinadaily.com.cn/hqzx/2013-07/11/content_16762855.htm.

第九章　新媒介技术与隐私遗失

如果说很多技术形式是加剧了对个人隐私的侵犯，是被动的行为，但新媒介技术的发展却是个人通过媒介主动建构的行为。因为新媒介技术不是挖掘性的技术，而是参与性的技术，在某种程度上会造成隐私遗失。

第一节　媒介技术发展与新媒体

一、媒介与新媒介

“媒介”是具有历史渊源的词汇，最早记载于《旧唐书·张行成传》：“观古今用人，必因媒介。”在其中。“媒介”特指使双方发生关系的人或事物。其中，“媒”字，在中国更具有特殊含义，先秦时期是指媒人，后引申为事物发生的诱因。在《诗·卫风·氓》中有“匪我愆期，子无良媒”之说。而“介”字，词义稳定，一直是指居于两者之间的中介体或者指工具。

在中国知网（CNKI）中通过篇名检索，最早“媒介”一词可见于1952年，其内涵是作为最原始意义的应用，仅有两篇：《传染病的媒介昆虫——跳蚤》和《媒介昆虫壁虱与其传染的疾病》，媒介含义就是指中介体，主要集中于医学和流行病学领域。在1964年，从CNKI查询中可喜地看到，有文章已经将“媒介”第一次从医学领域转到经济学领域，文章名称为：《只有“由商人媒介的商品交换？”才是商业吗？——和孟振虎同志商榷》。1965年，在《现代外国哲学社会科学文摘》上发表国外学者阿姆克列泼纳的文章《哲学和文学的媒介：存在主义的苦境》，最早将“媒介”一词引申到哲学领域。最早一篇关于“媒介”一词的新闻学领域的应用出自1981年的《国际新闻界杂志》，篇名为《由少数人控制的“公众媒介”》，作者为米琪尔·巴兰蒂，探讨了新闻界的媒体被少数人控制，缺乏自由问题。可以说，是国内“媒介”一词成为新闻媒体的特指之意的首篇文章。真正将“媒介”作为新闻传播研究的文献见于《现代外国哲学社会科学文摘》1982年第7期，其中有一篇文章为《大众媒介和大众传播的社会学》,文中指出:“大众媒介包括:报刊、电影、广播、电视、书籍、唱片、录像带、录像唱片、电视电话、电传报纸及卫星转播等。大众传播的定义是:用集体传播技术将等质等量的信息对个人及广大的不同社会群体进行大规模传播。”①

事实上,对“媒介”问题进行系统研究的是马歇尔·麦克卢汉,他在1964年就是以《理解媒介》而知名。其“媒介”泛指一切人工制造物和技术。最重要的观点认为,媒介就是讯息,媒介就是人的延伸。“所谓‘媒介即讯息’只不过是说:任何媒介(及人的任何延伸)对个人和社会的任何影响,都是由于新的尺度产生的;我们的任何一种延伸(或曰任何一种新的技术),都要在我们的事务中引进一种新的尺度。”②在麦克卢汉看来,任何人的延伸对个人和社会的任何影响都是有新的媒介尺度产生的,任何一种延伸或任何一种新技术都要引进一种新的尺度。在传统认识中,媒介是形式和载体,而在麦克卢汉眼中,媒介就是讯息本身。“任何媒介技术的讯息就是由它引入人事之中的尺度变化、速度变化或模式变化。铁路的作用并不是把运动、运输、轮子或道路引入人类社会,而是加速并扩大人们过去的功能,创造新型的城市、新型的工作、新型的闲暇。”③在麦克卢汉的传人那里,对此有这样的评价:“对观众而言,内容的重要性就好比鱼钩上的鱼饵,鱼饵对鱼是重要的,是要让鱼感兴趣的,但鱼钩的真正效果在钩子,而不是鱼饵。鱼钩和鱼饵的效果是分离的,内容有效果,但鱼钩总有它自己的作用。”④

麦克卢汉的思想具有超越时代性,在20世纪60年代声名鹊起之后,其思想一度被人所遗忘和抛弃。因为对于那个时代而言,这无异于天方夜谭,但是到了20世纪90年代中后期,随着互联网技术的兴起,麦克卢汉的大胆而具有突破性的观点得到一一印证,麦克卢汉未来社会的种种“预言”也都一一成为现实。尤其当前,新的媒介形式不断产生,不断诠释着麦克卢汉对社会的预见。正如麦克卢汉在《理解媒介》第一版序言中所言:凭借分解切割的、机械的技术,西方世界取得了三千年的爆炸性增长。现在它正在经历内向的爆炸——真实和意义的内爆,一个直接而严重的后果是整个社会的内爆,内爆使地理意义上的距离变近甚至消失,人具有了拥抱地球的能力,地球变为地球村。

二、新传媒的主要形式

联合国教科文组织对新媒体下的定义:“以数字技术为基础,以网络为载体进

① [西德]阿尔劳斯·西尔博曼、赵子祥:《大众媒介和大众传播的社会学》,《现代外国哲学社会科学文摘》1982年第7期。

②③ [加]马歇尔·麦克卢汉:《理解媒介——论人的延伸》,何道宽译,商务印书馆2000年版,第33页。

④ 郭镇之:《关于麦克卢汉的思想——与埃里克·麦克卢汉博士的一次访谈》,《现代传播》1999年第4期。

行信息传播的媒介。”新媒体是相对于传统媒体而言，传统媒体主要包括报纸、广播、电视等。新媒体是利用网络技术、数字技术、移动技术等形式通过互联网、无线通讯网以及卫星等渠道传输，其终端主要体现为电脑、手机、数字电视等。传统媒体不是被新媒体取代，而是传统媒体的内容与形式与新媒体之间交互与融合。

因为对于新媒体的认识还有一些争议与探讨，但对于新媒体构成要素有学者认为包含以下 5 个要素：(1)新媒体建立在数字技术和网络技术基础上。(2)新媒体在信息呈现方式上是多媒体。(3)新媒体具有全天候和全覆盖的特征。(4)新媒体在技术、运营、产品、服务等商业模式上具有创新性。(5)新媒体的边界不断变化呈现出媒介融合的趋势。①

新媒体主要借助于信息技术的发展，正因为数字化技术，使很多传统媒体走向新媒体。“以电视机为例，传统的电视是模拟电视，随着数字技术的发展，模拟电视正向数字电视转变，人类进入数字电视的时代步伐正在加快。”②“传统媒体与新媒体的融合发展是媒体发展的一大方向，传统媒体在内容生产、品牌传播中具有独特优势，新媒体凭借技术和渠道优势也占据强者地位，在新的竞合环境下，两者是一种相互依存、相互借鉴、共同发展的互补关系。”③麦克卢汉认为，媒介杂交释放出新的力量和能量，正如原子裂变和聚变要释放巨大的核能一样。人类在使用一种媒介时，对社会产生的影响以及对人的存在方式的改变远远大于技术所负载、传递给人们的具体信息内容。同时，媒介的影响之所以强烈，恰恰是另一种媒介变成了它的“内容”，这就是媒介之间的杂交。具体而言，电报包含印刷词，印刷词包含手写文字，手写文字又包含言语；一部电影的内容可以是一本小说、一部剧本或一场歌剧。正因为如此，媒介的主人总是刻意提供公众想要的东西，因为他们明白自己的力量是存在于媒介本身，而不是存在于讯息或节目之中。媒介只有在与其他媒介的相互作用中，才能实现自己的意义和存在。

新媒体不仅仅是技术形式，也是传播方式、生活方式和社会肌体的运行方式。“每一种新技术，每一种体力的延伸往往要创造新环境。在信息时代，信息本身就成为环境。”④信息技术是新媒介产生的基础和前提，如麦克卢汉所言：“电能使人的神经系统延伸并形成一种新的社会环境；电脑技术使我们的意识延伸成为一种普世一体的环境。”⑤新媒体的信息往往以声音、文字、图形、影像等复合形式呈现，具有很高的科技含量，可以进行跨媒体、跨时空的信息传播，还具有传统媒体无法

① 石磊：《新媒体概论》，中国传媒大学出版社 2009 年版，第 4 页。

② 同上书，第 11 页。

③ 赵文君：《新媒体与传统媒体的变迁趋势》，《科学新闻》2007 年第 10 期。

④ [加]马歇尔·麦克卢汉：《理解媒介——论人的延伸》，何道宽译，商务印书馆 2000 年版，第 396 页。

⑤ [加]埃里克·麦克卢汉等编：《麦克卢汉精粹》，何道宽译，南京大学出版社 2000 年版，第 313 页。

比拟的互动性等特征，比如互联网、手机媒体、移动电视、电子报纸等都是重要的新媒体形式。如果说传统媒体是工业社会的产物，那么新媒体就是信息社会的产物。

三、新媒体的特点与发展趋势

相对于传统媒体，新媒体有非常明显的特点，除上面所探讨的技术方式、技术载体的区别，在媒体内容特点和传播方式方面有其特殊性。有学者认为新媒体传播方式具有四个特征：(1)迎合人们休闲娱乐时间碎片化的需求。由于工作与生活节奏的加快，人们的休闲时间呈现碎片化倾向，新媒体正是迎合了这种需求而生的。(2)满足随时随地地互动性表达、娱乐与信息需要。以互联网为标志的第三代媒体在传播诉求方面走向个性表达与交流阶段。对于网络电视和手机电视而言，消费者同时也是生产者。(3)人们使用新媒体的目的性与选择的主动性更强。(4)媒体使用与内容选择更具个性化，导致市场细分更加充分。①对于新媒体在传播环境上的特性有学者归纳为：(1)传播分众化(Customization)。新媒体在受众状态上由传统媒体的普通大众型转为细分受众型。(2)传受同位化。在主导状态上由主导受众型变为受众主导型。(3)信息扩散化。新媒体在传播状态上由传统媒体的一点对多点型变为多点对多点型。②

总体而言，新媒体与传统媒体相比体现了即时性、交互性、共享性、个性化的特点。

对于新媒体的发展趋势，我国每年都有《新媒体发展报告》蓝皮书。由社会科学文献出版社出版、中国社科院新闻与传播研究所唐绪军主编的《中国新媒体发展报告(2014)》显示，2013 年是大数据技术落地之年，也是接轨商业应用的快速发展阶段。随着大数据技术的逐渐成熟，市场体量将进一步放大。2013 年，中国移动、中国电信和中国联通三大国内电信运营商获颁 4G 牌照，给以信息传播业为主的行业带来重大机遇和挑战。2014 年的中国新媒体发展报告内容涉及网络空间安全、微信、微博、社交媒体、舆情、传播媒体转型、新媒体产业发展、主流媒体舆情引导等。《中国新媒体发展报告(2014)》具体分析了新媒体发展的七大态势：(1)中国新媒体稳步发展，移动化趋势明显。我国的网民规模已经达到 6.18 亿，互联网的普及率达到了 45.8%。2013 年新增网民中使用手机上网的比例高达 73.3%，远高于使用其他设备上网的比例，手机依然是中国网民增长的主要驱动力，总的手机上网用户规模达到 5 亿。说明新媒体应用正在向移动化方向发展。(2)中国媒体发展全面进入“微时代”。微博、微信、微电影、微视频、微支付、微传播、微政务构成 2013 年以来中国新媒体发展的“微时代”景观。(3)微信发展火爆，成为年度标志

---

① 白传之：《新媒体发展模式初探》，《现代视听》2007 年第 6 期。

② 李潇潇：《新媒介时代下的新媒体特点》，《金田》2014 年第 6 期。

性特征。2013年是微信快速发展的一年，微信的用户已经达到6亿，海外注册用户超过了1亿。覆盖全球200多个国家和地区，发布了超过20种语言的版本，国内外活跃用户超过2.7亿。(4)移动新闻客户端成为公众新闻接触新的入口。有非常多的现象昭示新闻客户端已经成为普通大众接触新闻，每天了解国际国内大事的一个新的入口。(5)社交媒体成为新的传播平台。社交媒体成为新的传播平台集中体现在党的十八届三中全会召开期间，微信、微博对会议的热烈讨论和各种网民转发的信息数量非常多。社交媒体能够为政治传播提供一条深入民间、繁荣有序、润物无声的传播途径，是政治传播和公共外交的重要工具和崭新平台。(6)大数据驱动互联网加应加速推进。2013年是大数据技术落地之年，也是其接轨商业应用的快速发展阶段。尽管"大数据"这个概念十多年前就已经提出来了，但是它一直没有被具体落实。2013年在技术上有了突破性进展，国内外对大数据技术的使用渐趋成熟，大数据市场的体量将进一步放大。(7)4G技术开始商用。2013年，中国移动、中国电信、中国联通三大电信运营商获得了4G牌照。随着4G时代的到来，其推广与资费下调以及移动终端设备的发展将有助于微视频突破流量、流畅度等瓶颈的限制，视频App将首先迎来发展高峰，移动视频正酝酿数量的大爆发。随着我国4G的商用，将会给以信息传播业为主的传播行业带来重大的机遇和挑战。4G会大大促进移动互联网快速发展，基于移动互联网的各种新媒介的应用也会蓬勃发展。①

这七个方面通过翔实权威的数据全面解读了新媒体发展的趋势，尤其4G开始商用，移动视频数量的爆发会产生重大影响。新媒体和传统媒体的发展趋势看，以2013年为例，"苹果、谷歌、亚马逊、脸书四家公司市场规模占新媒体总市场规模的92%，其中苹果份额最大，占41%。雅虎只占新媒体规模的3%，Twitter占1%，Netfix占2%。同时迪士尼、康卡斯特、21世纪福克斯、时代华纳四家公司占传统媒体市场76%"②。但是从市场规模看，"以苹果、谷歌、亚马逊、脸书、雅虎等为首的新媒体公司市场规模总和为1.081万亿美元，而以迪士尼、康卡斯特、时代华纳、维亚康姆、CBS、新闻集团、21世纪福克斯等为首的传统媒体公司市场规模总和仅为4 800亿美元，不足新媒体的一半"③。从中可以看出新媒体的强劲发展势头。

第二节　自媒体与隐私

2003年7月，美国学者谢因伯曼与克里斯·威利斯发表研究报告，首次提出

① 唐绪军主编：《中国新媒体发展报告(2014)》，社会科学文献出版社2014年版，第2—6页。
② 同上书，第111页。
③ 同上书，110页。

了自媒体(WeMedia)概念。按其理解:“自媒体是普通大众经由数字科技强化、与全球知识体系相连之后,一种开始理解普通大众如何提供与分享他们本身的事实、他们本身的新闻的途径。”事实上,自媒体在技术机理上与人肉搜索有共通之处,是网民通过视频共享网站、博客、微博、微信等参与互联网建设,形成“参与式互联网”机制共建的重要方式和内容。网民从网络的旁观者变成网络的参与者与建构者。用户不是被动的读者而成为主动的作者。微博、微信是自媒体重要的代表。这是传播技术领域的重要事件,更是与人的日常生活密切相关,达到了如麦克卢汉所言,构成人体完整的延伸。自媒体来自个体、来自大众,可以相对自由地发表信息、言论,因此私人性、大众化、自主性为其主要特性,这是完全意义上的私人生活空间。本质上是私人的,但在目的和功用上却朝向社会的。与公共网络平台对接,成为个人信息发布平台,这恰恰会暴露隐私。

一、手机与隐私

手机是一种新媒介方式,手机的出现对隐私而言是不断丰富和建构的过程,尤其是智能手机的出现,使自媒体随拍、随录、随发功能达到普及,在某种意义上说,正因为智能手机出现,手机成为智能移动终端使自媒体得到了迅速发展。

1. 传统通讯隐私

手机隐私源于传统通讯隐私,通讯隐私是依靠通讯设备进行私人沟通、交往或经济、政治活动的私密信息。通讯隐私受到侵害,主要是因为通讯工具遗失或窃取隐私。以往如电话的来电显示业务等涉及了隐私问题。手机的出现,尤其是摄像手机、全球定位手机的出现,给人们之间的联络带来极大的便利,但同时也挤压了个人隐私空间。手机通讯是个开放的系统,只要有相应的接受设备,就可任意截获通话信息。在2000年左右,曾经常收到的垃圾邮件,介绍和推销移动电话拦截系统,只需将要监听的手机号码输入所出售的系统即可。还推介一种方式,是在手机里植入具有窃听功能的晶片,一拨电话就可启动窃听功能,每一个电话都有可能被监听。其实手机号码本身就是隐私内容。

2005年,网上有一则“近六百位艺人的电话号码在某网站论坛被曝光”的消息,引起了人们的高度关注,随后,众多明星被骚扰。除了纯粹的“明星电话簿”广为流传外,有少数明星的电话还被贴上了征婚交友网站。刘涛就是其中一个受害者。报料说,在一些征婚交友网站发现女星刘涛的名字和电话号码,刘涛当时的经纪公司表示,“我们已经证实,在那个征婚交友网站上出现的正是刘涛的名字和她本人的手机。令人气愤的是,在‘个人情况’一栏里,还写着不少不堪入目的话。而且,这个帖子还被发了无数遍,十分引人注目!”刘涛的经纪公司表示,“一开始我们并不知情,直到该网站的管理员根据号码找到刘涛本人,警告她别再发这种帖子了,刘涛才知道自己的电话号码被人贴上了交友网站。”

当然手机使用通讯的频度和密集程度、与人时间长短都可以推断通讯双方的亲密关系，这也是手机隐私的一个方面。

在2003年底，上映了一部电影《手机》，这部电影就体现了新媒体移动通讯设备的出现让个体的生活发生改变的故事。主人公严守一是《有一说一》节目的著名主持人，在一次去电视台主持节目时，把手机忘在了家里，这个遗忘行为，却给他带来莫大的麻烦。他的妻子余文娟查看他的手机，发现了他与一个陌生女子间的秘密，妻子就此提出离婚。离婚后戏剧学院台词课老师沈雪成为严守一的新任女友，两人经过一段快乐时光后，沈雪发现严守一手机的响铃方式发生了很大的变化，这个细节又使沈雪产生了猜疑和嫉妒。从此，严守一对手机和日常的谈话再次产生了严重的恐惧。某出版社叫武月的女编辑和严守一在火车餐车上偶然相遇，五月邀请严守一为出版社写书，严守一拒绝了，但武月穷追不舍。后来为让武月帮助下岗的前妻余文娟找个工作，严守一答应写书，但从此后，他的生活也因为手机而变得紧张和恐怖起来。

电影《手机》之所以在观众中引起反响，在深层次上也隐含了这一现代性命题：人类借助科技手段扩大了视野，提高了效率，拓展了交往范围，而人类自我心灵的空间和领地不断被侵占，个人的隐私外衣被无情地剥落。

2. 智能手机对隐私的影响

今天的智能手机与十几年前电影《手机》上映时代有了很大的不同，今天的手机除了通讯、摄像基本功能之外，又成为智能终端，作为移动的多媒体而存在。"智能手机在改变人们生活的同时，也带来了信息安全隐患。在第四届上海信息安全周活动上，安全信息专家演示的APP应用变身'密探'，手机充电宝成敲诈帮凶。"①

手机充电宝被植入了一个恶意程序，手机一旦连上它充电，就会被锁屏，再也无法正常开机，这是因为，手机上所有有关的信息它全部加密了，要解开这些数据就只有一个方法，植入者告诉机主一个流程，你要支付费用。而这台安卓系统手机，只要运行了某个APP，用户即使关机，手机也已变身密探，能被遥控录音甚至拍照。目前，活跃的手机恶意软件数超过36万种，专家提醒，用户使用智能手机，要注意自我保护。

智能手机对隐私影响不容忽视的一个重要方面在于智能手机能够给用户定位。苹果手机的定位系统更是将隐私侵权发挥到无所不能的地步。

苹果手机的IOS7.1.1版本，只要点开"设置—隐私—定位"服务，拉到最低点开隐私—定位服务—系统服务—常去地点后显示相关功能定位地址通过地图形式显示，图中蓝色圆圈处为具体停留地点位置具体到街道、小区，并详细记录每处停

① http://sh.qq.com/a/20141031/010725.htm#p=1.

留时间;功能选项默认打开状态,用户升级前未被充分告知每处停留时间苹果手机还会根据定位的时间、频率、地点位置信息进行自动分析,将这些地点归类为家庭、单位等。作为普通用户没有选择的余地。有专家指出:“微信”用户的通讯录等个人信息事实上都在苹果的服务器有备份。苹果 iCloud 的出现和普及,已让苹果用户的个人隐私毫无隐秘度可言。你每天去了哪里,你跟别人都说了些什么,苹果公司都知道。很多个人信息会被随时随地上传到苹果 iCloud 的云服务器中,除了掌握他 ID 和密码的人可以调取外,苹果公司也可以随时调取这些资料。很多信息的上传根本是不需要经过用户授权的,在用户根本不知情的情况下,苹果的服务器就会收集到用户个人隐私。

当然,网站也疯狂地搜集和窥探个人隐私,腾讯公司曾和 360 大战,就是因为搜集个人隐私问题,只要使用联网的智能手机,每一条信息(包括短信、手机 QQ、微信)都会存在腾讯的服务器上,新媒体的使用让每个人都没有了隐私权。如波斯特所言,“电话电缆和电线线路细针密缕地纵横交叉、覆盖着我们的世界,它们是超级全景监狱的极端手段,把我们的行动转化为监视的外延话语,把我们的私人行为转化为公开布告,把我们的个人言行转化为一种集体语言。个人被接插到他们自己的全景监控的线路回路中。”①

3. 手机对隐私的后果与危害

手机丢失,即使非智能手机都会引发隐私流失。手机信息流失首先影响日常生活和私人形象。2008 年,一名网友自称捡到了一部属于演员王学兵的手机,手机内存有王学兵与国内另外一位女演员孙宁之间大量的私密照片和肉麻短信,一时间关于两人的绯闻铺天盖地。金巧巧的手机早前丢失被一男子拣到,该男子以匿名邮件曝光了金巧巧手机内存有的富商约饭局的短信。

由于电子商务已经非常成熟,虚拟的“数字货币”已经成为一种重要交易方式。移动支付是虚拟货币得以存在和发展的一大增长空间,并已经进入普通人的日常生活。移动终端中,手机支付是主要的支付方式。现在已经实现了乘地铁、购物,甚至喝饮料、看电影,预订酒店、机票、车票等都可以刷手机来支付。这缘于手机支付简单、方便,打破了传统的现场购物模式,只需要动动手指就能完成支付任务。另外,手机支付可以保障实时到账,实现数字化自动结算。因此手机支付与传统的支付方式相比,具有操作简单,不受时间空间限制的特性,可以为用户交易带来极大的便利,受到用户青睐。

但是如同其他网络行为一样,作为一种虚拟产物,互联网上充斥着各种不安全因素。不法分子可以通过病毒、钓鱼网站等非法手段获取消费者的一些信息。另外很多商家设置支付过程过于简单化,甚至有快捷支付,会对消费者的财产造成极

① [美]马克·波斯特:《第二媒介时代》,范静哗译,南京大学出版社 2001 年版,第 122 页。

大的威胁。“约有百分之二十的用户表示在手机支付过程中遭遇过安全问题。手机账户里的钱莫名其妙被转走，银行卡莫名其妙被‘刷’，越来越多的网络犯罪而导致消费者权益受到不同程度的损害，这让我们沉浸于移动支付给予我们的便利当中的同时，更应该正视我们正面临的这种安全问题。”①对此将在下面探讨微信与隐私问题时具体探讨。

二、微博与隐私

1. 微博的兴起与发展

微博(microBlog)源于美国的 twitter，2009 年 8 月新浪网率先试水，推出新浪微博内测版，成为微博服务的第一家中文门户网站。这是基于用户关系相互信息分享、传播以及获取平台，不超过 140 字的信息含量，用户通过 WEB、WAP 以及各客户端组建个人社区，对信息及时传播和分享。在 iResearch-2014 年中国微博用户行为研究报告指出，中国微博用户截至 2014 年 3 月，在 PC 端月度覆盖人数达到 2.9 亿人；APP 端月度覆盖人数达 1.06 亿人。调查显示：在用户使用的网络服务中微博占 70%，社交网络论坛分列第二和第三，分别是 43.9%和 43.2%。这是因为微博相对其他网络服务具有实效性和便捷性，用户能够随时随地分享与获取信息，并且可以和好友进行很好的互动，因此更受用户青睐。②

2014 年《中国新媒体发展报告》蓝皮书认为微博是微传播格局中的强媒体，发展呈现六大特点：“第一，目前中国微博百花齐放，有超过 100 个网站推出微博服务，中国成为世界微博品牌第一大国。第二，中国微博用户数量虽增速放缓，但仍然是全球微博用户第一大国。第三，中国微博用户整体体现学历低、年龄低、收入低、集中在大中城市等特征，与中国网民特征极为贴近，这标志着微博发展已经进入稳定期。第四，在微博用户数量上，腾讯微博仍稍领先新浪微博，但在活跃度上新浪微博则成为一枝独秀。第五，与 2012 年相比，2013 年中国微博活跃度虽有所下降，但政务微博、境内媒体微博、境外媒体微博仍然不断增长并已成为一种常态，尤其是腾讯微博与新华社等传统媒体合作，大力推出‘媒体微博发布厅’，传统媒体大力开展微传播，进一步增强了微博的媒体属性。第六，新浪微博的上市及其与阿里巴巴的合作，标志着微博的社会化、商业化程度不断加深，基于移动互联网和社交网络的微传播已经成为主流传播方式。”③

2. 微博在交往领域的应用

微博具有传统媒体不具备的即时性、快速传播和影响大的特点。通过一个具

---

① http://www.cebnet.com.cn/2014/0718/271261.shtml.

② http://wenku.baidu.com/view/c0ef6e4ea300a6c30c229fdf.html.

③ 唐绪军主编：《中国新媒体发展报告(2014)》，社会科学文献出版社 2014 年版，第 53—54 页。

体事实可以看到微博的强大影响力和号召力。

2011 年 1 月 17 日，中国社会科学院农村发展研究所教授于建嵘接到一封求援信，信中讲述了一个悲惨的故事。2009 年 7 月 20 日傍晚，5 岁的福建泉州男孩杨伟鑫离奇失踪，其母洪玉萍苦寻未果，直至去年初，才在网上发现一张酷似儿子的照片，拍摄地为厦门火车站，而图中的杨伟鑫已经残疾。但等她赶到厦门，孩子早已不知去向。这促使于建嵘萌生了解救行乞儿童的想法。最初，他建议网友，遇到 10 岁以下伤残儿童在街头行乞，立刻拨打 110，并将出警情况发送到微博。此后，该计划又被几度调整，最终成为“随手拍”模式，即，呼吁网友发现乞儿时随手拍照，连同拍照时间、省市、街道等信息一同发送微博并“@随手拍照解救乞讨儿童”。此后，在经过创新工场 CEO 李开复、娱乐界明星姚晨、赵薇等转发后，“随手拍”的相关信息，传播范围涉及一千多万博友。

“随手拍”初建时，于建嵘没有料到一个博客竟会催生一场浩大的运动。虽然尚无一例被强制行乞的拐骗儿童因“微博”打拐而获得解救，但“随手拍”却出现“亲生父子被强迫验 DNA”的极端个案，“随手拍”的舆论阵营开始出现明显分裂，各种质疑纷至沓来。之前支持微博“打拐”的人，有的甚至转而成为反对人士。这样的影响一方面在于话题本身的重要性，当然更重要的是在于微博本身的传播机制和传播特点。这个特点体现在：首先微博信息的不可控性。微博特有的单方跟随功能，也就是微博的关注方处于主动地位，只要你想关注某个人，只要点击“follow”，即能够接受关注对象的及时性的信息更新。因此，微博发出的信息，就意味着不可控。二是微博交流的即时性。这是新媒体都具有的共同特点，但微博优势更加明显，微博随拍随发的言简意赅性，能够达到即时性地暴露核心信息和事件本身，让受众知情范围和知情情境性增加。

当然，上面的例子主人公于峥嵘本身也是微博的话题人物，很多微博发出都会引起跟踪和争论，像这样在微博领域活跃度较高、听众人数众多、具有影响力和号召力的人物被称为“大 V”。“据统计，在新粮微博中，粉丝数量在 10 万—100 万账号的有 8 300 个，100 万—1 000 万账号的有 2 100 个，1 000 万以上的账号 123 个；腾讯微博中，听众数在 10 万—100 万账号的有 6 782 个，100 万—1 000 万账号的有 1 076 个，1 000 万以上的账号有 80 个。”①这些“大 V”在社会生活尤其思想观念领域具有很大的引导力。据相关部门 2013 年的统计，“在新浪微博、腾讯微博中，粉丝自然排名前 10 位的均是文体明星。而排名前 2 000 位的用户中，文体明星用户占 60%以上，发布内容多与自身相关，娱乐性强；商界人士用户占 10%，话题多涉及企业经营、产品信息，并经常讨论时政话题；而学者、媒体人评论员、作家群体共

① 唐绪军主编：《中国新媒体发展报告(2014)》，社会科学文献出版社 2014 年版，第 62 页。

占8%,这些人偏重时政评论。也就是说,经济界人事和媒体界、学界人士的舆论影响更大"①。

3. 微博对隐私的影响

微博的优势也是隐私容易受到侵害的原因所在,在《iResearch—2014年中国微博用户行为研究报告》中指出:有64.6%的用户参与过热门话题的讨论。因为微博平台向普通用户开放话题申请与主持权,提高了用户积极参与话题讨论的热情,社会热点事件也成为微博的主要话题内容。这样敞开式的话题交互模式,很容易就会关涉个人隐私问题。2012年王石与田朴珺情感曝光事件就是通过微博引发的。

2012年1月7日,一网友微博爆料,称曾和王石同机飞深圳,当时王石与一位田性女子举止亲密。媒体相继跟进,流传王石离婚消息,与演员田朴珺关系密切。王石回应:"我没有背叛家庭,个人感情是非常个人化的事,西方叫privacy,我希望全社会有保护个人隐私意识,企业家也需要保护。"2012年11月3日《南都娱乐周刊》实名微博爆料王石与田朴珺在美国亲密挽手的照片,这个事件通过微博起始,又通过微博证实。在这个过程之中,名人的隐私被爆料、被消费。

除了微博信息不可控与信息的即时性、交互性特点之外,微博还有一个公共媒介的特点,就是容易被围观。微博相互关注的朋友圈是能够被围观和看到的。有媒体挖掘演员王学兵恋爱信息,就是通过微博朋友圈信息推测的:

> 而在最近一段时间内,女主角的微博中充满了恋爱的甜蜜气息,在9月6日当天,女孩发了一条微博:"Happy Birthday～ Mr. Boring～(生日快乐,无聊先生)"并且@了王学兵,微博还配了一张彩色气球的照片,而在当天,王学兵也在微博上发了相似的一张气球照片,并配上文字:"尽管一直在忙,可这仍是我人生中最美妙的一天……9月6日快过去了,感谢各位的祝福,谢谢你们,真的,生日很快乐……"再往下翻看两人的微博,大概在今年7月份开始,就经常有一些互动。不知道这是不是暗示了他们相恋的时间呢?②

上面一段文字的描述暴露了微博虽然是私人化的空间,但事实上却是通过网络媒介向公共空间敞开,完全没有任何私人性而言。

不仅名人在微博中引发关注和围观,普通人也会掀起微博大浪。在微博成为隐私泄露最荒谬的一件事是2011年"局长开房"事件引起真正意义的围观。

"为了你5123"男性微博主与另一位女性微博主"Y珍爱一生Y"有婚外情,通

① 唐绪军主编:《中国新媒体发展报告(2014)》,社会科学文献出版社2014年版,第62页。

② http://sh.qq.com/a/20140804/006431.htm.

过微博相互联络和晒恩爱，并相约在外开房。相约开房的细节在微博上一览无余，这段微博引来了无数人关注。很快，男主角的真实身份被查清，是江苏溧阳卫生局局长。原来，双方当事人将微博视为很私密的网上聊天工具，认为只有两人能够看见，没有意识到最私密的开房约会行为却在网上被大众围观，并通过互联网瞬间传播微博对话在网上散播出去，短短几天内，这位局长的粉丝就已突破30万人。

事实上，"开房局长"将微博当成"QQ"等聊天工具使用，其实微博不是普通的聊天工具，而是一种公众传播平台。这是私人空间和公共空间的重合点，看似个人的实属大众的，如果涉及私人信息放到公众传播平台必然被一览无余。所以微博一旦涉及隐私问题，影响是十分巨大的。

三、微信与隐私

1. 微信的特点与应用情况

微信是腾讯公司2011年初推出的新型手机聊天软件，具有发送语音短信、图片、文字和视频等功能，目前已经具有了手机支付功能。微信可以关联QQ号和手机号。只要获知手机号，同时具有微信功能，立马就能够获知对方的微信号。微信提供公众平台、朋友圈、消息推送等功能，用户可通过摇一摇、搜索号码、附近的人、扫二维码方式添加好友和关注公众平台，同时微信用户可以把内容分享给好友以及把用户看到的精彩内容分享到微信朋友圈。2012年3月底，微信用户破1亿，耗时433天。2012年9月17日，微信用户破2亿，耗时缩短至不到6个月。截至2013年1月15日，微信用户达3亿。2013年8月5日，微信5.0上线，其游戏中心内置游戏《经典飞机大战》。2014年2月27日，腾讯微信官方推出微信Mac版本客户端。2014年3月24日，微信5.2.1上线。2011年1月21日，微信正式推出，微信具有零资费、跨平台、拍照发给好友、发手机图片、移动即时通信等功能。同时，可以显示对方实时打字状态，以实时掌握对方的响应情况。通过共享主流媒体内容的资料和基于位置的社交插件"摇一摇"、"漂流瓶"等智能手机移动即时通讯软件。支持发送语音短信、视频、图片和文字可以群聊，仅耗少量流量，适合大部分智能手机。微信支持多种语言，以及Wi-Fi，2G，3G和4G数据网络。

以上这些功能完全是多媒体综合体功能。微信推出后迅速占领市场，曾在27个国家和地区的App应用排行榜上排名第一。2014年1月4日，微信添加了"嘀嘀打车"功能。2014年春节之际，微信"抢红包"功能抢占了支付宝的风头，从除夕到初八，超过800万用户参与了微信红包活动，2014年3月微信开放支付功能。在这个意义上微信已经具有金融工具。在2015年春节更是掀起全民抢红包大战。据微信方面称，除夕当日微信红包发出总量达10.1亿次；18日20:00—19日00:48春晚微信摇一摇互动总量达110亿次。春晚微信祝福在185个国家之间传递了约3万亿公里，相当于在地球与月球之间往返370万次。"从发布至今，微信围绕社交不断衍生出新功能，以加速用户信息分享，完善沟通体验，同时搭建微信开放平台，通过与第三方合作，接入银行卡支付，扫描条码、打车等功能，使微信朝着一个新方向发展。"①

2. 微信对隐私的影响

微信快速发展，意味着微信使用频率较高，在应用用户中，据调查，"查'朋友圈'的照片(41.3%)，在朋友圈分享照片(33.7%)，接受 QQ 离线消息(49.2%)，查看附近的人(31.2%)，'摇一摇'找朋友(29.9%)，这几个功能主要集中点都是社交"②。社交更多是私人性的，因此在某种意义上说，如果微博是公众传播平台，微信则是私人交往空间。因此，微信的管理比微博更困难，微博属大众传播，微信属个人通信，每个公民都有个人通信的自由。"微信涉及用户的个人数据和隐私，如果保存和管理不当(比如手机丢失或者微信平台泄露)，就会有信息泄露的危险。另外，用户利用 LBS 功能时，也存在个人信息行踪信息泄露的问题。"③当然，微信交往圈不限于熟人圈，微信技术设置了陌生人交往模式，完全可以找到陌生人说话。"摇一摇"和"查看附近的人"功能都对隐私具有危险性。摇一摇能够搜索附近用手机同种功能的人，因可以迅速认识陌生人，被很多年轻人青睐。但有些人专门利用这一功能，进行诈骗、盗窃等活动。

微信增加的支付功能给个人生活和商业活动带来便利，但是也增加了信息泄露的危险性。微信是基于客户服务器结构的技术形式，用户在自己系统上安装微信程序，通过腾讯提供服务器与其他用户进行交流。在这种模式下，发送方没有加密的信息到服务器，服务器再转发给接收者，这个过程就存在信息泄露的可能性。因此，私密性的财务信息会被恶意窥探。2015 年抢红包的热度升温，各地警方的官方微博都积极提醒市民，用手机抢红包可能存在被假红包钓鱼的风险。

还有微信的二维码的影响。二维码是一种比常见的一维码更高级的条码格式。一维码只能在一个方向上，更多是在水平方向上表达信息，而二维码在水平和垂直方向都可以存储信息。一维码只能由数字和字母组成，而二维码能存储汉字、数字和图片等信息，因此二维码的应用领域要广得多。一种应用方式是：平台将二维码通过彩信发到用户手机上，用户持手机通过二维码机具扫描手机进行内容识别。应用方将业务信息加密、编制成二维码图像后，通过短信或彩信的方式将二维码发送至用户的移动终端上，用户使用时通过设在服务网点的专用识读设备对移

① 唐绪军主编：《中国新媒体发展报告(2014)》，社会科学文献出版社 2014 年版，第 43 页。
② 同上书，第 45 页。
③ 同上书，第 49 页。

动终端上的二维码图像进行识读认证,作为交易或身份识别的凭证来支撑各种应用。另一种应用方式是:用户在手机上安装二维码客户端,使用手机拍摄并识别媒体、报纸等上面印刷的二维码图片,获取二维码所存储内容并触发相关应用。用户利用手机拍摄包含特定信息的二维码图像,通过手机客户端软件进行解码后触发手机上网、名片识读、拨打电话等多种关联操作,以此为用户提供各类信息服务。

二维码通过微信平台广泛应用,据《2012 年上半年全球手机安全报告》显示,2012 年上半年查杀到手机恶意软件 17 676 款,而其中二维码技术成为手机病毒、钓鱼网站传播的新渠道。

据警方介绍,扫描二维码有时候会刷出一条链接,提示下载软件,而有的软件可能藏有病毒。其中一部分病毒下载安装后会对手机、平板电脑造成影响;还有部分病毒则是犯罪分子伪装成应用的吸费木马,一旦下载就会导致手机自动发送信息并扣取大量话费。对此,资深手机软件专家洪志刚认为,利用二维码骗取手机话费是完全可行的。理论上讲,二维码本身不会携带病毒,但很多病毒软件可以利用二维码下载。然而,很多手机目前都使用开放式的手机平台,如果下载了这样的病毒软件,就会“霸占”手机的短信发送接口,在用户不知道的情况下发送短信。这类短信往往都要扣除 1 元甚至 10 元的话费,手机话费就在用户懵懵懂懂之际快速流失,进了坏人的腰包。有相关专家提醒群众提高防范意识,扫描前先判断二维码发布来源是否权威可信,一般来说,正规的报纸、杂志,以及知名商场的海报上提供的二维码是安全的,但在网站上发布的不知来源的二维码需要引起警惕。应该选用专业的加入了监测功能的扫码工具,扫到可疑网址时,会有安全提醒。如果通过二维码来安装软件,安装好以后,最好先用杀毒软件扫描一遍再打开。①

2014 年 3·15 晚会曝光了一款新型手机吸费病毒“网银神偷”,这一病毒通过二维码传播,手机用户一旦扫描二维码感染病毒,就会面临隐私泄露,支付宝、银行卡资金被盗的风险。其过程是,通过发送恶意二维码传播病毒,用户手机感染之后,病毒就会在后台收集用户手机的所有信息,并且拦截消费支付短信、个人通信短信等内容,进而全面掌握用户姓名、身份证号码、验证码、支付宝账号等信息,以此来修改手机用户的支付宝密码,使用关联银行卡消费或转账,甚至用来申请大额的贷款。百度手机卫士大数据显示,超过 20%的用户遭遇到支付安全问题。

---

① http://baike.baidu.com/link?url=0adN8Xoqjlce3fFx3fozxmZLWKJyYvJYiT_e9A-X59VCmvioLgHzwa-50q3n0zFQ4d6HFQ5_u8tFTz4u4EqrQ2a.

第三节　新媒介隐私与传统隐私侵权的区别

新媒体与传统媒体的区别在隐私方面也有明显的体现，新媒体与传统媒体相比，隐私形态、传播机制、影响范围都有很大的不同，具体体现在以下几个方面：

一、隐私从有限范围扩大并弥漫整个网络空间

在新媒介条件下隐私可以大规模地被利用和传播。在传统媒介时代，一般人的隐私是受到控制的，名人的隐私也是具有一定传播范围和受传播条件所限。例如在英国，《世界新闻报》、《太阳报》、《每日镜报》、《每日邮报》提供给读者大餐的原料都是隐私，甚至为了商业利益不择手段，但作为传统报纸，其传播范围和传播条件都是具有局限性的。

新媒体条件下，网络覆盖到哪里，隐私就可以传播到哪里。而且每个人都可以利用自己的手机、平板电脑等移动终端媒介，通过微博、微信、论坛、空间等个人应用发布和传播信息，这突破传统媒体的政府审查和媒体操守控制等因素，使隐私直接露骨地传播与肆虐。万达集团掌门人的长子王思聪的言行一直是媒体关注的对象，尤其是感情生活更是不断被关注和曝光。2014 年 2 月 14 日晚，王思聪现身万达影城与 100 名幸运网友共度情人节，谈到择偶标准，他幽默表示："除了胸大，没有别的具体标准。"这完全是一个个人的调侃，是一个语境中的个人表达。但接下来的各大网站包括网易新闻中心、新华网等媒体 100 多家都在报道和宣传。甚至中商情报网以"王思聪择偶标准公开：中国胸部雪白丰满的女人们"，将之话语进一步演绎，以吸引眼球的效应制作标题。

自媒体的快速发展，让个人的影响力增长过快，自媒体具有了超越私人性走向大众传播的性质。比如微博，尤其是"大 V"的出现，名人、重大事件在里面可以肆意传播，每个人都变成了传播者。2013 年歌手王菲在自己的微博上发布了离婚的消息，简单的一句话在发布一个多小时后，转发量已达到 27 万多次，次日早晨达到 670 万多次，阅读量则更大。王菲的粉丝有 1 600 多万，其影响力实际上已超过了国内一些媒体。由此可见，在新媒体时代，自媒体完全具有了大众传播的效果、大众传播的威力。在这样的状态下，隐私传播就会受到非常大的侵扰。

二、新媒体的技术传播机制使隐私成为有商业价值的信息

新媒体不仅仅是作为媒介形态的改变而存在，新媒体也是一个产业业态的概念，网民群体的增加为整个传媒产业带来莫大的机遇。"新媒体产业是指以数字技术、计算机网络技术和移动通讯技术等新兴技术为重要依托，以网络媒体、手机媒体、移动电视、楼宇电视等新兴技术为重要载体，按照工业化标准进行物质生产和

再生产的部门，是文化创意产业的重要组成部分。”①

制造话题，吸引眼球，形成眼球经济，这是很多新兴媒体追求的最大目标，因此名人的隐私一直是追逐的主要内容，离婚、生小孩、婚外情都成为一些媒体炒作的新闻噱头。甚至有些媒体成立职业的“狗仔队”，专门挖掘和披露名人的隐私。出现任何领域网络红人，甚至违背道德与伦理者，媒体都会为其提供传播和放大的平台，甚至传统媒体也在此分一杯羹。一些传统媒体邀请网络红人采访、做节目、当嘉宾，为其制造话题，这助长了隐私的传播，甚至是负面隐私的传播。

还有专门以揭露隐私为卖点的媒体栏目，普通人的隐私因其靠近生活也成为热点和卖点。电视台蜂拥推出各种情感倾诉、娱乐真人秀、情感访谈、公开征婚节目，这些都将普通人参与到新媒体时代的隐私建构中去。

三、从传统媒体的挖掘到现代媒介的主动遗失

新媒体中的传播主体相对于传统媒体有了本质的不同，传统媒体是专业化的媒体人在传播，而新媒体在技术上打破了以往的行业准入和技术所限，在背景上为每个人都可能作为传播主体创造了技术平台，每个人都既可以是传播主体又可以是被传播对象。在传统媒体时代，大家的观念是：“新闻工作是门职业，当称之为专业时，我们特指从事新闻工作必须特定的专业技能，行为规范和评价标准，而这些又必须通过专业训练才能获取，并为新闻从业者所同意。‘专业主义’……包含一套定义媒介社会功能的信念，一系列规范新闻工作的职业伦理，一种服从政治和经济权利之外更高权威的精神，以及一种服务公众的自觉态度。”②在新媒体环境下，有一些人可以通过特殊的方式，在网络之中主动传播自己的隐私而成为所谓的网络红人。木子美、芙蓉姐姐、竹影青瞳、凤姐、郭美美等都是非常典型的代表，刻意地去发表一些自己的隐私，达到自我炒作目的。这些人毕竟是极端的个案，但新媒介中的社交媒体已经让所有参与者都有了信息泄露的可能性。

在传统的网络时代，网络匿名是可能的，以至于有“在电脑前没有人知道你是一条狗”的著名语言出现。互联网是 Web1.0 的时代，网络隐匿是可行的。但新媒体尤其是社交媒体是基于 Web2.0 技术，是一种分享和参与的技术，这种技术不是单向度的，在社交媒体内，多是亲人、朋友和熟人圈，用户主要是以实名或者固定身份信息传播信息的。网络实名制已经成为半强制性的行为，因此 QQ、微信、微博的交往圈多是熟人圈和公开范围内传播。2009 年，麻省理工学院的两名学者从 Facebook 资料中选出 4 000 多位学生进行分析，从中推测出男同性恋者，准确率高

---

① 鲍枫、沈颂东、王以宁：《我国新媒体产业分析及发展策略研究——基于产业组织理论 SCP 范式分析》，《当代传播》2012 年第 2 期。

② 陆晔、潘忠党：《成名的想象：中国社会转型过程中新闻从业者的专业主义话语建构》，《新闻学研究》2002 年第 4 期。

达 78%。技术也助长了信息的主动遗失，2006 年，Facebook 推出 News Feed 功能，将以往需要到别人来主页看的方式，改为由系统自动向朋友圈推送信息，用户自动接收。后来遭到数百万用户的抗议，后来 Facebook 修改了权限设置，用户可以指定哪些信息可以被推送。

现代信息技术都是不断互动和交往的技术形式，每个人都是技术网络信息的建构者，在推送和呈露信息的同时，隐私也被自觉或者不自觉地泄露了出来。

第十章　生命与医疗保健技术对隐私的影响

目前学界对生命技术界定还没有统一的认识，林德宏教授认为："生命技术以生命为技术对象，旨在改造与制造生命。人工生命与人体技术的结合便是人的生命技术。"①有学者建议，将生命技术和生命科学区分开来，同时将"高级生命技术"和"新生命技术"区别开来。②因为，"从技术角度来看，生命是由核酸、蛋白质等大分子组成的自组织系统的特殊活动，生命技术则认为是按照某种目的，运用方法改变生命系统的要素、结构及功能的过程。即以人与自然的主客体关系为对象，人类为了满足社会需要而依靠自然规律和自然界的物质、能量和信息，来创造、控制、应用和改进人工自然系统的手段和方法"③。因此，将生命技术包括为基因技术、转基因技术和克隆技术。这也是很多人将生命技术等同于基因技术和克隆技术的典型看法。2010 年 5 月 20 日，美国私立科研机构克雷格·文特尔研究所宣布世界首例人造生命诞生。这个人工生命形式是完全由人造基因控制的单细胞细菌，名为"辛西娅"。辛西娅打破了生命自然"进化"的历史。可以看出，生命技术是一个宽泛的概念，在本研究中除了基因技术、人造生命技术之外，将人工生育技术并称作生命技术。除此之外，还将关注医疗技术与隐私问题。

第一节　人工生育技术与隐私

一、关于人工生育技术

人来自于自然，生育是人类繁衍的一种本能，是自然而然的事情。恩格斯将人类的繁衍纳入"两种生产"的范畴，作为社会发展的基础。传统生育是人的自然生理功能，而人工生育是借助了高技术手段，使受孕和生育成功的生育方式。人工生

---

①　林德宏：《生命技术与人的生命》，《伦理学研究》(生命伦理卷 2007—2008 上册)2011 年。

②③　陈红：《面向生命技术的伦理研究》，《科技风》2011 年第 15 期。

育是相对于自然生育而言的，之所以纳入人工的范畴，有学者认为："生育科技化的原因主要有以下几点：一是生命科学的发展为生殖的科技化提供了物质和技术的支持和条件；二是由于环境的恶化、不良生活习惯、疾病等因素的影响，越来越多的夫妇在正常的自然条件下不能生育，需要现代科技手段的帮助来实现生育；三是特别是在发达国家，生育已经呈负增长的趋势，生育已经成为国家和社会发展的客观需要。"①

我国在2001年2月20日，中华人民共和国卫生部第14号令发布了《人类辅助生殖技术管理办法》，并于2001年8月1日起施行，这标志技术辅助生殖合法化。在《人类辅助生殖技术管理办法》第24条中明确规定"本办法所称人类辅助生殖技术是指运用医学技术和方法对配子、合子、胚胎进行人工操作，以达到受孕目的的技术，分为人工授精和体外受精—胚胎移植技术及其各种衍生技术。"并对其中具体技术进行了详细界定："人工授精是指用人工方式将精液注入女性体内以取代性交途径使其妊娠的一种方法。根据精液来源不同，分为丈夫精液人工授精和供精人工授精。体外受精—胚胎移植技术及其各种衍生技术是指从女性体内取出卵子，在器皿内培养后，加入经技术处理的精子，待卵子受精后，继续培养，到形成早期胚胎时，再转移到子宫内着床，发育成胎儿直至分娩的技术。"但是，在《人类辅助生殖技术管理办法》中将代孕技术排在了合法之外。

有学者对生殖方式加以更详细区分，提出了九种生殖方式："现代的生殖技术是指人工代替自然生殖过程的某一步骤或全部步骤的科技手段。目前的已经形成的三种生殖技术是人工授精、体外受精和无性生殖。由于这些技术的替代，现在人类的生殖方式共有以下九种：(1)性交、妊娠的自然方式；(2)用丈夫精子对妻子做人工授精；(3)用丈夫和妻子的生殖细胞体外受精后植入妻子子宫，由妻子妊娠；(4)用供体的精子做人工授精；(5)把供体的卵子转移到妻子或第三妇女的子宫中受精；(6)把胚胎从供体转移到受体的子宫中；(7)用人工胎盘在体外培养，亦称体外发生；(8)无性生殖，将卵子中的核取出，然后用体细胞的核嵌入，再植入子宫；(9)单性生殖，即从单个体细胞培植出一个完整的机体。"②辅助生殖技术有很多形式，但试管婴儿技术(IVF-ET技术)是最具有代表性的技术形式。这项技术是由罗伯特·爱德华兹通过研究发现的。1978年7月26日，世界上第一个试管婴儿路易斯·布朗在英国诞生。2013年10月12日，国际辅助生育技术监控委员会在国际生育力学会联合会与美国生殖医学学会年会上指出，当前全球试管婴儿已经超过500万，这个数量与黎巴嫩、爱尔兰等国家的人口数量相当。1985年我国台湾省出生第一例试管婴儿，1986年香港也出生一例。大陆首例试管婴儿郑萌珠于

①② 易再成：《人工生育中隐私权与知情权研究》，《江苏大学学报》2003年第2期。

1988年3月10日上午8点56分在北京医科大学第三医院诞生。至此之后，试管婴儿技术在我国获得飞速发展。

就技术本身而言，爱德华兹发明的体外受精—胚胎移植技术，是第一代试管婴儿技术，现在已经发展到了第四代。第二代是单精子卵子胞浆内注射技术(ICSI)，第三代试管婴儿技术是与基因技术有关，目的是确保存在单基因遗传隐患夫妇生下健康的孩子的技术，是胚胎移植前遗传学诊断技术(PGD)。目前，第四代试管(3P)婴儿技术已经诞生——是指含有一位父亲和两位母亲遗传物质的婴儿。“3P婴儿的原理是，用捐赠者卵子中健康的线粒体来替换母体有缺陷的线粒体，因此这样的试管婴儿拥有两位母亲的遗传物质，一是线粒体DNA，另一是细胞核DNA，但以后者为主，所以婴儿将获得来自母亲、父亲和第二位母亲(女性)线粒体的遗传信息。”①

二、人工生育隐私的实质

人工生育之所以成为隐私在于伦理关系的私密性。

人工生育的最大特点是以特定的技术取代了自然方式，从而改变了生育的概念和亲子关系。人工生育问题本是技术问题，但渗透着伦理成分，具有极大的隐私性。因自然生育有困难的夫妇，通过人工生育获得的婴儿，往往是不想被外人所知，一旦披露，对当事人的伤害和影响是极大的。“人工生育中的隐私权，即指人工生育技术中公民的个人事实与私人活动受法律保护，不得被公开或非法侵犯。人工生育中不同的自然人，其隐私权的内容是不同的，因自然生育有困难而求助于人工生育的不孕夫妇，对于他们实行人工生育技术而得到子女的事实的有不得公开或被非法侵害的权利；捐精者捐精的行为、捐卵者捐卵的行为不得被公开或非法披露；代母代孕的事实不得被公开或非法传播等。”②

借助人工生育的夫妇及实行人工生育而得到的子女的事实有不被公开的权利。在人工受精中，精子的提供者的身份保密，这也是维护隐私权的需要，当然也会产生新的社会问题。英国弗雷德里克·朗多医生就是利用精子提供者隐私受到保护的事实，25年，用他的精子“制造”了6 000多个小孩。③很多精子提供者会制造很多兄妹，未来也会加大具有血缘关系者在不知情的情况下结婚的几率。

三、人工生育隐私的具体形式

最常见的生育技术形式是一种基本辅助生殖形式，也就是精子和卵子都属于夫妻本身，通过技术体外受精再植回母体。之所以成为隐私，源于不愿意让人知晓

---

① 林森：《试管婴儿的数量和质量》，《百科知识》2014年第1期。

② 易再成：《人工生育中隐私权与知情权研究》，《江苏大学学报》2003年第2期。

③ 林德宏：《人与机器——高科技的本质与人文精神的复兴》，江苏教育出版社1999年版，第197页。

受孕过程本身，是一种行为隐私。但还存在延伸的技术形式，也带来新的隐私形式。

1. 供精供卵隐私

随着试管婴儿技术发展，可以使父母一方或者双方的精子和卵子存在问题的夫妇，借助第三方提供的精子和卵子，体外受精之后再植入母体，从而受孕。这就形成了供精供卵隐私，这种隐私既涉及精子或者卵子的提供者，更涉及精子或者卵子的接受者。一般而言，在我国由于建有精子库，精子捐赠相对容易。但根据卫生部出台的《卫生部人类辅助生殖技术与人类精子库校验实施细则》等相关规定，严禁任何形式的商业化赠卵和供卵行为，赠卵只限于人类辅助生殖治疗周期中剩余的卵子。也就意味着赠卵者本身也必须是需要做试管婴儿的妇女，并且在相关手术中还有多余的卵子，再经其本人同意，才能合法捐赠卵子。事实上，正规途径的捐卵就很难满足当前的需求，催生了地下商业购卵行为。这已经不是一般意义上的捐赠行为，而是违反规定的买卖行为，更加增加了"捐卵"的隐私性质。

2. 代孕隐私

代孕技术是辅助生殖技术发展最复杂的技术，这种复杂，在于伦理关系的复杂，游走在道德和法律的边缘。在试管婴儿最早诞生地英国，曾经抵制过代孕行为，但由于代孕需求和代孕事实的存在，1985 年颁布了《代孕协议法案》，对非商业性的代孕表示认可，但是严禁商业性代孕和代孕中介行为。美国各个州对代孕态度是不同的，虽然有禁止代孕现象，但多数州还是通过立法规范代孕问题。在我国大陆没有专门的立法，但在《人类辅助生殖技术管理办法》中第 3 条第 2 款规定："禁止以任何形式买卖配子、合子、胚胎。医疗机构和医务人员不得实施任何形式的代孕技术。"从中可以看出，对此采取的是明确否定态度。但事实上，对代孕的需求确实非常旺盛的，中国人口协会数据显示，国内不孕不育的平均发病率为 12.5%—15%，也就是每 8 对夫妻就有一对不孕不育；而中国不孕不育患者人数已超过5 000 万。地下中介交易异常火爆，因此有许多专家学者呼吁要放开对代孕的限制。从法律禁止的角度，代孕行为就是要隐匿的行为，对当事人是绝对的隐私，是根本不愿意公开的。从代孕关系而言，这也是具有隐私性的。

3. "3P"技术隐私

上文谈到过，3P 婴儿技术是用捐赠者卵子中健康的线粒体来替换母体有缺陷的线粒体的技术形式，通过这个技术诞生的试管婴儿在理论上拥有两位母亲的遗传物质：一是线粒体 DNA 遗传者，二是细胞核 DNA 遗传者，但以后者为主。婴儿将获得来自两位母亲和一位父亲线粒体的遗传信息。这个技术已经将试管婴儿的身份变得更加复杂化，伦理关系也变得敏感而隐匿。所以随着生育技术的发展，保护隐私的需求愈来愈强烈。

第二节　基因技术与隐私

从1847年动物学家西奥多·施旺(Theodor Schwan)与植物学家M.J.施莱登(M.J.Schleiden)提出细胞学说到今天,对生物大分子以及细胞的化学组成不断提高认识,其中孟德尔的遗传规律和摩尔根的基因学说成为现代遗传学和生命科学的基石。在对生命大分子的认识和探索上,有两件大事:首先是确定了生命的主要物质是蛋白质;其次是生物遗传物质DNA的确定,尤其DNA遗传物质的确定带来了生命科学新的里程碑。

一、关于基因技术

基因技术就是基于生命科学发展而形成的技术形式,出现较晚,在19世纪60年代,由一名瑞典青年F.米歇尔(F.Miescher)最早发现的。米歇尔是著名德国生物化学家霍佩-塞勒(Hoppe-Seyler)的学生,有一天米歇尔看到实验室附近的一家医院里扔出许多带脓血的绷带。他意识到,这是一个很好的研究细胞的机会,因为脓血是与人体细菌作战而战死的白细胞以及坏死的人体细胞的遗体,他认真地收集了脓血并用蛋白酶去分解,在这个过程中,他发现胃蛋白酶对细胞核不起作用,细胞核中含有一种物质,这种物质富含氮和磷。在塞勒的帮助下,米歇尔于1868年将这种物质从细胞核中分离出来,这种物质就是著名的核酸,和蛋白质共同组成染色体,形成遗传的物质基础。

米歇尔的发现给生物学家带来巨大希望,通过进一步研究发现了核酸是由脱氧核糖核酸(DNA)和核糖核酸(RNA)组成的。理论研究的重大发展在于技术上的率先突破,20世纪40年代T.Caspersson的显微紫外分光光度研究、J.Brachet的组织化学实验等都有力证明了DNA存在于细胞核,RNA存在于细胞质,它们都是动物、植物和细菌细胞的重要组成部分,其中位于染色体上面,携带不同特定性状遗传信息的DNA分子片段就是基因。20世纪中期,研究DNA的科学家有很多,其中美国科学家詹姆斯·沃森(James Watson)和英国科学家弗朗西斯·克里克(Francis Crick)就是其中一组,他们吸取了其他人的研究成果并在此基础上总结出DNA双螺旋结构。1953年4月25日,英国的《自然》杂志刊登了沃森和克里克的研究成果,这是分子生物学诞生的标志,也是20世纪以来生物学历史上最伟大的发现之一,成就了今天对生命的技术探索历程。

二、基因何以成为隐私?

基因隐私是科学技术发展过程中最具有技术含量的隐私内容。2000年6月26日,科学家向全世界公布了人类基因组工作草图,宣告了基因研究的关键性突破。因基因是由脱氧核糖核酸分子(DNA)组成,基因存在于生物体的所有细胞中，只需检测一滴血甚至一根毛发，就可以获取一个人的全套基因。基因是DNA上有遗传意义的片段，是人类基础的遗传信息单位，决定着人由生到死的整个生命旅程，决定着人所有的生理特征和行为特征，基因图谱记录着人生命的全部奥秘。"个体基因信息是关于个体基因组成，基因组内是否有致病基因、缺陷基因存在；致病基因、缺陷基因有多少及这些致病基因、缺陷基因将可能导致何种疾病的信息。"①在基因决定论者看来，基因不仅如此，甚至决定人类体型、外貌、行为和个性等。

基因技术为人类带来福祉同时也带来巨大的隐私挑战。基因信息是个人信息，但不是一般的个人信息，是个体生命深层次状态的表征，可以读出个人的品质、智力情况和潜在的疾病信息，这些都构成了隐私信息，这完全是技术发展带来的新的隐私形式和内容。

基因隐私存在风险体现两个方面：一是基因具有遗传的稳定性，"一旦与个体相关的缺陷基因信息、致病基因信息被公布于众，那么，与此相关的羞辱、歧视等不利因素都将终生陪伴着他②"。这是因为"基因信息与个人未来生理状况的密切关联性，使得个人在基因信息被泄露时，面对的将不仅仅是个人隐私被侵犯问题，更重要的是，基因信息的泄露将导致个人未来的生活状况部分或者全部地暴露在公众面前，使其私人生活失去私密性，仿佛终日为他人所监控，丧失私人生活中最重要的安全、宁静的感受"③。基因信息不仅是个体的，还是家族的甚至是民族的。

基因信息尽管千差万别、各不相同，但基因信息作为承载个人生命秘密的重要信息，其重要性不言自明。"每个人在年老的时候也许会翻开他从少年直到老年所记下的所有日记，那上面有他生命的历程，但也许目前这场史无前例的基因革命会改变这些，我们阅读了我们身体里的基因，也就相当阅读了我们未来的日记。"④识别它，就会将一个人看得清清楚楚、明明白白，人的智商、寿命、生理缺陷等，在基因图谱面前人将无可遮掩，而这一切是重要的个人隐私，关系到人的生存和发展甚至是社会的公平。因此，基因隐私权非常重要，"因隐私权是指自然人享有的对个体基因信息进行支配并排除他人非法干涉的一种人格权。享有基因隐私权的公民依法可以对自身的基因信息进行必要的保密，合理的利用，清晰的知晓及正当的支配，他人不得非法刺探、调查、公布、披露或宣扬自然人的基因信息，否则视为侵权。基因隐私权的建立有助于保护个体基因信息，维护其不可侵犯性，同时也赋予权利主体合理利用或准许他人查看、利用自己隐私的权利。基因隐私权的主体是自然

---

①② 赵振江、刘银良：《人类基因组计划的法律问题研究》，《现代法学》2001年第4期。

③ 罗盛华：《基因隐私权的法律保护》，科学出版社2010年版，第54页。

④ 杨叔子主编：《科学双刃剑——令人忧虑的科学暗影》，广西地图出版社1999年版，第42页。

人。胎儿作为未成型的自然，其基因信息更应受到基因隐私权的保护，因为其基因隐私资料的保护妥善与否，可能会影响到其生存的权利。基因隐私权的客体是自然人的基因信息”①。

三、基因隐私的困扰与规制

基因隐私带来的是对当事人的伤害，这种伤害主要体现为基因歧视。基因隐私歧视是由于基因有与常人不同的基因信息泄露而给当事人带来的遭受异样的对待情况。有学者将隐私歧视归纳为几个方面：“①就业基因歧视，是指雇主没有其他正当理由，仅仅因为求职者或者雇员携带有某种不同于常人的基因，而拒绝录用求职者，或者取消雇员晋升机会，或者将雇员调动到较差的劳动岗位，或者将雇员解雇的行为。②保险基因歧视，是指在保险市场上，保险人没有其他正当理由，仅仅因为被保险人携带有异常的基因，而对其收取超过一般标准的高额保险费，或者拒绝与其签订保险合同的行为。③银行贷款基因歧视，是指银行没有其他正当理由，仅仅因为申请贷款人携带有异常的基因，而担忧申请人失业、患重大疾病、丧失劳动能力以至于缺乏还贷能力，而拒绝向其发放贷款的行为。此外，还有教育基因歧视，营业基因歧视等。”②

由于技术的发展已经进入“后基因组时代”，也就意味着基因信息已经在社会生活领域得到广泛应用。在医疗领域，基因检测已经进入临床应用。传统胎监环节遗传优生，对于染色体的筛查，传统方式是羊水检测，但具有风险性，容易引发胎儿流产。目前无痛 DNA 技术已经完全克服了这个风险性，只要抽取孕妇静脉血就可以准确判别胎儿的染色体是否正常。还有经常被应用的亲子关系检测。当然，基因技术在军事、司法领域都有广阔的应用。如此越来越广泛的应用，如果不加以规制势必会引发很多社会问题。在美国，自 1970 年一些州就开始展开基因隐私权立法工作。2000 年 2 月 8 日，克林顿签发第 13145 号总统行政命令，禁止联邦政府对文职部门的雇员进行基因检测。2008 年 5 月 21 日《基因信息反歧视法》正式在美国生效。关于基因歧视问题，在欧洲一些国家也得到重视。

在美国学界，对基因隐私的性质进行过争论，有人将基因信息纳入财产权范畴，这得到了相关方面的认可。早在 1988 年，美国人类基因协会 DNA 技术特别委员会指出：“被存储的 DNA 样本应当视为‘存储人’的财产，除非有其他明文规定。”基因专利(gene patent)的出现已经凸显了基因的经济价值和丰厚回报的可能性，基因专利就是以基因独特的序列、功能及由其创新新产品(生命有机体)的方法为保护对象的专利总称。

---

① 刘仁忠、代薇：《基于隐私的伦理规范和法律规范》，《自然辩证法研究》2004 年第 9 期。

② 罗盛华：《基因隐私权的法律保护》，科学出版社 2010 年版，第 55 页。

在我国对基因隐私也开始日益重视，2011 年 10 月由国家发展改革委、财政部、工业和信息化部、国家卫生和计划生育委员会四部委批复，并由深圳华大基因研究院开始组建及运营深圳国家基因库。深圳国家基因库着眼于为我国生命科学研究和生物产业发展提供基础性和公益性服务平台，储存和管理本国特有的遗传资源、生物信息和基因数据，这被认为是维系一个民族生存与发展的命脉，具有国家水平、服务国家战略需求的公益性创新科研和产业基础项目。相信作为国家战略需求的基因保护工程会对个体基因隐私的保护带来积极的规制。

第三节　医疗保健技术发展与隐私

在古希腊时代，欧洲医学奠基人希波克拉底有一篇著名的“希波克拉底誓言”，其中有段话：“我在医疗过程中甚至是医疗之外的所见所闻，关于人的生活而一个人绝不会说出去的事情，我将保持在我的掌握之中，并将谈论这些事情视为可耻之事。”这可以说是关于医疗隐私保护最早的典籍。医疗隐私是自古以来一直存在的也比较敏感的隐私内容，因为关系到个体的身体甚至隐秘部位。在当时的欧洲，医疗是以家庭作坊方式呈现的，但随着医生职业的专业化和医疗事业的专门化，保护病人隐私成为职业发展需要。随着技术的发展，传统的医疗隐私不断拓展，出现新的隐私内容。

一、医疗保健技术发展状况与特点

今天医生与病人的诊疗，基本上是借助技术中介完成的，没有技术的介入，就没有就医行为的完成。“在世纪之交，医学稳步走上了几乎完全依靠技术的道路，尤其是在 20 世纪 40 年代发明了化验室并发现抗生素之后，医疗实践进入了一个新阶段。第一个阶段的特征是直接与患者交流，以患者的主诉为诊断的基础，同时依据医生的询问和观察。第二阶段的特征是通过体检直接与患者的病体交流，同时使用仔细挑选的一些技术。我们进入了一个新阶段，其特征是：通过医疗器械间接与患者的经验和身体交流。在这个阶段，我们看见病理学专家和放射学家之类的专家涌现出来；他们解释技术信息的意义，这些专家和患者没有丝毫的交流，他们只和组织、照片打交道。”①今天的医疗技术发展是借助现代医学的发展而完成的，而现代医疗技术的发展反过来也促进了现代医学的进步。有学者总结医学技术有以下六个方面的特征：(1)由于工程技术迅速向生命科学和医学领域扩展和延伸，医学和工程技术日益融合，医学技术和工程技术的互补与互动关系日趋密切，

---

① [美]尼尔·波斯曼：《技术垄断——文化向技术投降》，何道宽译，北京大学出版社 2007 年版，第 57 页。

这是当代医学技术的一个重要特点。(2)生物技术、微电子技术与新材料技术是推动当代医学前进的三大动力源,电子技术是当代医学技术的核心,医学技术发展呈现由内生转变为内生与外生共进的特点。(3)医学技术正在走向全球化,全球统一的医学技术标准陆续出台。(4)医生由原先医学技术的掌门人转变为医学技术共同体中的一员,虽然医生的主导作用未曾变化,但医生的作用在下降。(5)医学一度视人为机器,现在发展医学为机器,整个医学是由医生、医学技术人员、工程技术人员、社会工作者、医疗保险业和管理者共同驾驭的大机器,在这架大机器面前,人体的碎片化、疾病的局部化、心与身的分离越来越突出。(6)医学对人体生命和疾病的认识,正处于定量化、数学化和模糊化的统一。[①]以上方面的特点全面地反映了今天医疗发展的现状。

治未病是现代医学的观点,因此保健意识也促进了现代医疗技术的进步。现代检测手段需求催生了智能化的可穿戴技术。可穿戴技术产生于20世纪60年代,由美国麻省理工学院媒体实验室提出的,利用可穿戴技术可以借助无线通讯技术把传感器、多媒体镶嵌入人们的服饰中,利用手势和眼动与之交互。这项技术具有良好的藏匿性,可以方便地集成和连接用户日常生活和行动中使用的工具、设备。

谷歌眼镜(Google Project Glass)是一项备受瞩目可穿戴技术产品。谷歌眼镜是由谷歌公司于2012年4月发布的一款“拓展现实”眼镜,它具有和智能手机一样的功能,可以通过声音控制拍照、视频通话和辨明方向,以及上网冲浪、处理文字信息和电子邮件等,集智能手机、GPS、相机于一身,可以在用户眼前展现实时信息,便捷到只要眨眨眼就能拍照上传、收发短信、查询天气路况等操作。用户也可以用自己的声音控制拍照、视频通话和辨明方向。兼容性能也很强,可同任一款支持蓝牙的智能手机同步。2014年7月,谷歌眼镜正式开放直播功能。谷歌开始正式在其MyGlass商店中提供Livestream视频分享应用。虽然2015年1月谷歌公司中止了谷歌眼镜的“探索者”项目,但其强大的功能带来可穿戴技术革命浪潮。

自从谷歌公司推出谷歌眼镜以来,可穿戴技术及设备成为市场热点,可穿戴技术在医学领域热度关注。很多人认为,健康领域才是可穿戴设备应该优先发展、最优前途的领域,可穿戴健康设备本质是对于人体健康的干预和改善。如与健康相关的可穿戴设备,包括运动手环、运动心率手表等。实际上,由于医疗领域希望可以长期监测人体的生理指标,以掌握这些生理指标动态变化的过程,为临床诊断提供更加充分的依据,20世纪末人们就已经开始研究新型的传感技术和可穿戴设备计算方法,希望研制出面向临床应用的可穿戴装置。随着低功耗芯片技术、传感技术和无线通信技术的发展,医疗用的可穿戴产品研究吸引了越来越多的研究者和

---

① 杜治政:《当代医学技术演进若干问题的探讨》,《医学与哲学》2014年第3期。

企业的参与。当前,通过 APP 及其附件操作,患者实时查询血压、血糖和相关生理指标已经开始设计并付诸实施。有人针对无线通信技术为心血管病人提供远程监护服务的设想,研究一款手表式心血管监测终端,实现对心血管 33 种参数的分析,并通过无线技术与远程服务平台进行数据通信。监测终端具有语音通话、短信、GPS 定位、蓝牙、GPRS 通信等功能。远程服务平台提供数据分析、医生诊断、查询、报警、急救、咨询等全方面的服务。①你可以看到可穿戴和物联网在服饰和手腕中扩大。在宠物身上装有来自 FitBark 和 Voyce 的设备,实时跟踪和远程监控;在卧室里通过像 Withings Aura 之类的智能睡眠系统来跟踪睡眠;甚至在我们身体内也会有这类产品,比如 PillCam(小肠胶囊内镜)。②

二、医疗隐私侵权形式与特点

1. 医生与患者之间的侵权

巨大的不断滚动的显示屏以及不停的广播系统,患者就医的信息被所有人围观,这样的场景在现代城市医疗体系中是一种常见现象。而医生与患者之间的隐私侵权一般是以个案呈现的,集中在医患关系上。尤其在病人就医时医院组织教学观摩活动对当事人隐私的侵犯事件,近年来不断发生。

2000 年 9 月 15 日下午,刘婷到新疆石河子大学医学院第一附属医院做人工流产手术,她刚脱掉衣服躺在检查床上,医生便推门而入,并对着外面 10 多个穿白大褂的男女青年说:“你们都进来。”刘婷当时只穿了一件短袖 T 恤,一下子面对这么多人她感到颇为尴尬,便要求这些人出去,但医生说“没什么,他们都是见习生”,并让她躺好,不然没法检查。接着医生一边指着刘婷的身体,一边向见习生介绍各部位的名称特征,其间还有见习生的窃笑声,隐私当场变成了教材。此后的手术也是在这种环境下进行,刘婷的脑子里只剩下一片空白。第二天,气愤难平的刘婷找到当事医生,问进来那么多人为什么不先给她打招呼。医生回答:没必要。而另一位医生干脆对她说,在医院,病人根本没有隐私权。③

类似刘婷遭遇的人不在少数,很多个人医院之间的诉讼和纠纷都是在隐私信息被泄露或者被当做教学案例而发生的,这也是医患关系紧张的一个方面。

2. 电子医疗信息隐私

除了上面探讨的隐私内容之外,医疗隐私很大程度上是医疗信息隐私。“医疗

---

① 相建南、卢松柏:《移动与可穿戴技术在心血管远程监护的应用》,《电子科技大学学报》2010 年第 S1 期。

② http://www.cet.com.cn/itpd/sdyd/1414465.shtml.

③ http://hunan.voc.com.cn/gb/content/2002-08/06/content_1511513.htm.

隐私的内容包括两个方面，一是身体隐私，指患者不愿为人知的个人身体上的私处或瑕疵。这是出于追求医疗结果、保证患者健康的目的，基于对医生的莫大信任和某种程度上的依赖以及医患之间的医疗合同关系，患者必须提供的。另外就是医疗信息隐私。"①

随着信息技术发展，电子医疗信息系统在医疗过程中得到广泛应用。医生越来越依赖电子医疗信息系统，电子病历记录了一个人就医和病情的详细资料，"这些信息有的是对医学检查结果的记录，有的是对患者身体表征的记录，有的是针对患者做出的疾病诊断，还有的是患者自己诉及的与健康有关的各方面情况，一般表现为诊断书、X光片、检查结果、报告单、病例、病案、住院病人床头卡等各种医学资料，这些是比较显而易见的。除此之外，还包括所有这些情况所蕴含的信息"②。但是IT业的快速发展无形中也加剧了电子医疗信息的安全风险，现在黑客和骇客数量巨大，一旦医院信息系统泄漏，对就医者存在巨大的隐私威胁。即使没有黑客和骇客的攻击，存储条件和数据传输过程中都会发生信息丢失的可能性，这在后面将进一步探讨，通过美国大量的医疗电子信息丢失事件足以说明这一点。

3. 保健技术与健康隐私

事实上，可穿戴式智能设备带来的隐私方面的问题让很多人都对此表示担心，"你不会看到医院员工每天都在使用 Google Glass，但是设备正在积极地进行检测，'免手动'地访问病人记录和生命体征。波斯顿的 Beth Israel Deaconess Medical Center 是第一个推行将 Google Glass 作为整个部门日常使用的医院。进行四个月的试点测试后，为 Google Glass 设计的一款应用可以读取每个病房中独特的二维码，并且即时访问病人的电子医疗记录。"③这样是方便的，但也是存在风险的。"19世纪80年代，医院的工作更加复杂化。据估计，阅读一份住院病人医学记录的人达到75个之多……但是，近几十年来，关于隐私的问题又变得复杂起来，因为阅读住院医疗记录的人从当时的75人上升到200人，其中包括治疗相关的医生和护士、财会人员、保险公司、检查人员和上级官员、学生等。"④随着技术的发展，医疗隐私问题会日益突出。

三、对医疗及保健隐私的规制

以上探讨可以看出，医疗隐私是一个重要的并值得关注的话题，也是国家层面需要上升到法律高度予以保护的方面。事实上，早在1996年，美国健康与人员服务部就推出用以保护联邦成员医疗隐私的法案(HIPAA)。2009年8月 HIPAA

①② 崔群颖：《关于医疗信息隐私价值和法律地位的探索》，《医学与社会》2005年第1期。

③ http://www.cet.com.cn/itpd/sdyd/1414465.shtml.

④ 王健：《美国人的医疗隐私》，《当代医学》2006年第5期。

出台数据泄露通知法案，要求 HIPAA 管辖的机构和相关企业必须在发生书籍信息泄漏后上报保护健康信息受损情况，超过 500 的信息泄漏事件必须要公之于众。2009 年—2012 年间共有 489 家 HIPAA 管辖的机构报告了信息泄露事件。最多涉及泄露人员的信息达到 170 万人之多。典型的案例都是存储病人姓名、社保号、地址、健康等信息的存储电脑或者磁盘丢失。

例如，在 2010 年马萨诸塞州韦茅斯市的南岸医院拥有 318 张病床，医院原本要将装在三个集装箱的 500 台未加密并带有病人信息的备用计算机和磁盘运到归档处数据处理中心，但在运送途中丢失了。磁盘里记录病人的姓名、社保账号和费用、临床诊治的各项信息。涉及有关人员 80 万人。

在电子医疗信息化逐步发展的情况下，加强对医疗信息的规制和保护是具有重要意义的行为，这也是对病人健康隐私的最大保护。这既需要医院以及医疗保健及相关机构加以重视，更需要政府等相关机构加强管理，甚至立法规制。对于个体而言，在强大的网络信息中基本是处于被动的状态，面对隐私信息的保护是无力和无奈的，这也是医疗和保健隐私与其他隐私的不同之处。

第四节　对生命技术诉求的反思

人对“自我是从何处来将到何处去的问题”自古兴趣深厚，无论从个体生命还是人类整体都怀有不可抑制的探索冲动。也正是人在这个方面的执着，哲学、科学、技术都离不开人对自身的思索和探寻。回看人类一路走来，从奴性、人性、物性、神性的历程，是人对生命不断诉求的历程，其中技术的介入，赋予了人类进程新的意义。

一、奴性肇始：上帝信仰的高扬和人类理性的隐退

古希腊哲学虽然从自然哲学起步，但落脚点仍然找到了人的因素。人的问题在古希腊理性之中曾被高扬，从“认识你自己”到“人是万物的尺度”，都扬起人的大旗。赫拉克利特(Heraclitus)具有让我们敬仰的宇宙学思想，谁都否认不了他是站在自然哲学家的立场的，但他曾说过一句重要的话：“我已寻求到我自己。”这就是说，他的认知并不完全是一个自然科学家的视角，而是把目光对准自己内心，提出人有共同的智慧。他将哲学从外部世界转向研究认识以及认识的主体，相信不研究人是不可能穿透自然奥秘的。古希腊这些难能可贵的思想随着罗马帝国的扩张也转瞬即逝。中世纪宗教神学一统天下，人的理性和价值在信仰面前被迫隐退，逐渐被历史的天空所遗忘，一辗一转就是千年。

进入中世纪后，对上帝的信仰统治了整个欧洲。基督教神学取代了希腊哲学，并成为西欧的精神统治者。“神说：‘我们要照着我们的形象，按着我们的样式造

人，使他们管理海里的鱼、空中的鸟和地上的牲畜和全地，并地上所爬的一切昆虫'。"[①]根据基督教的创世说，自然界是上帝的创造物，因此基督教要求人们对上帝绝对服从。而一切对自然的认识和研究都是对造物主的不恭，这理所应当地被严格禁止。托马斯·阿奎那(Thomas Aquinas)试图调和理性与信仰的冲突，利用亚里士多德关于形式和质料学说，认为形式是能动的、起作用的现实，质料是被动的、未规定的潜能，一切有形体的事物都是由这两者结合而成的。他由此构造了一个等级式的世界系统。在这个系统中人居于世界和天界之间，但上帝作为不包含任何质料的纯形式，是世界的创造者。

应当说，无论基督教的创世说还是阿奎那的等级式的世界系统，都是对古希腊传统的否定。虽然人似乎作为上帝之子具有一神之下万物之上的地位，但人从来不是自己意志的所有者，而是上帝意志的执行者。因为在他们看来，上帝即是真理，是理性本身。阿奎那认为理性是支配宇宙变迁的内在基础，是最高的行动准则。他认为在人的身上可以发现一个三重性的秩序：第一就是理性；第二是神性；第三是人在社会生活中的伦理规范。在各个人身上，控制着身体的是灵魂，而在灵魂本身以内，则是理性控制着情欲和欲望的能力。从这个层面看，人是上帝的奴仆而存在，人只是一种奴性的存在。最高理性是上帝，人是上帝创造的，人类理性是上帝理性的投射。因此，人类一切理性活动都成为神学的婢女的事实，就不那么难以理解了。

上帝是信仰的存在，但也是理性的结果。表面上高高的神，事实上是人自我的塑造。人希望世界的有序，但秩序的赋予者却让渡给了万能的上帝，人在上帝面前却成了一种奴性存在，人类理性隐退而让渡给了信仰。

二、人性回归：人文诉求与自我确认之路

对奴性的突破过程就是人性的回归过程。无论是生物学还是哲学人类学都对人本身进行过探索和追踪。《科学进化史》作者雅·布伦诺斯基(Jacob Bronowski)谈到过"人是一种非凡的动物。他有众多天赋使其在动物王国独具一格：因此，人跟别的动物不一样，他不是风景中的一个形体，而是风景的营造者"[②]。在成中英先生看来，人是道或天最高的创造活动之结果。而在周敦颐的《太极图说》中有"万物生生，而变化无穷焉，惟人也，得其秀而最灵……与天地合其德、与日月合其明、与四时合其序、与鬼神合其吉凶"。这些对人的探讨与描述关涉一个很重要的词——就是"人性"。

"人性"相对于"物性"而言，人性是"人的规定性"，标志着人和物的区别。在物，其本质与其存在同一；在人，则是其存在先于其本质。物之根源在于自然力量

---

① 《旧约·创世记》。

② [美]雅·布伦诺斯基：《科学进化史》，李斯译，海南出版社2002年版，第1页。

和自然规律,人之根本在于社会历史的实践活动,在于社会历史的主体与客体的矛盾运动过程。人性与人的本质也有所区别:人性是人的本质的具体表现,而人的本质则是人性的积淀和统摄。但人性是人作为人区别于物的直接规定性,它与人的存在直接一致,可以被感官直接感知;而人的本质则是人之所以为人的内在根据,是内在的、深层的,只能通过思维加以把握。人的本质寓于人的直接存在和各种具体人性之中,而人的直接存在和各种具体人性又都是人的本质的具体表现。

在中国古代的人生哲学中诸子百家之关于人性的思考是成体系,是丰富的,思想虽大相径庭但关于人性的生而固有的观念,却能达成共识。"在中国传统的人生哲学思想发展的过程中,关于人的本性问题的探讨、展开及其演化,主要有儒家的人性说、道家的人性说和中国佛教哲学的佛性说。其中,以儒家的人性说为主导,形成了一种儒、道和佛互济互补的理论格局,从人性理论基础方面,规范了中国传统人生哲学思想的发展。"①

在中国,人性问题上最大的争议是人性的善与恶的问题,即究竟人性是善良的或是邪恶的;人性的善与恶的理论探讨,是中国传统哲学的核心课题,也是中国文化学说的理论基础。在西方,人性问题上最大的争议在于人是理性的或是非理性的。

马克思对人性问题进行了合理解释,主要从自然属性、社会属性和精神属性三个方面揭示了人性的内涵。马克思主义以实践为基础,克服了以往哲学在人性、人的本质问题上的种种片面认识,揭示了现实的人的社会本质。根据马克思主义的实践唯物主义的方法,所讨论的不再是单个人的抽象的共性,而是人类在社会实践条件下的类本质。为坚持人性的客观性、全面性和具体性、历史性,克服各种片面的、抽象的人性论观点,提供了可靠的前提。无论如何界定人性,在人性之中都蕴含着最大可能满足人,无论是生理、心理还是精神上的感受和需求,能带给人以自由和价值、理想的实现。人类欲望和需求的满足,通过理性而实现。突破上帝的框架和束缚,人成为自我主宰和自我实现的主人。

人性的自我发现也与文艺复兴有直接而现实的关系。在教会的统治下,中世纪死气沉沉,哲学被神学取代,科学技术成为被迫害的对象。黑死病在欧洲的蔓延,加剧了人们心中的愤怒与恐慌,人们开始怀疑宗教神学的绝对权威。人的自由被提上前台,陈腐的欧洲需要一场新的提倡人的自由的思想运动。人性的回归在高扬的人文主义大旗的感召下得以实现。借助文艺复兴人类找回了被历史的天空遗忘的古希腊理性,人穿越历史的迷雾走入澄明,人成为最高的存在者。人的自我存在的确认也就意味着人性的苏醒与回归。人找回自我,是人类进步历程中的一

① http://www.govyi.com/lunwen/2007/200711/185280_2.shtml.

个重要里程碑。

三、物性彰显:技术时代与后人类

人性的回归是一种觉醒,觉醒的心灵还需要得到外力的证明。

自从启蒙运动以来,笛卡儿提出了主体的概念,其主客二分思想颠覆了上帝存在是我们存在的前提和基础的思维范式。但当人成为一种客体的时候,人的问题陷入了一种悖论之中。

"后人类"是依据和运用一定的科学技术,包括电脑对人的身体性能、机能进行的控制与改造,例如装设了假肢、假牙、心脏起搏器,就可使人获得或者增强身体的某些功能。而运用更先进的电子、生物技术,则有可能超越自然人体原本的限度,造成在性能和机能上更加强大的新的人的身体。是经过技术加工或电子化、信息化作用形成的一种"人工人"。

女性主义技术哲学家唐娜·哈拉维(Donna Haraway)在《半机器人宣言》一文中认为,动物和人类,有机体和机械、物理和非物理之间的分界"完全破裂"。特别是"20 世纪末期已使得天然和人工,灵魂和肉体、自我发育和外在设计以及其他诸多有机体和机械的界限模糊不堪,我们的机械显得如此生机勃勃,而我们的自身肉体却突然变得如此呆滞。"①这种"一个控制有机体,一个机器与生物的杂合体,一个社会现实的创造物,同时也是一个虚拟的创造物"被哈拉维称作"赛博格"。"赛博格"是自然有机体与技术机器、技术手段的结合,它使原本完全"自然而然"的身体具有了机器的部分特性,穿越了自然有机体和技术机器的边界,模糊了物理世界和非物理世界的边界。赛博格成为拼接在一起的消除了人和非人先在范畴的新存在。在乔治·迈尔逊著的《哈拉维与转基因食品》中谈到,现代生物技术使番茄带有深海鲽鱼的基因,这不仅模糊了物种的界线,更模糊了植物与动物的界线,无性生殖技术则模糊了雄、雌两性在生殖活动中的分工。

一切物的创造都是人理性的现实结果。但人被理性创造的"赛博格"肢解与嫁接,技术使人或者变为天使或者变为魔鬼,不管是天使抑或魔鬼,人偏离了人自身。"'赛博格'不仅正在改变这个世界,也正在改变生存于这个世界的主体——人。人不再被理解为是上帝用泥土抟造的'自然物'。相反,人制造机器且寄生于机器,机器成为任何一个普通人肢体的延伸,人也成为机器上的一个部件。这样的人即'赛博格',根本就不是从完美的原始统一体中分化而来的,因而也无须回归,它只是一个'拼合'的混血杂种,却适应这个世界。"②被高扬起的人性在物的海洋中湮没。

---

① 转引自李三虎:《技术哲学的空间叙事》,《哲学动态》2006 年第 6 期。

② http://www1.nanfangdaily.com.cn/b5/www.nanfangdaily.com.cn/southnews/newdaily/pl/gd/200604250139.asp.

四、神性重释:作为“上帝”的表征

克雷格·文特尔实验室的工作标志着在实验室里生命体可以被制造出来。这对世人而言,不啻为一枚重磅炸弹,冲击着人们的传统神经,欣喜者有之,担忧者有之。欣喜者是看到了生物工程带给人类的福音。克雷格·文特尔研究所“人工生命”的诞生,引发了人们的很多争论,无论争论的出发点在哪里,落脚点都离不开对人本身问题的哲学思考。“人工生命”的出现,使经历奴性—人性—物性的人重新以一种神性方式展现出来,完成了一种人由神造到生命由人造的新的神话,表明人心中的上帝从未走出人本身。

正如文特尔所言:“这将是一个大新闻,每个人都将知道它,我们所说的是一项能从本质上改变我们世界的技术。创造样品细胞使宇宙中出现新的生命形式成为可能,也能够解释生命起源的奥秘。”①担忧者大多从生物化学的消极后果方面以及伦理层面对人工生命的诞生表达质疑和忧虑。尽管人造生命与克隆不是一回事,与人造人尺度还极其遥远,但人通过实验室生命的创造行为本身,突破了生物自然演化规律,进入以计算机为父母的创造生命的时代。人作为自然演化的智能生命,最终以智能的形式成为不仅造物而且创造生命的神。人类通过造物确认自身的存在已经不能满足人对世界的掌控与欲望,人类要对生命的奥秘宣战。因为人类对生命本身有着天然的探求冲动,从DNA结构的确认到“克隆”、“干细胞”到“人工生命”,这符合科学技术发展逻辑,更符合人类思维发展的逻辑。其实从创造最初的上帝之时起,人类就为自己走上神坛预铺了道路。圣经上说,上帝按照自己的样子创造了人,而事实上,人心中的上帝从未离开人本身。是人按照自己的欲求创造了万能的上帝。在《圣经》里人既是罪性又是神性的存在。这里而言神性,只不过借助人的神性而体现上帝之神性,人是上帝有形的表达,而无形无体的上帝却是神性的彻底拥有者。孙中山《国民应以人格救国》中对神性也有探讨:“古人所谓天人一体,依进化的道理推测起来,人是由动物进化而成,既成人形,当从人形更进化而入于神圣。是故欲造成人格,必当消灭兽性,发生神性,那么才算是人类进步到了极点。”在孙中山先生这里神性是与神圣相关的概念,是相对兽性而言神性的。

这里所言“神性”,有两个隐喻:一是指人类借助科学技术的力量已经取代精神上的上帝而自己成为实体的上帝;二是这种“神性”,是理性思维能力的极致表达。人类借助理想力量将世界面貌彻底改变。汉娜·阿伦特认为:“与人的主体性相对的是人造世界的客体性,而不是原始自然(这一大自然压倒性的基本力量,会迫使人类围绕其自身的生物运动无情轮回,而这与自然界中生物的全部循环运动又极其吻合)的极度中立性。只有当我们从自然赐予我们的事物中确立我们自己世界

---

① http://baike.baidu.com/view/1191813.htm.

的客体性，并将它（即客体性）融入自然环境之中，我们才能够免受其伤害并可以将自然视为某种'客观'的东西，如果在人与自然之间没有这样一个世界，那么世上就只存在永恒的运动，而没有客体性。"①在阿伦特那里，以上结论的分析在于，"人通过人造物实现世界的持存性，但持存不等于永恒。永恒不是通过其使用和交换而实现的。远古的宗教、巫术与神话的需要人的创造物，是艺术的最原始形式。正是这种持存性，使世界上的事物相对独立于生产与使用他们的人类，也使他们具有客体性，这种'客体性'至少一度使其'经受'了源于现世制造者们和使用者们贪得无厌的需求与渴望。"②

因为人的诸多欲求，而通过理性而掌控世界、甚至是改造和创造世界。天工与人造是今天世界生存环境的两种现实，但人造日益以压倒的趋势而发展。人已经不是仅仅对于自然而言主体性，而是对于一个人工世界而言主体性。人工世界的对象化过程，不仅之于物，甚至生命以及人本身。

随着生命技术的发展，人对生命的技术诉求越来越不断彰显。

五、主体选择：自我凸显与自我安顿的博弈

从奴性—人性—物性—神性，人完成了自我找寻过程，循环一周，人超越了上帝，但人自己却扮演了上帝，因为人的科学与技术创造行为将自己推到了上帝的位置——创造一切，将不可能变成可能。宗教的上帝只不过是人自我形象的映射，人心目中的上帝从未离开人本身。人通过科学技术实现了人造万物的过程，诠释了上帝造万物的神话。

如果说上帝创造万物而形成精神困境，而人作为上帝的形象现实展现了创造神话，既有一种生存的现实困境，也有困顿的精神境遇。成中英认为："人性构造成分中就有理性的作用在，人可以主动地或被动地运用理性来理解事物来设计制度来发展知识以及做出决策，这些活动能力也使人类历史更为复杂了。但也由于此，历史有其内在的方向与内在的逻辑：一则受制于自然的惰力，另则鼓舞于其理性的决策。变现为人的，一则要超越历史的拉力以凸显自我，另则又要依据历史以安顿自我。"③

也许这是硬币的两面和生命的两极，人在凸显自我与安顿自我的张力中不断有所偏颇，照顾了这面就失去了另一面。从这个角度讲，无论奴性、无论人性、无论物性、无论神性，都是人在自我找寻过程中的某个方面的彰显。

而探索生命奥秘和保护个人隐私就形成了人生的一个纠结的悖论，体现了人利用理性对自然之探索与人本身探索的博弈。

---

①② [美]汉娜·阿伦特：《人的条件》，竺乾威等译，上海人民出版社1999年版，第136页。

③ 李翔海、邓克武编：《成中英文集（论中西哲学精神）》，湖北人民出版社2006年版，第57页。

第十一章　隐私保护与私人生活空间的重建

技术化生存下的隐私保护是个系统工程，既要考虑技术层面因素，又要考虑非技术层面因素；既要保证技术的良性发展，又要保证人的主体尊严和体现人文关怀。由于技术化生存下人类隐私侵害完全异于前工业社会，隐私的保护也是个系统工程，要依靠技术、文化、道德和法律等多维度的力量。隐私保护的目的主要是为了保证私人生活空间不被侵犯和破坏，从而保护人的自由、个性、尊严和价值等主体利益，维护人的正当权益。

第一节　高技术条件下隐私保护方式

隐私是随着人类生存状态的改变而不断发展和变化的，隐私的保护必然会受到技术发展因素的影响，并随着生存状态的变化而不断丰富和完善。

前工业社会，人的活动范围有限，隐私属于传统隐私，但是人们保护隐私的意识，特别是自我意识仍然很强，只是没有形成关于隐私权的近代意识。但过去对隐私的侵害只是一种制度文化层面的，表现为神性对人性的压抑。而具体的隐私侵害主要表现为个人行为。任何存在都有其现实合理性，由于侵犯隐私只是个人行为，所以隐私的保护也体现为自发的个人行为，其目的是维护自己与特定身份联系的体面、名誉等与日常活动和日常生活相联系的尊严等。

从发展角度看，隐私是一个从无到有，到隐私内容不断的丰富和完善的过程。在前工业社会，人们物质生活水平低，人与人之间的交往与互动少，私人生活空间狭小，隐私内容比较单一，自然隐私侵权的几率和伤害程度都比较小，隐私保护无须借助政府的力量来完成。

既然隐私保护是作为自发行为的，那隐私保护就不是依靠外部具有强制力的法律等完成的，而是依靠内在机制即道德来实现的。道德保护隐私主要是依靠道德自律和道德他律。道德的力量体现在三个方面：一是内心信念，道德行为的选择主要靠自律;二是风俗习惯,依靠自律和他律共同作用;三是社会舆论,体现为舆论对人们行为的约束。例如,中国传统道德中的"仁者爱人"、"知礼以立"及"慎独"等思想是作为道德自律的很好体现。"仁"是道德的最高境界和最高准则,"礼"是"仁"的制度化体现,"慎独"是做到"礼"达到"仁"的自我实现途径。"非礼勿视"和"非礼勿听"的观念是有利于隐私保护的他律。

由于技术化生存下人类隐私侵害完全异于前工业社会,隐私的保护也是个系统工程,要依靠技术、文化、道德和法律等多维度的力量。

一、技术:关注价值

技术是人类精神创造的产物,通过物化为生产力从而成为改变世界的物质力量,从这个意义上讲,技术是以最直观的形式展示人的创造性的存在。在一定程度上而言,人类生存与技术发展是因果互为的过程。亨利·柏格森(Henri Bergson)认为:"意识是为了制造而制造,还是不知不觉地、甚至无意识地追求另外的东西?制造就是把形式给予物质,使物质服从,使物质变样,就是把物质变成工具,以便把物质占为己有。正是这种有益于人类的控制,比发明本身的具体结果更有力量。"①在人追求利益过程中对技术发展形成正反馈机制,人的需求、欲望越强,技术发展速度也就越快。这也是当前技术发展速度越来越快、技术应用越来越广,技术作用越来越大的根源所在。因此,推进技术进步是符合人类社会发展需要的。也有学者认为,技术是作为经济生活的侍仆而存在的,"技术常常被发现处于经济力量的支配之中。在这样的情况下,劳动的经济价值逐渐贯彻为生产过程的唯一规范,因为这一标准是能提供最大利润的标准"②。让-弗朗索瓦·利奥塔(Jean-Francois Lyotard)在《后现代状况》中认为:"18 世纪末第一次工业革命来临时,人们发现了如下的互逆命题:没有财富就没有技术,但是没有技术也就没有财富……过去正是对财富的欲望大于对知识的欲望,强迫技术改变行为并且获得收益。技术与利润的'有机'结合先于技术与科学的有机结合。"③经济活动中的交换对技术的发展产生不可思议的影响。"被普遍性的趋势贯穿的种族的分化,就是技术本身分化的根源。趋势切实地实现于这种分化之中,也就是说,趋势在分化中通过最优技术形式的选择得以完成。"④与科学相比,技术体现了功利的本性,因为科学往往诉诸理性的追求和逻辑的魅力。"一旦经济主义主宰了技术,利润取得了核心的意

---

① [法]亨利·柏格森:《创造进化论》,姜志辉译,商务印书馆 2004 年版,第 153 页。

② [荷兰]E.舒尔曼:《科技时代与人类未来——在哲学深层的挑战》,李小兵等译,东方出版社 1995 年版,第 358 页。

③ [法]让-弗朗索瓦·利奥塔:《后现代状况》,车槿山译,三联书店 1997 年版,第 93—94 页。

④ [法]贝尔纳·斯蒂格勒:《技术与时间——爱比米修斯的过失》,裴程译,译林出版社 2000 年版,第 60—61 页。

义，商品的生产就不再受到消费者当前需要的支配。相反，需要是为了商业性的原因而通过广告创造出来。技术的产品甚至不经过人们的追求而强加于人们。"[①]技术只有以功利为目的，追求产品化，占领市场，才能不断进步。在这个意义上讲，没有功利的追逐就没有技术，当然，没有技术也就没有社会的进步。因此，技术与资本之间内在的共契性，技术本性与资本逻辑是同构的，二者殊途同归于增殖和求利的市场行为之中，在相互支撑与共谋过程中实现其共契。这也是技术问题层出不穷的根源所在。要想改变这一切必须要克服技术的资本逻辑，技术发展朝向人文向度。

事实上，作为人类发展过程中用人造物取代天然自然物的一种方法和手段，技术有为人的一面也有非人的一面，因为技术具有自然和社会双重属性。当然，技术双重属性的实现并非同步。双重属性蕴涵了"能够"与"应该"这对范畴之间的关系。弗洛姆指出现代技术系统中有两个指导原则，第一原则："凡技术上能够做的事都应该做。"第二原则："最大效率与产出原则。"[②]存在的技术，具有技术上的能够，不意味着事实上的应该。"能够"是对技术功能的判断，是事实判断；"应该"是价值判断和伦理判断。二者不是同一概念。在逻辑上首先没有联系性，也就是说，"能够"不等于"应该"。"能够"就是技术的发展遵循自然的逻辑，实现自然属性的方面；"应该"是指技术的使用和发展要遵循社会的逻辑，实现社会属性的方面，也就是必须符合社会经济、政治和文化的需要，符合人的道德和价值观念。只有"能够"的技术，仅仅是一种物质存在，必须结合"应该"才能使技术具有活力，为人所用。

通过技术保护人的隐私是直接而有效的，但代价也是高昂的，防范隐私的技术需求一般都是滞后的。因此，技术在发明之初除了经济准则之外要体现"应该"向度。因此，通过技术本身保护隐私，一方面在于高技术条件下，人类对技术控制的能力加强；另一方面在于发挥技术的社会属性的作用，体现出技术的社会价值。

二、文化：突显人性

通过文化对社会的积极作用而保护隐私，是技术化生存条件下的特殊方式。德国技术哲学家F.拉普说过："实际上，技术是复杂的现象，它既是自然力的利用，同时又是一种社会文化过程。"[③]技术本身是一种文化，技术体现的问题一方面要从技术本身去解决，另一方面要靠社会文化的力量。因为任何新技术的产生、传播和利用都与特定的社会文化因素有关。社会文化环境不仅提供了人们选择某项技术的标准与方式，而且随着这种技术制度化及其秩序体系化的形成，还将作为一种

---

① [荷兰]E.舒尔曼：《科技时代与人类未来——在哲学深层的挑战》，李小兵等译，东方出版社1995年版，第359页。

② 高亮华：《人文视野中的技术》，中国社会科学出版社1996年版，第112页。

③ [德]F.拉普：《技术哲学导论》，辽宁科学技术出版社1986年版，第57页。

新型的社会文化生活空间而影响整个社会文化大系统。

自早期西方马克思主义开始，经由法兰克福学派，再到后现代的思想家，对现代性的理解逐步在发生改变，现代性的批判方式也发生了转向，由马克思的“资本批判”的模式转向了“文化批判”的模式。马克思的《1844年经济学哲学手稿》是将异化作为资本主义社会普遍的现象加以批判的，这是一种文化批判的路径，有别于《资本论》批判现代性的经济学路径。马克思的异化理论是站在批判现代性的立场，同时异化理论出发点是人，具有浓重的人道主义色彩，这更加迎合了早期西方马克思主义理论需求，因此，他们沿着马克思开创的这一文化批判的路径出发继续展开对现代性的批判。这种文化批判路径的基本特征是将从现代社会存在的某种普遍的文化现象(技术就是其中重要的批判对象)，通过反思和分析，将导致这些现象的根源，即现代性，归结为某种意识形态。其中法兰克福学派的技术批判力度是大的，思想无疑是非常深刻的，它作为20世纪现代西方哲学重要的流派之一，其突出特点就是将技术作为一种新的意识形态加以批判。尤其是法兰克福学派对技术主义和技术异化的严厉批判，从不同的方面深刻揭示了现代人的异化和现代社会的物化结构，特别是意识形态、技术理性、大众文化等异化的力量对人的束缚和统治。如马尔库塞认为，当代工业(技术)社会，作为一个“合理的物化社会”，是一个新型的极权主义社会。它与以往的极权社会不同，它不再赤裸裸地压抑人们的物质需求，相反，它通过源源不断地提供物欲的满足和幸福的许诺来消解人们的批判意识和对立情绪，借此压抑他们对超越的追求。

因此，文化对人性的凸显尤为重要。德国当代哲学家奥特弗利德·赫费(2008年)，他关于科学技术伦理思想的核心概念是有关“正义”的，他认为科学技术的目的是为了人类的幸福与自由，而运用“正义”观念来进行评判，以此使对科学技术的伦理评价达到了彻底的程度。在赫费看来，科学技术绝不应仅限于科学领域，而只有将之扩展到整个社会领域才能够对其全面审视。他把自己的思想定位为“批判”，其内涵在于“厘定其边界和合法性”，其批判的任务有两个：既要在各种各样的责难面前为科学技术的发展进行辩护，又要为科学技术的发展划定边界。

文化制约技术的负面影响而保护隐私，在于文化能够体现人文关怀。如L.芒福德(L.Mumford)认为的，技术进步应该关注人类成长过程中的所有方面，而不是只关心科技需求的功能，就不能把自己完全交托给技术，而应该审慎地考虑人类本性与技术之间的关系。爱因斯坦也指出：“仅凭知识和技巧并不能给人类生活带来幸福和尊严。人类完全有理由把高尚的道德标准和价值观的宣道士置于客观真理的发现者之上。”①技术加入人文文化的因子，必然会突显人性的光辉。“可以肯

① [美]H.杜卡斯、B.霍夫曼：《爱因斯坦谈人生》，世界知识出版社1979年版。

定，如果人类的科学探索仅仅限于技术上的可能性，而无视其价值正当性的话，其后果注定是可怕的。”①因此，通过文化的功能突显出人性的价值，是技术化生存状态下隐私保护的重要方面。

符合社会文化需求是技术发展的重要价值取向。一方面，技术作为文化的构成因素的发展本身就是文化的发展；另一方面，技术作为文化的直接的决定性因素的发展推动了整个文化的发展。技术与文化之间虽然存在着较强的对应关系，但它们又各有侧重点和相对独立性。技术侧重于人与自然之间的关系方面，而文化则侧重于人与人、人与社会之间的关系方面，更多体现人文关怀。

符合社会文化需求，也是技术的人文价值实现的重要途径。技术与文化的一体化表明，技术与文化是不可分离的。文化离开技术，就会失去共存与发展的基础和动力，技术脱离文化就会失去发展方向和目的。技术与文化的这种依存关系，使之成为一个有机的整体，形成一个技术文化系统。在这个系统中，技术与文化相互依存，共同发展，技术为文化的发展奠定了物质基础，文化为技术的发展创造了环境条件，保证技术的可持续发展。由于技术与文化之间的这种互动关系，社会文化的发展就必然要对科技的发展提出要求，这种要求不单单是提供需求的动力，而且还会影响科技的发展方向。技术的发展也必须要适应这种社会文化的需求，只有符合文化发展方向，技术的价值才能得以完全实现。否则技术只会拥有工具价值而不具备人文属性。

三、道德：彰显尊严

人性尊严作为一项基本的伦理道德准则，根源于康德的道德哲学，康德心中的道德戒律是一种绝对的道德律令，在他看来：“不论是谁在任何时候都不应把自己和他人仅仅当作工具，而应该永远看作自身就是目的。”②康德哲学是目的论的，而本身人就是目的。他坚定不移地认为“人(以及每一个理性存在者)就是目的本身。亦即他决不能为任何人(甚至上帝)单单用作手段”③。道德对于隐私的保护是伴随人类的成长和技术发展过程而不断建构和完善的。“人性尊严是一种植基于人的存在所形成的价值，因此各个代表以及展现此一价值的具体的个人，均有权主张其尊严应受到尊重与保障。”④前面探讨过隐私蕴含尊严的价值。权利即自由，隐私主体拥有隐私权，即在法律许可的范围内人可以独自按自由意志行事。人作为精神活动的组合，在物质得到满足之后，还有尊重的需要、个人权利的需要和自由思维的需求。个人可以按自己的兴趣、爱好、承诺或者生活习惯等非行政因素进行自由、自主的活动和交往。

---

① 王治东、卢传斌：《思辨视角下科学与人文的融合》，《南京理工大学学报》2004 年第 5 期。

② [德]康德：《道德形而上学原理》，苗力田译，上海人民出版社 2002 年版，第 512 页。

③ [德]康德：《实践理性批判》，韩水法译，商务印书馆 1999 年版，第 144 页。

④ 刘革：《论人性尊严的伦理价值及其宪法意义》，《西南民族大学学报》(人文社科版)2006 年第 4 期。

长期以来道德一直是保护隐私的有效途径之一，前工业化生存状态如此，技术化生存状态亦然。道德是人与人之间彼此的和谐和真诚关系的调适。道德操守和人格尊严经常相关联的，惟有道德才有尊严。作为人类历史发展的积淀，传统文化道德有其合理的因素，但面对新的历史环境，传统道德在强大的技术力量面前略显孱弱，人类的尊严面临挑战。理查德·A.斯皮内洛(Richard A.Spinello)在《世纪道德：信息技术的伦理方面》一书的英文版序言中指出："社会道德通常很难跟上技术革命的迅猛发展。"面对技术的迅猛发展，对传统道德要进行扬弃，吸收其合理因素，并添加时代内容。通过道德规范的建构和不断完善，内化为主体道德自律而彰显主体尊严。

四、法律：保障人权

前面论证过隐私蕴含尊严的价值，是通过道德呈现的，道德是靠自律而完成的，对于人权的保障和尊严的维护，法律的因素不可忽略。国家公权力应对人性尊严加以尊重与保障，人性尊严即成为宪法秩序中最高的法律价值。依靠法律保护公民隐私是近代的事情，法律的强制力量在隐私保护方面有不可替代的作用。人文主义者认为，在人类社会中居统治地位的不是神，而是法律，正义的原则是永恒的。构成人类社会基础的是法，它是保护弱者不受强者的凌辱的社会底线，而在平等人之间却能保持相互和谐。因此，建立在普遍正义之上的法在人与人之间的关系中是非常有用的。因为它的目的是指导人们达到"共同的善"。法本身就是道德生活的准则，是人类社会和共同生活的灵魂，它们是构成丰富多彩的人类交往的基础。法律保证了人的各方面的权利，其中保障人权是法律的基本层面。

依靠法律保护人的隐私，也是人的自由意识和人权领域的硕果，在前工业社会，由于隐私意识的淡薄，人们没有专门的法律保护隐私。而进入工业社会后，尤其是在1890年美国哈佛大学法学教授萨莫尔·D.华伦(Samuei D.Warren)和路易斯·白兰德斯教授(Justice Brandies)提出隐私权的概念，并将隐私权纳入人的自然权利之中，依靠法律保护隐私，保护人的人权成为隐私保护最有效的方式。但在我国把"隐私"作为一个具有严格法律意义的词汇，只不过是近十年的事情。①不过话语转换，张新宝提出这个话题已经将近20年了，保护隐私方面的立法经过30年的建设，已经有了重大的改善。

第二节　高技术条件下隐私保护的途径

高技术条件下要依靠技术、文化、道德、法律等对隐私加以保护，那么，如何进

① 张新宝：《隐私权的法律保护》，群众出版社1997年版，第12页。

行保护,应从哪些方面发挥以上因素的作用也是重要而复杂的问题。

一、技术层面:强化隐私保护的技术手段

用技术本身的发展来强化隐私的保护主要有两个途径:

1. 现有技术:降低“双刃剑”的负面影响

前文对“双刃剑”问题作了分析,以工具为核心的技术是负载价值的,这种价值关键在于如何使用,双刃剑的负面影响是可以降低甚至避免的,关键在于使用者正确地应用技术,即最大可能地发挥技术的内在价值,还技术存在的本来意义。例如,拍照手机限于正常场合的合理使用,而不是为了进行偷拍;摄像头是为了公共安全或公共利益所用,而不是用于阴暗的角落记录别人私密的行为和信息。

对于现有技术,也可以通过完善技术支持体系来实现对隐私的保护。因为技术发展中产生的问题也需要从技术发展本身来解决。许多国家在发展技术的同时,考虑到保护隐私的现实需要。例如,日本的Koshida曾推出了一款保密型LCD显示器——ML-155TCS-PPT。它利用了一种被称为PPT(Picture Protect Technology)的偏光技术,需要使用者佩戴偏光眼镜才能看到显示画面,兼顾了隐私保护的需要。当然对于现存的技术侵犯隐私的情况,可以发展加密技术,使隐私侵犯降低到最低程度。例如,网络隐私的保护也可以利用技术手段防范,可以使用隐私保护软件。最好的是个人隐私偏好平台(P3P)。①

2. 未来技术:加强技术预见的社会性

技术预见本意是系统研究科学、技术、经济和社会未来的长期发展状况,以选择能给经济和社会带来最大化利益的技术,以此来制订相应的技术政策。但传统的技术预见考虑的决定性因素是技术带来的经济利益和技术效益,而对社会未来发展尤其是人的发展考虑较少。“传统的技术预见更强调以技术为中心,而非以人为本。”②也就意味着以往的技术是注重技术性而非社会性,任何技术的发展如果不把本国社会中不同社会群体的喜好和价值取向都考虑进去,就有可能导致群体利益冲突的产生,势必对社会发展产生负面影响。因此未来的技术预见要加强社会性,要考虑到相关文化、伦理和不同社会群体的需求因素等,关键在于,重视技术发展中对隐私保护的技术预见。

要加强技术预见的社会性,一是在制定技术政策过程中,必须考虑社会发展和人的需求,而不仅仅是经济发展需要。二是加强对技术人文价值的评价,因为技术有为人的一面也有非人的一面,通过人文价值评价,突显技术的人性化因素。

---

① 郭卫华等:《网络中的法律问题》,法律出版社2001年版,第187页。

② 孙中锋等:《社会技术预见的特点和内涵初探——从20世纪90年代生物技术相关事件谈起》,《科学学与科学技术管理》2004年第7期。

二、文化层面:提高媒体及公众的文化品位

1. 加强对媒体的监管力度

加强对媒体的监管是必要的更是必须的。尤其新媒体的出现,各类媒体为提高吸引力,相互竞争,不惜为满足部分人窥视和猎奇的需求,集中报道明星等公众人物的绯闻、情变等这些渲染媚俗的消息。媒体不遗余力提高吸引力、追逐利益的原因在于:一是社会结构的变化使公共领域与私人领域相互渗透,媒体传播突破公共领域而进入私人领域;二是世俗化潮流消解着神圣,使极端个人层面的问题,毫无顾忌地搬到公众传媒中;三是商业化的因素使媒体为了收视率而越来越需要隐私的报料来吸引人的注意。媒体炒作名人隐私有其合理成分,但普通人的私生活也逐渐成为媒体追逐的对象。如果说,炒作名人隐私为了赚眼球,那抖落普通人的隐私就是低俗的行为,这种倾向不仅降低了媒体的格调,更是侵犯了个人的私人生活空间。

媒体侵犯隐私的后果是巨大的,必须正视媒体对人隐私的侵犯问题。媒体的社会价值在于追踪社会思潮、关注民众生活、体现时代风貌、记录历史,可以说,媒体是大众文化的传播者也是塑造者。而媒体的媚俗,以侵犯个人隐私的方式赚取经济利益,必然导致精神领域神圣的进一步消解。事实上,伴随着私人领域在空间上的扩大和结构上的健全,大众文化也会进一步走向成熟和完善,二者之间是一种互动关系,但作为大众文化具有相对独立性的精神活动不能仅仅被动地接受私人领域的影响,也应该发挥文化功能对私人领域进行引导和影响。因此,必须加强对媒体监管。

加强媒体监管的途径在于,一是法律监管。对于个别媒体的违法行为,要用法律严惩;二是行政机构的监管,依靠行政规范来管理媒体的行为;三是社会监管,对媒体也要发挥舆论监督作用;四是提高媒体的品位,媒体不要媚俗和跟风。

2. 提高公民的素质

媒体发展尤其是自媒体的发展,使公众成为媒体和媒体传播的建构者。一般而言,关注和尊重别人隐私的行为体现了较高的修养和境界,以窥视和传播别人隐私为乐的行为,是庸俗和低级趣味的体现。在两者之间,公民的素质决定了指针的指向。公民的素质是公民接受社会约束的道德自觉性,公民素质是多层面的概念,就隐私保护而言,需要公民提高道德素质、文化素质和社会素质。道德素质具有巨大的能量,可以直接影响和指导人的思想和行为。没有道德素质的人就是没有灵魂和人格的人,就会危及他人的幸福和社会的安宁和稳定。文化素质中重要的方面就是科学素质,这种素质是公民在应用科学技术包括科技产品过程中表现出的内在素养和品质。文化素质的高低影响人的整体素质。社会素质也包括公民对社会生活的态度和生活方式的选择以及生活规律和生活条件的理解与选择。社会素

质是公民扮演好社会角色，使社会文明和谐的重要素质。

在隐私的保护方面，提高公民素质的作用在于：一是克服人性的弱点，尊重他人私人生活空间；二是培养高尚的情操，有更高的信仰和追求；三是强化重视隐私的意识，不要以窥探他人为目的；四是树立新的隐私观，将隐私视为每个人生活中应当受到尊重和保护的部分。公民素质提高的途径：一靠社会教育，并使教育效果内化为自觉行动；二靠社会舆论监督，通过舆论的力量制约其低俗的行为。

三、道德层面：构建隐私保护的道德规范

1. 树立正确的技术价值观念

首先要了解何谓技术价值观。技术价值观是关于技术价值的社会心理和习俗观念，有时也称技术价值意识。从实践的角度来看，技术实践及其后果本身体现了技术的价值，就观念文化来看，技术价值观直接反映了人们关于技术、技术实践等的认同程度，对技术领域影响很大。技术价值含有两个方面的内容，一是技术的内在价值，指技术自身某些内在的、理想的价值。追求技术的内在价值的实现，是技术进步的关键所在。技术价值的另一方面是技术的外在价值，体现在自然、社会和人三个维度上。技术所创造的物质文明和生产力水平的提高、技术对自然的改造、人工自然的意义等反映了技术的自然价值；技术对人和人的生存方式整体的影响、后果和意义，可以被称为技术的人文价值。技术的内在价值和外在价值中的自然价值是技术存在和发展的前提。这里所谈的树立正确的价值观主要是指技术的人文价值观。

树立正确的技术价值观主要在于，要正确利用技术，将技术的负面作用降到最低程度。技术的负面作用产生于人们对其滥用、误用，而这种行为根源在于人类价值观念的偏颇。人类为技术带来的方便、快捷的功利所吸引并迷失。在人—技关系上技术成为主导，人类体现了急功近利的价值观念，短期利益成为价值目标。必须把精神价值、伦理精神融入技术的发展全过程，使人们认识到技术上的“可能”不等于伦理上的“应该”。从技术上讲，人类的许多技术及其成果目前都是可能的，例如人类能够制造出摧毁地球的核弹、克隆技术能够克隆出人类等，但是并不意味着人类就应该如此。拍照手机可以记录别人的隐私，利用技术可以在网上进入别人的私人电脑甚至邮箱，但并不说明这些都是合理的。必须考虑使用过程中要体现技术的人文价值。

要树立正确的技术价值观，也要把技术的使用目标放在给人类提供的行为能力控制在符合人的根本目的、根本利益的范围内。如果一项技术的使用给一部分人带来利益，给另一部分人带来的是损害，或者带给人类的有利有弊，人类必须进行价值的权衡，最终作出取舍，只有如此，人与技术的互动才具有真、善、美、利的统一。维纳在论及网络技术时指出：技术的发展，对善和恶都带来无限的可能性，网络技术是一种强大的工具和力量，对它进行善的使用还是恶的使用，完全取决于人的伦理道德价值取向。

技术不是价值中立的，作为一种文化现象，而且还有着伦理的向度和方面，从根本上说是有价值取向的。技术发展的价值取向在于技术要体现内在价值与外在价值的统一，也就是意味着技术的工具理性和价值理性的统一。

技术的基本价值是技术本身所具有的效用价值，它是技术长期演化的产物，不受或很少受外在因素的作用与影响。技术的另一个重要价值是社会价值，也就是技术的人文价值。技术的人文价值影响着技术与人的解放、技术与人的异化，技术与人类的未来等。人处于技术化生存之中，是一个不断深入的过程，技术的发展影响着人类未来的命运，人类的价值取向决定技术的价值取向；技术的价值取向影响着人类的发展。因此，发展技术要时时考虑人的因素和技术所体现的人文关怀。

2. 注重技术活动中的伦理因素

增加技术活动中的伦理因素，实际上是使"经济人"转化为"伦理人"。在技术活动中，技术的双刃剑问题多数在于技术应用中的"经济人理性"。经济人并不是单指现实生活中的自然人，经济人的基本特征，即总是以自己的利益为出发点。经济人理性就是指社会经济生活中，人们的经济理性。这种理性表现在作为消费者，他要以最低的价格或付出获取最大的利益，厂商则要以最少的投入获取最大限度的利润，反正大家都按照自身利益最大化去选择。经济行为泛化，人就变成了唯利是图的经济动物。经济人表面上是以人为本，实际上是以物为本。隐私被窥视、非法窃取、转卖，很大程度上就是经济利益的驱动，也是"经济人"行为的外化。

克服"经济人"的行为在于加强道德建设，在经济活动中增加伦理成分。即将"经济人"转化为"伦理人"。伦理人是与经济人相对应的概念，是指在各项活动中，能够按照社会规范，尤其是伦理道德规范要求自身的行为。在技术活动中，伦理人能够按照社会的正确的技术价值观规范自己的行为，不仅发挥技术的自然价值，更能体现技术的人文关怀，从而降低技术对隐私侵犯的程度。

技术人文价值最重要的体现就在于技术的发展要符合社会伦理道德，不仅仅是由于伦理道德是人文关怀的重要内容，而且伦理道德还发挥着社会关系的协调功能，对技术的发展有积极的作用力。技术要符合社会伦理道德，一方面在于技术的发展必须符合原有的道德规范和伦理观念，另一方面在于技术的发展必须适宜建立新的伦理道德。现代技术尤其是高技术的产生与迅速发展，对人类社会传统的伦理、道德产生了强烈的冲击。其中，以器官移植和人工辅助生殖技术为代表的医疗技术、以克隆技术为代表的生物技术、以计算机网络技术为代表的信息网络技术，都在其各自领域里和传统的伦理、道德产生了激烈冲突，其结果将可能在继承传统优秀伦理和道德的基础上，冲破落后的伦理规范的束缚，抛弃落后的伦理规范，建立新的伦理、道德甚至是新的文明。

3. 完善技术化环境下的道德体系

完善道德体系建设是保护隐私的有效途径。道德建设也有滞后性，传统道德已满足不了技术高速发展的要求。例如，虚拟社会本身是合理存在的，但虚拟社会的伦理规范的建立却是滞后的。虚拟社会的道德规范也是针对现实社会的人，虚拟社会的道德不能完全异于现实社会的道德，所以道德规范的基础和目标应是一致的。但在电子空间中，人的社会角色和道德责任都与物理空间是有区别的，因此，虚拟社会的伦理和现实社会的伦理确实又是不同的。虚拟性就在于主体既是确定性又是不确定性的统一，因此道德适用对象是有区别的。人类社会规范的积累就在于道德规范的适用对象的扩大，网络伦理的发展正式应运而生的。在我国，网络伦理学的学理研究比较热门，但现实规范的实施却是凤毛麟角，亟待完善。

完善技术化环境下的道德体系建设，是一个系统工程，也是一个长期的过程，其建设也不是一蹴而就的，因为技术本身具有一定的发展规律，完善道德体系建设还必须符合技术发展的内在要求。

四、法律层面：完善隐私保护的立法体系

1. 完善法律保护体系的必要性

首先，完善法律保护体系是科技发展的必然要求。可以说，人类对于隐私泄露恐惧是伴随着高技术的发展同步升级的。当今时代隐私问题如此集中，隐私权保护的难度如此之大，从基因研究到网络工程，在某种意义上说，人类这些伟大的技术成就似乎是为“挖掘与泄露”人的生物密码与生活秘密而诞生的。对其进行规约的方式有多种，法律规约是最有强制力的一种方式。出台法律对隐私加以保护也是技术发展的必然趋势。华盛顿电子隐私信息中心主任罗坦伯格（Rotenberg）曾在《纽约时代》杂志上撰文指出：“隐私之于21世纪的信息经济，如同消费者保护问题和环境问题之于20世纪的工业社会。相信道德自律，就像相信强盗可以被和尚点化一样，真正有用的还是应该有相应的法规。”

其次，完善法律保护体系是我国法律自身建构的需要。由于高技术的大规模运用，隐私侵权变成一个普遍的社会问题，私人生活空间受到损害，带来个人日常生活、名誉、尊严、财产与生命受到威胁，甚至已上升到违法和犯罪层面的问题。仅仅依靠道德的束缚不能解决问题，只有依靠具有强制性的法律来保护人的隐私，保护私人生活空间不受到侵犯，维护主体利益。但是，至今我国还没有独立的隐私法。我国对隐私的保护都分散在各个法律条文中，有些法律面对高科技条件下的隐私侵害束手无策，因为现有法律本身也有缺乏预见性的情况，在技术化条件下还有许多问题有待解决。不对隐私权进行专门立法保护无法解决我国在隐私保护领域的难题，也无法面对信息技术的高速发展及其高技术的应用对私人生活空间的挑战，没有法律和民主制度的建立和完善，就没有隐私存在的空间，因此完善法律保护体系是必须的也是急迫的。

2. 完善法律保护体系的思考

首先，完善法律保护体系要借鉴西方做法。西方国家都非常重视隐私权保护的立法，许多组织机构和国家将隐私权作为一项公民的基本权利以法律的形式确定下来，并不断地丰富和完善。《公民权利和政治权利国际公约》、《世界人权宣言》等国际公约以及《欧洲人权公约》、《美国人权公约》等区域性公约中，都对隐私权加以规定和确认。各个国际组织也对其立法。经济合作与发展组织（OECD）于 1980 年 9 月通过《经济合作与发展组织理事会关于私人生活保护和个人资料的国际流通准则的建议》，在这个建议中，确立了“对自己的信息流的控制权”的私生活概念，并据此制定了由限制收集个人资料的 8 项原则构成的关于保护私生活的指导原则。各国也不断完善立法体系。美国早在 1974 年专门制定了《隐私法》，在 1986 年，通过了《联邦电子通讯隐私法》，禁止截取电子通讯的行为制定了十几项保护个人隐私权的法案，以限制政府部门和各类机构对个人隐私的收集和使用。2000 年 4 月 21 日《儿童网络隐私保护法》生效，旨在保护儿童网络隐私。在西欧和日本，隐私的法律完善也是很有成效。这些法律和法规有些非常成熟，对我国立法来说可以很好地借鉴。

其次，立法需要协调好两个重要关系。

一是要考虑技术的良性发展与隐私保护的关系。技术化生存是一个社会现实，我们所做的是如何降低高技术应用的负面影响，而不是因噎废食，所以找好二者之间的平衡点相当重要。在此方面我国也在积极努力。2015 年全国两会期间，全国人大代表李建春提交了一份关于制定《中华人民共和国个人信息保护法》的议案。这个议案在 2014 年两会期间人大代表、全国人大财经委副主任吴晓灵就提出过。吴晓灵认为：“隐私权是保护个人信息不受侵犯的权利，世界上超过 100 个国家和地区制定了《个人信息保护法》或《隐私法》保护个人信息。随着个人信息经济价值的提高，已经出现了个人信息泄露的现象，损害了人民权利、降低了政府公信力，威胁了国家的经济安全和信息安全，制定符合中国实际情况的《个人信息保护法》的时机已经成熟。”①事实上，关于《中华人民共和国个人信息保护法》专家建议稿十年前就已经完成，但迟迟没有出台，这是非常遗憾的事情。个人信息保护立法确实具有重要性和紧迫性，由于以前个人隐私的保护方式往往只在侵害事实发生之后，被侵害者只能通过打官司，要求侵权者赔偿。现在，对于个人信息的保护，不仅仅是事后的保护，还包括事前的干预。在很多国家中，个人信息保护往往会引入

① http://www.ceweekly.cn/2014/0309/76865.shtml.

事先管制机构。比如成立“个人信息保护办公室”,政府机关要有事前的干预。在网络环境中隐私是以信息的形式体现的,而《个人信息保护法》把个人信息的保护完全纳入法律的保护范围具有重要意义,必然降低网络隐私侵权的几率。但是,个人信息保护并不等同于隐私保护,健全隐私保护的法律还必须借助系统的专门的立法。

二是如何使个人隐私保护与社会监督之间取得平衡,从而既能保证个人自由又能保证社会安全。完善隐私保护法律体系实际上是通过立法确认个人权利的一种方式。个人自由与公共安全具有辩证的关系,个人没有限制的自由会对公共安全造成压力,所以立法过程中必须考虑私人生活空间的限度问题。

第三节 对于未来社会发展和技术进步的期待

科技的发展成为人类共同的命运,人类永远不会回到自然生存状态,技术化生存是个过程,而且是一个不断深入的过程。“我们不能,也不应当关上技术发展的闸门。只有浪漫主义的蠢人,才喃喃自语要回到‘自然状态’……”[①]面对科技日新月异的大趋势,人类的诺亚方舟就把握在自己的手中。

保护隐私的内在价值在于它保护了独立的私人生活空间。科学技术无论如何发展都应体现对人的价值与尊严的尊重,体现对人全面发展的促进。在技术进步方面要以人为本,在社会发展方面要与人为善。

一、技术进步——以人为本

技术化生存既会使人感受到技术发展带给人的便利,也会使人面临技术使用带来不良后果的困境。如若突破这种困境,必须要从调整人—技关系入手,使人类生存趋于和谐、处于合理状态。何谓以人为本的人—技关系?以人为本的人—技术关系实际上就是技术进步要以人为目的,以人为依赖,追求人的全面发展。

1. 技术发展的目标朝向

从人的角度看,人是自己的最高目的,作为人的最高目的的人的生存是为了实现人的全面发展。在马克思看来,人的全面发展是以一种全面的方式,也就是说,作为一个完整的人占有自己全面的本质的。这种发展具体体现为人的智力和体力的统一;精神劳动、物质劳动和享受的统一;生存和发展的统一。是人的潜能和天资、兴趣和才能得到前所未有的充分发展,是人的身心、个性全面而丰富地发展。

---

① [美]托夫勒:《未来的冲击》,新华出版社1996年版,第358页。

从技术本身看，技术的产生源于人类生存和发展的需要。人类从事任何实践活动都是基于自己生存和发展的需要，又把自己的内在尺度即目的、需要、本质力量运用到客体对象上去，创造出人类所需要的新的有用客体，技术就是人创造性本质的一种实现。技术具有两重属性，一是技术的自然属性，二是技术的社会属性。自然属性是技术能够产生和存在的内在基础，即技术要符合自然规律；技术的社会属性是指技术的人性方面，即技术要符合社会规律。技术是人的创造，技术的本质是人的力量的对象化，技术必然包含着人类主观性，没有人类主观的目的、愿望和意志等就不可能有技术。任何技术都是历史的和社会的存在，它的产生、存在和发展都处于特定的历史和社会条件之中，与当时的政治、经济、文化等因素有着复杂的相互作用的关系，体现当时特定的时代特征和价值取向。

而人类对美好生活的向往和最佳生存状态的追求直接导致了技术的进步与发展。从技术的社会属性角度讲，技术存在和发展的根本价值应是技术对于人的价值。马克思将科学技术的价值看成是“历史的有力杠杆”，是“最高意义上的革命力量”，也是从人类社会进步和发展角度来谈的。既然人的存在和人的需要是技术存在和发展的前提、基础和动力，人在与技术的互动中所体现人的主导性和目的性则是关键性因素。有效的与合理的技术的发展和应用，必须是既遵循客观规律又符合主体的目的和需要，既合规律性又合目的性。

在技术化的社会中，技术要为人类服务，满足人类需要，服从于人的发展的目的，这是人—技关系的理想状态。但科技发展之路不是一帆风顺的，诸多因素影响着技术的发展方向和发展历程，也就是说，技术在发展和使用过程中存在诸多的不确定因素，带给人利益的同时也会带来灾害。技术本身不可能解决一切社会问题，相反还会带来新的社会问题。如果科技发展制约了人的自由、背离了人的目的，科技发展的生命力就必然受到影响，而技术成为主导也必然挑战人的价值和尊严，人—技关系面临诸多危机和挑战。前文探讨的技术化生存的困境就是技术对人挑战的展现。要真正使科学技术造福于人类，就必须降低技术的负面影响，发展以人为本的技术，调整人—技关系，使人更加自由、自立；通过技术创造更广阔的人类生活空间，使人的发展有更多的选择性。正如爱因斯坦所说：“关心人的本身，应该成为一切技术奋斗的主要目标。”①

2. 技术使用遵循的原则

要实现如上目标，使技术发展具有内在的合理性，符合人的目的性和全面发展的需要，使人—技关系趋于合理与和谐，在技术的发展和使用过程中要遵循以下几个原则：

---

①　[美]爱因斯坦：《爱因斯坦文集》第3卷，商务印书馆1979年版，第73页。

第一,技术发展在追求工具理性的同时,必须受到价值理性的制约,即技术的发展和进步要以实现人的价值和人的全面发展为旨归。任何技术的发展和应用的出发点和落脚点都应该着眼于人本身。人与技术的关系只能是主体与客体的关系、目的与手段的关系,客体不能僭越主体,手段不能超越目的。

第二,技术的发展和进步一定要体现人的需要和利益。人的生存和发展需要及现实满足程度是社会和人类自身发展的动力,也应是技术的基本出发点和价值尺度。因此,发展技术的标准应以人为尺度,应看是否触犯人类的根本利益。人的需要和利益是个综合体,意味着技术发展必须受到社会政治、经济、文化、道德以及生态环境等多方面条件的制约,通过一系列的制约最大限度地减少技术的不确定性,从而保证人的利益。反之,凡是违背人类利益的技术是应当受到制约和禁止的,当然,这样的技术也是没有生命力的。

第三,技术发展和进步要实现技术的有效性和合理性的统一。也就是技术要有存在的“可能”与价值上的“应当”的双重评判标准。技术上的“可能”只表明了技术存在的内在合理性,只是一种存在的事实,而技术只有自然属性是没有任何意义的。“应当”属于技术的社会属性范畴,它表明了技术发展的方向的正确性,预示了技术发展的可持续性。“可能”是“应当”的前提和基础,“应当”不能脱离“可能”而存在,脱离技术的自然属性谈“应当”就会因缺乏载体而流于虚无。“可能”也不能脱离“应当”而存在,脱离技术的社会属性谈技术的“可能”,技术就没有价值和意义。技术的有效性与合理性是辩证而统一的。

虽然社会发展要依靠科技进步与发展,但科技本身不可能解决一切社会问题,相反会带来新的社会问题。如果科技发展制约了人的自由、背离了人的目的,科技发展的生命力就必然受到影响。总之,技术的发展要以实现人的价值和人的全面发展为旨归,以符合人的需要和利益为动力,实现技术的有效性与合理性的统一为途径,这样,技术才能更好地为人的发展服务,为人类社会服务,人的技术化生存才能够真正的有意义。

按照上面分析,技术的发展宜遵循人道原则,才能实现科学技术的良性发展。技术化生存引发隐私问题,表明科技发展和使用已偏离了人的目的,人性被遮蔽。技术文明不仅创造了一个包含着物、工具和法则的强大中介系统,还形成了把一切还原为物、工具和产品的统一理念:人无非是机器,智慧也就成为工具理性。

只有科学技术与人类社会协调发展,物质财富的增长与精神的自由同步才有进步意义。如科技发展只是片面满足暂时的需要而损害了人类长远意义,为了物质需求的满足而损害人自身的精神的丰富和个性的发展,导致人的异化,那么就是对人自身的否定,人类的尊严受到挑战,这样的技术是没有生命力的。而保护隐私是在个人隐私权与社会需要之间保持平衡。[①]保护隐私不是对科技发展的限制，而是为科技发展创造有利的外围环境，是科技良性发展提供动力。技术上的可能不意味着伦理上的应该。要真正使科学技术造福于人类，降低负面影响，就必须发展以人为中心的科学技术，兼顾人的身心双重需要，避免技术对人的压迫。

技术进步也必须要促进人的发展。技术发展与进步要以人为目的，最终是要促进和实现人的全面发展。通过技术进步，使人更加自由、自立；通过技术创造更广阔的私人生活空间，使人的发展有更多的选择性。技术发展的起点应以人为本，技术进步的目的是促进人的素质、品味、价值追求和思想境界的提高。技术发展也必须保证人的主体地位与人的目的性，也就是必须以人为本。人不可能全面技术化，人的全面技术化是对人的否定。技术必须为人所用，只是人类生存的手段而非目的。如何减少和避免技术对人的负面作用是一个急需解决的重大社会问题。发展技术的标准应以人为尺度，应看“是否触犯人类的根本利益，是否违背人性”[②]。人既是推动社会发展的手段又是社会发展的根本目的，马克思早就指出，未来社会是以每个人的全面而自由的发展为基本原则的社会形式，因此关心人类本身应成为技术上奋斗的主要目标。

在前文中已探讨过隐私之于人的重要性，隐私权作为重要的人权之一，对人具有重要意义，也是人全面发展的重要因素。为此，保护人的隐私，使人人获得隐私权的保护，是对人性的尊重。隐私保护体系的建构，实质是人主体性的建构和人的尊严的回归。社会发展的目的是为了实现人的全面发展，社会发展过程中人需要物化，但高科技的发展，影响到个人生活的全方位，人达到了全面的物化，工具理性充斥生活领域。人存在的价值，在冷冰冰的高科技产品面前，打了很大的折扣甚至消失殆尽，更有甚者影响了人的生存。隐私保护是建立科技伦理体系的一个支架，建立隐私保护体系，在人的尊严与科技之间建立一层隔离带，既能保证科技为人所用，又防止科技的滥用对人的伤害，改变科技与人之间的异化关系。

二、社会和谐——与人为善

在和谐的社会中，每个人的活动都以不影响他人为前提的，人与人之间更多地体现尊重和理解，而并非单纯的利益关系，这种尊重和理解是建立在对人的权利尊重基础上的。

1. 首先，社会和谐需要私域与公域清晰的分野

私域与公域清晰的分野，也就是私人生活空间与社会公共空间的界限划分问

---

① 徐瑞萍、刁生富：《论网络空间中的隐私权》，《自然辩证法研究》2004 年第 11 期。

② 林德宏：《关于社会对技术的必要约束——评技术价值中立论与价值自主论》，《东南大学学报》（哲学社会科学版）2000 年第 3 期。

题。只有两个空间适当分界，社会才能达到和谐状态。只有和谐的社会，才是一个合力的社会，一个充满活力的社会，才能最广泛最充分地调动一切积极因素，为全面、协调、可持续发展提供社会动力和社会支持。从人与人之间的关系来看，技术上的无限可接近性和心灵上的日渐远离是一个现代化过程中的一个悖论，也就意味着通过技术可以无限接近你要接近的人，但是人们之间的交往，尤其是精神交流却越来越困难。我们生长在科技高速发展的社会，社会财富不断增长但社会却有失和谐，人们很难找到平和和宁静的空间，到处充满窥视的眼睛，把别人看成实现自己利益的工具，普遍缺失幸福感。面对社会的冲突与不协调，人人都向往和谐的社会。

一个和谐的社会首先是个人权利得到保证的社会。一个现代意义上的和谐社会，一方面要尊重人，这种尊重的重要体现是现代公法所确立的公民权利，即私人生活空间得到确认与受到保护。随着人类文明进程的演进，只要不触犯法律，私人领域与公共领域是泾渭分明的，在一个民主开放的社会里，公共领域与私人领域的分界也会越来越明晰。

我国正处于从传统向现代化社会转型时期，逐渐由依附转向自主，由封闭转向开放，由保守转向进取。在转型期内，社会价值体系的转变是最困难的，困难在于社会价值体系的深层性、体系本身的强大和转变中孕育的新旧价值观强烈的冲突。对待隐私问题的看法就集中体现了个人价值体系与社会价值观之间的冲突。在我们的传统中，个人权利往往被忽视，因此造成了个人信息被恶意侵害的情况屡屡发生。“个人隐私权简单地说，就是在集体生活之外，建立一个不受社会生活规则制约的范围。”①这种范围实际上就是私人生活空间。“隐私权这一概念也蕴涵着个人与群体、自我与社会的深层关系。当强调个人隐私权的时候，就已经预设了一个前提，即个人与群体、自我与社会的区别。”②在个人的生活空间里，个人的活动、个人与他人的交往和联系、私人的财物都是自由发展的。私域与公域清晰分野的实现，主要在于私人生活空间能够得以肯定和确认。

2. 其次，私人生活空间的适度性

私人生活空间得以确认只是问题的一个方面，更重要的在于私人生活空间的适度问题。前文探讨过私人生活空间的限度问题，表明了私人生活空间要保证人的充分发展，又要不影响公众的利益。私人生活空间的合适程度不是一个定量，是由技术、文化、道德和法律等多种社会因素决定的，同时私人生活空间的大小也在于社会对隐私的尊重程度。

---

① [美]克利福德、G.克里斯蒂安等：《媒体伦理学》，华夏出版社 2000 年版，第 114—115 页。
② 李伦：《鼠标下的德性》，江西人民出版社 2002 年版，第 274 页。

应充分认识到对隐私的尊重也是社会进步的重要体现。“保护隐私是对人性自由和尊严的尊重，是一项基本的伦理要求，也是人类文明的一个重要标志。”①社会进步是一个多维度的指标，科学技术为代表的第一生产力的提高，仅仅是社会进步的物质基础。现代文明的发展方向决定了一个社会在实现技术进步的同时，必须建立与现代化制度相适应的现代精神文明和现代文化，这种文化是体现人文关怀的文化。

随着社会的进步，人们愈发正视了人的个性发展，只要不影响社会、不伤害别人的利益，个人完全可以自由作为，这就是社会进步的表现。而隐私揭示自己个人的空间、信息和事件不是任何人都有权知道的，即不让非公开的个人信息被他人拥有，确切地说，就是要减少他人拥有此人信息的程度。隐私的价值就在于这种阻止别人获得于己不利的信息的权利，这样减少我们被操纵或被强迫的可能性。隐私受到窥探和非法侵犯，不仅破坏人们安宁的生活、造成事业的挫折甚至人身的伤害和生命的威胁，更重要的是对隐私主体自由和尊严的挑战，甚至是剥夺。人的问题是社会的基本问题，人的价值的实现是人存在的终极意义。没有自由和尊严，人之为人的本质也就无从存在。因此，重视隐私是对人性的关注，是人存在价值的体现。保护个人隐私也就是保证每个人自我生活空间的完整和安全。隐私保护体系的建立也是弱化工具理性行为，是基于一种文化传统和文化观念的现实需要，是一种文化关怀。因此，建立适度的私人生活空间符合人的全面发展需求，能够为人的全面进步创造有利的外部环境。

① 李兰芬：《论网络时代的伦理问题》，《自然辩证法研究》2000年第7期。

参考文献

一、著作类

1.《马克思恩格斯全集》第3卷，人民出版社1978年版。

2.《马克思恩格斯全集》第42卷，人民出版社1979年版。

3.《马克思恩格斯全集》第47卷，人民出版社1979年版。

4.《马克思恩格斯选集》第1卷，人民出版社1995年版。

5.《马克思恩格斯选集》第4卷，人民出版社1995年版。

6. 马克思：《机器。自然力和科学的应用》，人民出版社1975年版。

7. 马克思：《1844年经济学哲学手稿》，人民出版社1983年版。

8. [德]F.拉普：《技术哲学导论》，辽宁科学技术出版社1986年版。

9. [美]爱因斯坦：《爱因斯坦文集》第3卷，商务印书馆1979年版。

10. [德]哈贝马斯：《公共领域的结构转型》，曹卫东译，学林出版社1999年版。

11. [德]黑格尔：《小逻辑》，贺麟译，商务印书馆1997年版。

12. [德]康德：《纯粹理性批判》，韦卓民译，华中师范大学出版社2000年版。

13. [德]康德：《道德形而上学原理》，苗力田译，上海人民出版社2002年版。

14. [德]康德：《实践理性批判》，韩水法译，商务印书馆1999年版。

15. [法]贝尔纳·斯蒂格勒：《技术与时间——爱比米修斯的过失》，裴程译，译林出版社2000年版。

16. [法]亨利·柏格森：《创造进化论》，姜志辉译，商务印书馆2004年版。

17. [法]米歇尔·福柯：《权力的眼睛——福柯访谈录》，严锋译，上海人民出版社1997年版。

18. [法]米歇尔·福柯：《规训与惩罚》，刘北成、杨远婴译，三联书店2003年版。

19. [法]米歇尔·福柯：《知识考古学》，谢强、马月译，三联书店2003年版。

20. [法]让-弗朗索瓦·利奥塔：《后现代状况》，车槿山译，三联书店1997年版。

21. [古希腊]亚里士多德:《物理学》,徐开来译,中国人民大学出版社 2003 年版。

22. [古希腊]亚里士多德:《亚里士多德全集》第 4 卷,苗力田等译,中国人民大学出版社 1994 年版。

23. [荷兰]E.舒尔曼:《科技时代与人类未来——在哲学深层次的挑战》,东方出版社 1995 年版。

24. [加]埃里克·麦克卢汉等编:《麦克卢汉精粹》,何道宽译,南京大学出版社 2000 年版。

25. [加]马歇尔·麦克卢汉:《理解媒介——论人的延伸》,何道宽译,商务印书馆 2000 年版。

26. [英]弗里德利希·冯·哈耶克:《自由秩序原理》,邓正来译,三联书店 1997 年版。

27. [英]洛克:《政府论》下,商务印书馆 1997 年版。

28. [英]齐格蒙特·鲍曼:《个体化社会》,范祥涛译,上海三联出版社 2002 年版。

29. [英]维克托·迈尔-舍恩伯格、肯尼斯·库克耶:《大数据时代》,盛扬燕、周涛译,浙江人民出版社 2014 年版。

30. [英]约翰·斯图亚特·密尔:《论自由》,陕西人民出版社 2009 年版。

31. [美]A.麦金太尔:《德性之后》,龚群、戴扬毅译,中国社会科学出版社 1995 年版。

32. [美]A.斯皮内洛:《世纪道德:信息的技术伦理方面》,刘刚译,中共中央编译出版社 1999 年版。

33. [美]H.杜卡斯、B.霍夫曼:《爱因斯坦谈人生》,世界知识出版社 1979 年版。

34. [美]Robert Vamosi:《个人信息保卫战——高科技时代的隐私担忧与防护策略》,姚军等译,机械工业出版社 2012 年版。

35. [美]安德鲁·芬伯格:《技术批判理论》,韩连庆、曹观法译,北京大学出版社 2005 年版。

36. [美]汉娜·阿伦特:《人的条件》,竺乾威等译,上海人民出版社 1999 年版。

37. [美]赫伯特·马尔库塞:《单向度的人》,刘继译,上海译文出版社 1989 年版。

38. [美]卡尔·米切姆:《技术哲学概论》,殷登祥等译,天津科学技术出版社 1999 年版。

39. [美]克利福德·G.克里斯蒂安等:《媒体伦理学》,华夏出版社 2000 年版。

40. [美]理查德·A.斯皮内洛:《世纪道德——信息技术的伦理方面》,刘刚译,中共中央编译出版社 1999 年版。

41. [美]马克·波斯特:《信息方式》,范静哗译,商务印书馆 2001 年版。

42. [美]马克·波斯特:《第二媒介时代》,范静哗译,南京大学出版社 2001 年版。

43. [美]尼尔·波斯曼:《技术垄断——文化向技术投降》,何道宽译,北京大学出版社 2007 年版。

44. [美]尼葛洛庞帝:《数字化生存》,胡泳译,海南出版社 1996 年版。

45. [美]帕特里·克塔克尔:《赤裸裸的未来》,钱峰译,江苏凤凰文艺出版社 2014 年版。

46. [美]乔治·巴萨拉:《技术发展简史》,周光发译,复旦大学出版社 2000 年版。

47. [美]托夫勒:《未来的冲击》,新华出版社 1996 年版。

48. [美]韦斯丁:《隐私与自由》,纽约阿瑟书局 1970 年版。

49. [美]雅·布伦诺斯基:《科学进化史》,李斯译,海南出版社 2002 年版。

50. [美]约翰·奈斯比特、娜娜·奈斯比特、道格拉斯·菲利普:《高科技高思维——科技与人性意义的追寻》,尹萍译,新华出版社 2000 年版。

51. [美]约翰·罗尔斯:《政治自由主义》,万俊人译,译林出版社 2000 年版。

52. [日]城田真琴:《大数据的冲击》,周自恒译,人民邮电出版社 2013 年版。

53. [匈]卢卡奇:《历史和阶级意识》,张西平译,重庆出版社 1989 年版。

54. 董桥:《从前》,三联书店 2002 年版。

55. 冯契等编:《哲学大辞典》,上海辞书出版社 2001 年版。

56. 高亮华:《人文视野中的技术》,中国社会科学出版社 1996 年版。

57. 关锦镗:《技术史》上册,中南工业大学出版社 1987 年版。

58. 郭良:《网络创世纪——从阿帕网到互联网》,中国人民大学出版社 1998 年版。

59. 郭卫华等:《网络中的法律问题》,法律出版社 2001 年版。

60. 李步云:《论人权》,社会科学文献出版社 2009 年版。

61. 李云飞、陈良、王树青:《物联网的内涵与应用及其对过程自动化的启示》,石油化工自动化 2011 年版。

62. 李建群、周树智主编:《现实价值哲学论》,中国社会科学出版社 2012 年版。

63. 李伦:《鼠标下的德性》,江西人民出版社 2002 年版。

64. 李翔海、邓克武编:《成中英文集》卷一《论中西哲学精神》,湖北人民出版社 2006 年版。

65. 林德宏:《科技哲学十五讲》,北京大学出版社 2004 年版。

66. 林德宏:《人与机器——高技术的本质与人文精神的复兴》,江苏教育出版社 1999 年版。

67. 林德宏:《生命技术与人的生命》,《伦理学研究(生命伦理卷 2007—2008 上册)》2011 年版。

68. 林德宏:《物质精神二象性》,南京大学出版社 2008 年版。

69. 刘吉、金吾伦:《千年警醒:信息化与知识经济》,社会科学文献出版社 1998 年版。

70. 罗盛华:《基因隐私权的法律保护》,科学出版社 2010 年版。

71. 美狄亚:《谁偷窥了你的网络隐私》,成都时代出版社 2014 年版。

72. 曲直:《留给隐私多大空间》,中华工商联出版社 2004 年版。

73. 石磊:《新媒体概论》,中国传媒大学出版社 2009 年版。

74. 舒红跃:《技术与生活世界》,中国社会科学出版社 2006 年版。

75. 孙晓莉:《中国现代化进程中的国家与社会》,中国社会科学出版社 2001 年版。

76. 唐绪军主编:《中国新媒体发展报告(2014)》,社会科学文献出版社 2014 年版。

77. 屠振宇:《宪法隐私权的研究》,法律出版社 2008 年版。

78. 汪辉、陈燕谷:《文化与公共性》,三联书店 1998 年版。

79. 王俊秀:《监控社会——关于监控边界的研究》,天津人民出版社 2006 年版。

80. 王利明:《人格权法新论》,吉林人民出版社 1994 年版。

81. 王秀哲:《隐私权的宪法保护》,社会科学文献出版社 2007 年版。

82. 王岩、曹广冉:《西方近代政治思潮》,南京大学出版社 1993 年版。

83. 王忠:《大数据时代个人数据隐私规制》,社会科学文献出版社 2014 年版。

84. 吴国盛:《技术哲学经典读本》,上海交通大学出版社 2008 年版。

85. 姚辉:《民法的精神》,法律出版社 1999 年版。

86. 杨开湘:《刑事诉讼与隐私权保护关系的研究》,中国法制出版社 2006 年版。

87. 杨叔子主编:《科学双刃剑——令人忧虑的科学暗影》,广西地图出版社 1999 年版。

88. 张新宝:《隐私权的法律保护》,群众出版社 2004 年版。

89. 张一兵:《回到马克思——经济学语境中的哲学话语》,江苏人民出版社 1999 年版。

90. 赵水忠:《谁偷窥了你的网络隐私》,电子工业出版社 2004 年版。

91. 赵维:《隐私,这道甜点——媒介形象与媒介策略札记》,湖南教育出版社2006年版。

92. 邹珊主编:《技术与技术哲学》,知识出版社1987年版。

二、论文类

1. 白传之:《新媒体发展模式初探》,《现代视听》2007年第6期。

2. 王利明、杨立新:《人格权与新闻侵权》,中国方正出版社1995年版。

3. 王启康:《论自我意识及其与自我之关系》,《华中师范大学学报》2007年第1期。

4. 岑丽媛:《"网络正义"的自我博弈——兼论隐私权与人肉搜索的冲突与发展》,《法制博览》2014年第7期。

5. 陈嘉明:《个体理性与公共理性》,《哲学研究》2008年第6期。

6. 陈红:《面向生命技术的伦理研究》,《科技风》2011年第15期。

7. 崔莉等:《传感器网络研究进展》,《计算机研究与发展》2005年第1期。

8. 崔群颖:《关于医疗信息隐私价值和法律地位的探索》,《医学与社会》2005年第1期。

9. 杜治政:《当代医学技术演进若干问题的探讨》,《医学与哲学》2014年第3期。

10. 冯基中:《论人肉搜索的道德假象及娱乐化》,《太原师范学院学报》2014年第1期。

11. 冯丽:《无形与正义之手:论作为一种网络维权行为的"人肉搜索"——"人肉搜索"的多种面相、困境及出路探析》,《经济师》2014年第4期。

12. 高中华:《生态危机的技术内涵:对技术负面效应的评价》,《科学技术与辩证法》2001年第5期。

13. 郭镇之:《关于麦克卢汉的思想——与埃里克·麦克卢汉博士的一次访谈》,《现代传播》1999年第4期。

14. 黄凌:《浅谈物联网隐私问题》,《科教导刊》2011年第12期(上旬刊)。

15. 李兰芬:《论网络时代的伦理问题》,《自然辩证法研究》2000年第7期。

16. 李三虎:《技术哲学的空间叙事》,《哲学动态》2006年第6期。

17. 李晓辉:《公域与私域的划分及其内涵》,《哈尔滨商业大学学报》(社会科学版)2003年第4期。

18. 李潇潇:《新媒介时代下的新媒体特点》,《金田》2014年第6期。

19. 李祚、张开荆:《隐性知识的认知结构》,《湖南师范大学社会科学学报》2007年第4期。

20. 梁慧星等:《隐私的本质和隐私权的概念》,《人民司法》2003年第4期。

21. 梁林:《哲学视野中的个性》,《理论界》2009年第1期。

22. 林德宏:《高科技与新的教育革命》,《南京师大学报》2000年第1期。

23. 林德宏:《关于社会对技术的必要约束——评技术价值中立论与价值自主论》,《东南大学学报》(哲学社会科学版)2000年第3期。

24. 林德宏:《"技术化生存"与人的非人化》,《江苏社会科学》2000年第4期。

25. 林森:《试管婴儿的数量和质量》,《百科知识》2014年第1期。

26. 刘德良:《论隐私权》,《新疆大学学报》2003年第2期。

27. 刘革:《论人性尊严的伦理价值及其宪法意义》,《西南民族大学学报》(人文社科版)2006第4期。

28. 刘晗:《隐私权、言论自由与中国网民文化:人肉搜索的规制困境》,《中外法学》2011年第4期。

29. 刘红、胡新和:《数据革命:从数到大数据的历史考察》,《自然辩证法通讯》2013年第12期。

30. 刘仁忠、代薇:《基于隐私的伦理规范和法律规范》,《自然辩证法研究》2004年第9期。

31. 刘同舫:《技术与政治的双向互动》,《学术论坛》2000年第8期。

32. 刘晓力:《延展认知与延展心灵论辨析》,《中国社会科学》2010年第1期。

33. 刘文海:《技术负荷政治吗?》,《自然辩证法通讯》1996年第1期。

34. 陆晔、潘忠党:《成名的想象:中国社会转型过程中新闻从业者的专业主义话语建构》,《新闻学研究》2002年第4期。

35. 吕乃基:《论意会知识、编码知识与中国现代化》,《学海》1999年第6期。

36. 吕卫文:《国外知识编码研究评介》,《科技进步与对策》2007年第4期。

37. 吕耀怀:《隐私的伦理辩护:西方的视角与中国伦理学可能的选择》,《哲学动态》2007年第1期。

38. 闵春发、汪业周:《物联网意涵、特质与社会价值探析》,《中国人民大学学报》2011年第4期。

39. 欧力同、张伟:《法兰克福学派研究》,重庆出版社1991年版。

40. 彭福扬、胡元清、刘红玉:《科学技术创新观——生态化与技术创新》,《自然辩证法研究》2006年第6期。

41. 齐爱民:《美国信息隐私立法透析》,《时代法学》2005年第2期。

42. 乔丽娟、许力文:《浅析动态网站的交互性》,《科技信息(教学科研)》2008

年第19期。

43. 单美贤、叶美兰:《技术哲学视野中物联网的社会功能探析》,《南京邮电大学学报》(社会科学版)2012年第2期。

44. 尚东涛:《技术的资本依赖》,《科学技术与辩证法》2007年第2期。

45. 孙其博等:《物联网:概念架构与关键技术研究综述》,《北京邮电大学学报》2010年第3期。

46. 孙中锋等:《社会技术预见的特点和内涵初探——从20世纪90年代生物技术相关事件谈起》,《科学学与科学技术管理》2004年第7期。

47. 王芳:《道德认知的默会维度——基于认知结构的分析》,《学术月刊》2011年第7期。

48. 王健:《美国人的医疗隐私》,《当代医学》2006年第5期。

49. 王永强:《"人肉搜索"看上去恐怖但却纯洁》,《中国经营报》2008年5月5日,第A10版。

50. 王治东、卢传斌:《思辨视角下科学与人文的融合》,《南京理工大学学报》2004年第5期。

51. 王治东:《哲学文化视角下隐私问题探析》,《南昌大学学报》2006年第1期。

52. 吴标兵、许为民:《物联网隐私风险及其控制策略》,《自然辩证法研究》2014年第4期。

53. 吴夺:《对技术与政治之间关系的认识》,《沈阳建筑大学学报》2007年第3期。

54. 吴国盛:《技术与人文》,《北京社会科学》2001年第2期。

55. 吴文新:《基因科技与身心二元论的消解——对人性技术化的沉思》,《自然辩证法研究》2001年第10期。

56. 肖峰:《从互联网到物联网:技术哲学的新探索》,《东北大学学报》(社会科学版)2013年第3期。

57. 相建南、卢松柏:《移动与可穿戴技术在心血管远程监护的应用》,《电子科技大学学报》2010年第S1期。

58. 徐瑞萍、刁生富:《论网络空间中的隐私权》,《自然辩证法研究》2004年11期。

59. 姚朝兵:《个人信用信息隐私保护的制度构建——欧盟及美国立法对我国的启示》,《情报理论与实践》2013年第3期。

60. 杨耕、陈志良:《对象意识与自我意识及其客观性:一个再思考》,《学习与探索》2002年第1期。

61. 杨金刚:《抽象的尊严——近代哲学视野中人的主体性命运》,《世纪桥》2007年第7期。

62. 杨速炎:《网络时代的人肉搜索》,《政府法制》2008年第15期。

63. 易再成:《人工生育中隐私权与知情权研究》,《江苏大学学报》2003年第2期。

64. 俞吾金:《理性在现代性现象中的四个向度——从马尔库塞的〈单向度的人〉说起》,《求是学刊》2004年第4期。

65. 喻国明:《媒体变革:从"全景监狱"到"共景监狱"》,《人民论坛》2002年第15期。

66. 张彬、庞淘:《网络生存与社会控制》,《学习与探索》2000年第6期。

67. 张威:《权力的反抗:人肉搜索的传统渊源、现实与微观政治》,《东南传播》2010年第11期。

68. 张新宝:《隐私权研究》,《法学研究》1990年第3期。

69. 张新宝:《信息技术的发展与隐私权保护》,《法制与社会发展》1996年第5期。

70. 张学义,倪伟杰:《行动者网络理论视阈下的物联网技术》,《自然辩证法研究》2011年第6期。

71. 张之沧:《自然世界的飞跃——第四世界》,《自然辩证法通讯》2003年第1期。

72. 赵文君:《新媒体与传统媒体的变迁趋势》,《科学新闻》2007年第10期。

73. 赵振江、刘银良:《人类基因组计划的法律问题研究》,《现代法学》2001年第4期。

74. 周海:《中国传统法律文化对隐私权的影响》,《社会科学论坛》(学术研究卷)2008年版。

75. 周鸿雁:《当代中西价值哲学比较研究刍议》,《哲学研究》2007年5期。

76. 朱娟:《作为自发秩序的"人肉搜索"——哈耶克二元社会秩序观的进路》,《西北政法大学学报》2009年第1期。

77. 综合:《"人肉搜索"背后的商业秘密》,《东西南北》2013年第15期。

78. [西德]阿尔劳斯·西尔博曼、赵子祥:《大众媒介和大众传播的社会学》,《现代外国哲学社会科学文摘》1982年第7期。

79. 鲍枫、沈颂东、王以宁:《我国新媒体产业分析及发展策略研究——基于产业组织理论SCP范式分析》,《当代传播》2012年第2期。

三、英文及网站资料

1. Rawls，*Political Liberalism*，New York：Columbia Press，1996，p.8.

2. Samuel D.Warren & Louis D.Brandeis，"The Right to Privacy，" *Harvard Law Review*，Vol.4，No.5，1890.

3. http://news.dayoo.com/game/69283/200906/04/68550_7909588_5.htm.

4. http://www.educity.cn/shenghuo/1508739.html.

5. http://baike.baidu.com/view/1136308.htm.

6. http://www.cww.net.cn/cwwMag/html/2009/10/26/200910261337168645.htm.

7. http://news.xinhuanet.com/world/2014-01/03/c_125953415.htm.

8. http://baike.baidu.com/link?url=biI7bo3TpyAySZeLfc7vtqq55- N2NXEwt_NIwDzmbJ9t9bimprVnQ55ayZyfptGfWR4IIH42CxIa1vLKsiCh3wTG98cDdoUEF-2Id5wdEC8fK.

9. http://baike.baidu.com/link?url=1rm_9xb6P1tC2HW9xjmaOYB23msSM-PVod-A0bZOYevxtFVpxh1lBBPM46EqjJzG9dka3usFXKbBzbE8gZuyOn4joPnFIUHA-yCWW_dXSQZme.

10. http://news.sohu.com/28/48/news147394828.shtml.

11. http://www.chinadaily.com.cn/hqzx/2013-07/11/content_16762855.htm.

12. http://www.iet.com.cn/xinwenzhongxin/02191335H014.html.

13. http://www.cien.com.cn/html/Home/report/91923-1.htm.

14. http://www.tpy888.cn/news/201108/16/62048.html.

15. http://news.sohu.com/28/48/news147394828.shtml.

16. http://mp.weixin.qq.com/s?__biz=MzA4NTkxNjIwOA==&mid=2011-72882&idx=1&sn=ae7f7d5915b12a0bad5389a580f7af84&3rd=MzA3MDU-4NTYzMw==&scene=6#rd.

17. http://bbs.cps.com.cn/cps-591613-1-1.html.

18. http://www.chinadaily.com.cn/hqzx/2013-07/11/content_16762855.htm.

19. http://www.cebnet.com.cn/2014/0718/271261.shtml.

20. http://wenku.baidu.com/view/c0ef6e4ea300a6c30c229fdf.html.

21. http://sh.qq.com/a/20141031/010725.htm#p=1.

22. http://sh.qq.com/a/20140804/006431.htm.

23. http://baike.baidu.com/link?url=0adN8XoqjIce3fFx3fozxmZLWKJyYvJ-YiT_e9A-X59VCmvioLgHzwa50q3n0zFQ4d6HFQ5_u8tFTz4u4EqrQ2a.

24. http://www.cet.com.cn/itpd/sdyd/1414465.shtml.

25. http://hunan.voc.com.cn/gb/content/2002-08/06/content_1511513.htm.

26. http://www.cet.com.cn/itpd/sdyd/1414465.shtml.

27. http://www.govyi.com/lunwen/2007/200711/185280_2.shtml.

28. http://baike.baidu.com/view/1191813.htm.

29. http://www1. nanfangdaily. com. cn/b5/www. nanfangdaily. com. cn/southnews/newdaily/pl/gd/200604250139.asp.

30. http://www.ceweekly.cn/2014/0309/76865.shtml.

后　记

2005 年 6 月，我以《技术化生存与私人生活空间——高技术应用对隐私影响研究》为题，最终完成 6 万字的硕士毕业论文。这个选题我一直关注并持续研究，到今天已有十年之久了。如果说，十年磨一剑，在这十年的时光里，却不断感受到了磨剑之艰难！因为越研究越觉得这个话题不可穷尽，而且问题愈加涌现。十年前，网络隐私的研究似乎已经终结了这个话题，但随着技术的发展，人肉搜索、数据库、物联网、大数据、云计算、可穿戴技术等，每一项技术的发展都对隐私产生巨大的影响。就在我落笔之时，苹果公司又推出 Apple Watch，这是一款全方位的健康和运动追踪设备，相信这也是具有识读功能的影响隐私的神器。在技术高度发展的今天，任何一个普通人都感受到了来自被窥探的压力和担心。很多人都有杨绛《隐身衣》中所表露的心情："'给你一件仙家法宝，你要什么？'我们都要隐身衣；各披一件，同出邀游。我们只求摆脱羁束，到处阅历，并不想为非作歹。可是玩得高兴，不免放肆淘气，于是惊动了人，隐身不住，得赶紧逃跑。"技术发展到今天，以至于我们即使有隐身衣都不能隐匿，因为具有意识识别功能的智能体系已经存在且不断改进。在技术如此发展的未来，"隐私"在技术的世界里会逐渐变成遥远的神话。正因为如此，我是怀着一种对人之存在命运的忧虑而投入这个课题研究的。

这个课题也得到了诸多关注和支持。在 2003 年论文选题之时，导师王岩教授（现为上海交通大学特聘教授）与赵玲副教授（现为南京航空航天大学教授）给了积极的建议。后因导师王岩教授调离学校，由林德宏教授（现为南京大学荣誉资深教授）和邹放鸣教授（现为中国矿业大学党委书记）联合培养和指导。在硕士论文写作期间，导师林德宏教授和邹放鸣教授对我进行精心指导，使我在学术视野和学术方法上深深受益。时至今日，导师林德宏教授还在关心我的研究情况，并且欣然为本书作序。东华大学人文学院杨小明教授也对本课题给予了积极支持和帮助。这一课题在 2009 年获得东华大学校基金资助；2011 年获得"教育部人文社会科学研究青年基金项目资助"。这两项资助让我的研究有了丰富的物质基础，能够最大限度地拓展研究空间。

感谢父母、爱人和诸多亲友的关爱！感谢女儿瑭瑭的陪伴！女儿在 2012 年 8 月出生，从她呱呱坠地到牙牙学语，两年多的时间里带给我很多快乐和生命成长的感动！如今，在我赶写书稿之时，她已经能够知道“妈妈在工作！”这是让我润湿眼眶的言语，有自责更有欣喜！成长一定需要学会克服，因为我知道，现在我们能够呵护她，但未来社会有许多未知，技术的列车不知将人们载向何方。我不是一个技术悲观主义者，但我觉得谨慎地和理性地对待技术是应该的。对于女儿而言，我们需要培养她更多的自我保护意识，但我们更希望社会能够给她以及如她一样天使般的婴孩更好的成长环境，因为她（他）们一定要融入这个社会，当然，还要保留自我成长的空间。在这个意义上，我觉得我也在为女儿用一种学术的视角观察和分析这个社会。想到这一点，尽管我没有更多的时间陪伴她，但内心自责少了很多。

感谢我的博士生导师萧玲教授对我一如既往的关爱！从 2005 年至今与导师结缘已有十年，这也是我人生的黄金十年。尤其在南京大学读博的三年间，与导师朝夕相处，她的学术方法和学术品格深深影响了我，这在未来学术道路上将是我人生宝贵的财富！还要感谢林德宏教授的夫人、师母谷惠玲女士给了我很多关爱与牵挂，她的关爱一直温暖我的人生！感谢中国矿业大学段鑫星教授亦师亦友的关爱，纯洁情谊，与内心共成长！

感谢诸多老师、朋友和同事的帮助和友谊！

感谢上海人民出版社张晓玲编辑的支持和帮助！

尽管作为书稿要结稿，作为一个课题会结束，但是隐私问题仍在路上。相信未来关于隐私的话题仍然会继续。因为我们渴望明朗的天空，也渴望自由而惬意的私人生活空间。

以此为后记。

王治东

2015 年 3 月 16 日于上海松江

图书在版编目(CIP)数据

技术化生存与私人生活空间:高技术应用对隐私影响的研究/王治东著.—上海:上海人民出版社,2015

ISBN 978-7-208-13086-9

Ⅰ.①技… Ⅱ.①王… Ⅲ.①高技术-影响-隐私权-研究 Ⅳ.①D913

中国版本图书馆CIP数据核字(2015)第144046号

责任编辑 张晓玲

封面装帧 Delay

技术化生存与私人生活空间

——高技术应用对隐私影响的研究

王治东 著

世纪出版集团

上海人民出版社出版

(200001 上海福建中路193号 www.ewen.co)

世纪出版集团发行中心发行 常熟市新骅印刷有限公司印刷

开本720×1000 1/16 印张13 插页2 字数223,000

2015年6月第1版 2015年6月第1次印刷

ISBN 978-7-208-13086-9/B·1125

定价 35.00元